生根者

闲话我与牛根生

王 力 著

人民出版社

真正的光明不是没有黑暗，而是不被黑暗所吞噬；
真正的英雄不是没有卑劣的情操，而是不被卑劣情操所征服。

——《约翰·克里斯朵夫》译者献辞

◎ 2002年3月摄于蒙牛总部

蒙牛信奉"民以食为天，食以奶为先"，按照哺乳动物的生存习性，此话言之有理，言之有物，只是一旦进入活生生、乱糟糟的大卖场，"奶为先"就不如"安为先"来得踏实。

尽管萌生于2008年9月的报告文学《是耶非耶牛根生》半途而废，但本书立意却悄然而生。毕竟原始构思的场景既承载不了彼此经历的一切，也涵盖不了此间想表达的一切。

综观问题乳业或乳业问题，根生既称不上"直接责任人"也够不上"犯罪嫌疑人"，之所以一时间引出那么多的负面说辞，"力大嘴不亏"和"力令智昏"似乎难逃干系。

回顾乳业危机回顾"万言书"，回顾祸起萧墙回顾"特仑苏"，抛开"大小年"的寸劲儿，一切似乎应验了"字面上越浅白的概念越难解，街面上越简单的事理越难缠"。

祸从根来，福从根来，根在何方
福祸相倚，祸福相倚，本位无痕

祸起萧墙。萧墙者，照壁也。立足门与墙之间，立意彼与此之间，想到了"奶农也是奶企一分子"，想到了"奶站也是奶企生产线"，明于此，基于此，乐于此，长于此，乳业问题一通百通。

摸着石头过河，谁摆造型谁先死
守着烙饼挨饿，谁会扭脸谁先活

"振兴乳业"没有太多的参照，有的只是又一次的"摸着石头过河"。庆幸的是，根生毕竟不是头一次下水，因此别人或可在深一脚浅一脚之中忘乎所以，而不是初生牛犊的老牛同志却断然不可。

清醒源于昏热
成熟始自难堪

其实，与根生往来并非一马平川，说来也许不信，《蒙牛内幕》曾恩将"糇"报令人痛心。心胸不甚开阔的王先生何以最终落得个"宠辱不惊"，想来其中的万千"荼"态值得一窥。

"荼"（音 nié）是常用语但并非常用字。与人精相比，荼者近痴，与傻瓜相论，荼者近聪，因此，即便解读"早来一步赶上穷，晚来一步穷赶上"的千古悖论，也唯有"荼"字最有形儿，也唯有"荼"态最有范儿……

人学无纲

如您所知，序言是书的重要组成部分，写得得体，开门见喜，写得失常，贻笑大方，因此深谙此道之人多会斟酌再三，权衡再三，最终请出极具影响力之人外人，道出极具感召力之画外音。

虽然也见过些天外天，也见过些山外山，但此时此刻还真的想不出该请哪位为本书作序。道理很简单，在认识的人里，围绕牛根生最终出现了两个"阵营"，一方挺，一方扁，互有偏执，莫衷一是。

身为熟人与俗人，我虽做不到绝对公允，但谈及客观还有些客观条件——与伊利前任老总郑俊怀先生相比，不仅有过 13 年前"对牛弹琴"的特殊经历，同时对"蒙牛十年"也有些感悟，也有些发言权；与柳传志、刘东华等老兄老弟相比，不仅亲眼目睹了早年牛副总之名不见经传，同时更对其人生轨迹保持了从未间断的密切关注。

我不是政论家，不具翻手为云覆手为雨的大手笔，面对客观而言，我能做到的只有以小见大。大手笔多会居高临下牛眼看人，而我只会在"人眼看牛"的过程中寻寻觅觅。

曾几何时，我国乳业发展进入可疑可怕的生死时速，在行业公推的英雄榜里，且不说老人家早该全身而退，且不说后生家尚待历练，仅一个本姓牛，业绩牛，也被册封为"他是一只牛，却跑出火箭的速度"。

悔不尽的悔，悟不完的悟，我们的乳业，我们的企业，经历了天大的恐慌与磨难，开始从生死较量中悔悟到"不该用生命测速"。由此想开去，牛人不能强求速度，牛乳不能奢望产值，这样浅显的软道理，无论哪一方国人，哪一级官人，绝不该视而不见。

曾几何时，人们对"力"的解读出现异化，表述力强于角斗力，话语权狠过王八拳，故而所谓的力，所谓的狂，更多表现在与众不同的言谈话语中。综观问题乳业，牛根生既称不上"直接责任人"，也够不上"犯罪嫌疑人"，之所以引出那么多的招人不待见，"力大嘴不亏"难逃干系。

素质一旦驾驭不了财富，悲剧即刻上演。回顾乳业危机，回顾《万言书》，回顾祸起萧墙，回顾特仑苏，实践出真知，实践出真智，原来"市场是狼，与狼共舞切忌亦步亦趋"；原来"市场是佛，与佛同乐严防声高盖主"。

写至此，读至此，作者和读者各有一个悬疑不期而至，从我这里说，不知道此番私情老牛领不领；从您那里看，不清楚貌似公允列位认可不认可。解读没有无缘无故的"写"，一种答案是"按等级拿赏银无利不早起"，另一种结论是"非您莫属"大小年让我赶上了。

其实让我真正恍恍然的并非于此，叙写之中，眼前浮现的既有那边的开曼岛，也有这边的蒙古包；既有天边的避税说，也有身边的纳税额。总之，与蒙牛互动的上下游山不转水转，与乳品相关的产业链剪不断理还乱。

身为决策咨询专家，再是聪明反被聪明误，再是利令智昏鬼打墙，其中眉高眼低还是能看清楚的。换言之，面对如此微妙与危局，别说给多少银子送多少好，即便就是再增多几年阳寿，是非之地仍然不可久留。

人至中老年，活对付了离老不远，活不对付离死不远。又道是，五十知天命，六十耳顺也，在其中，在其间，认可了活一天肯定少一天，明白了多一事不如少一事，如此这般缘何又有这等冲动，亦如盐为什么咸，醋为什么酸，天下没有无缘无故的扯淡……

2009 年 6 月 1 日 / 北京国际俱乐部

超人落马，多是速度设的卡
能人落寞，多是气度惹的祸

规律也有长度

2008 年夏秋之交，百年一遇的北京奥运会完满落幕，然而，就在这无限和谐的日子里，几度不和谐音的相继出现，给国家，给国人，给国法，给国务，带来了意想不到的麻烦与慌乱。

身在其中，心在其中，尤其是其中不少的人和事，或多或少、或远或近、或深或浅、或虚或实与我有些历史的关联，故而，面对山西的"襄汾溃坝"，国家质检体系的"电子监管"，以及危害人类性命的"三聚氰胺"，原本没有预留的互动空间突然被塞得满满的。

相对而言，"三鹿事件"最让人揪心，继"大头娃娃"之后，无辜的孩子再次被冠以"结石娃娃"，说不出来道不出来，抠不出来尿不出来，尽管幼小的心灵藏有无限多的怨言，但表现在世人面前的最多也不过只是几声微弱的啼哭。人心是人肉长的，作为曾经养育过亲生儿女的过来人，作为每每孩子生病自己总不免两腿发软的过来人，视此，由不得怒目圆睁，由不得咬牙切齿，由不得拍案而起，由不得恨从胆边生。

我想，举凡人肉长的人心都会有此同感，只是，由于自己和伊利、蒙牛有过极其特殊、极其深刻、极其微妙、极其"帝师王佐"般的交往过从，所以，怒目圆睁不觉两眼昏花，拍案而起不觉天旋地转，此情此景，相信与我有同感者又会寥寥无几。

既然是老交情，免不了有话要说有话要问，只可惜今非昔比，曾竭诚辅佐的伊利老郑已惹上官非，而后来居上的新秀又无从往来，于是，2008 年 9 月 18 日，我给蒙牛主帅牛根生发了条短信——"三鹿事件既在意料之外也在意料之中，因为高举'为人民服务'大旗的企业如果做不到对'人民币'负责，那么'对人民负责'肯定是一句空话。危机当头，很想就自己 20 年职业心得和你聊一聊，或许有助思路拓宽。"

这一天，各媒体重大新闻标题包括《国务院常务会议决定全面检查奶制品》、《废止食品质量免检制度》、《石家庄市委书记被免职》、《三鹿原董事长被刑拘》、《蒙牛伊利均上黑榜》……

2008 年 9 月 22 日清晨，与根生通了电话，相诉各自理，相约呼市见。而后，又与呼市原市委书记白音先生、原市委宣传部部长巴特尔先生分别通了电话。1995 年他们任职期间，承蒙抬爱不仅有幸出任"呼市政府顾问"，同时在市委市政府大力协调下，继而出任"伊利高级决策顾问"。

这一天，各媒体重大新闻标题：《民以食品安全为天》、《没有什么比生命安全更重要》、《撤销蒙牛伊利光明液态奶中国名牌称号》……

2008 年 9 月 24 日，只身飞抵呼市。和林格尔，蒙牛所属生产、科研机构奉命向我敞开大门，百忙之中的蒙牛主帅两度与我把酒问心，借酒浇愁。从某些书商的角度看，接下来似应开门见山单刀直入，说说此行见与闻，扯扯老牛苦与闷，总之场景越悲越叫座，情景越惨越卖钱。

可惜的是，不仅写书的和卖字的是两回事，同时写书的和卖书的有时也是两股道上跑的车。作为曾经推出"亚细亚现象"、"亚都现象"等重大商界奇观的决策顾问，我深知个中亮点所在；作为曾经的"策划泰斗"和"公关第一人"，我深知个中卖点所在；只是面对"大头娃娃"之后的"结石娃娃"，只是面对喝了确实能够强壮中国人的乳制品，任何不当的选择均有可能派生出新的罪恶，任何无良的编排都有可能导致中国经济雪上加霜。

如何将错综复杂的心绪与盘根错节的事件合二为一，本书曾试着设计了若干个角度与结合点。就在已经按照《忘形辱业》的思路深入展开之际，多少缓过点阳气的问题乳业又透过荧屏、透过电波、透过纸媒、透过网络争先宣示与标榜，于此，我似乎感觉到了什么。

在各有千秋的豪言壮语中，蒙牛"层层监管就是为了这一管"让我为之一震，原因并非在于广告措辞如何了得或公关宣传如何了不得，而是"这一管"的"管"简直就像个充满魔法的时空隧道，勾起我的无限回忆与遐想，让我由不得退回到五年以前。

阴错阳差，发生在 2003 年的一幕同样也是在吸管"这一管"上出了状况，继而，"为了这一管"也曾催发了此间直面蒙牛危言耸听的如是说，只不过此时非彼时，此"管"非彼"管"。

那年 4 月，"非典"肆虐，时逢特殊历史关头，怀着对国人和友人的极大热忱，我曾分别写过两封字句千钧的信 —— 其中一封，结合抗击"非典"之我见致函北京市委市政府，提出了《关于变"防止病从口入"为"防止病从口出"的紧急建议》，意在"出门必戴口罩，宁可错'捂'一万也不错放一个"；另一封信写给牛根生，看上去与非典型性肺炎无关，但与当时中国企业弥漫的"非典型性费猜"不无关系。

事情起因很简单，牛总裁和杨文俊副总裁千里迢迢亲自送来一些蒙牛产品，口感不错，品相不俗，只是产品附带的"塑料吸管"竟全部莫名其妙地严重破损，类似老化绝非老化，看似蹊跷绝非蹊跷，于是疑点重重、忧心忡忡，于是奋笔疾书，于是有了"命门失守"的如是说。

信函较长，通篇围绕企业命门喋喋不休。鉴于开篇不宜扯得太远，先选些段落摘编于此，全文将在后面相关章节原文照登 ——

> 与数十亿年销量比，区区吸管的确微不足道，与偌大的蒙牛百年图比，再大的瑕疵也无足挂齿，然则，习惯小题大做的我面对于此却不能不将其视为是"企业命门失守"。
>
> 什么是企业的"命门"，其实只有员工的"素质"才是企业的命门。按理说，凭你我之间难得的兄弟情谊，本该最爱看蒙牛神采、最爱听蒙牛神话，不知怎的，我对蒙牛员工"只有按部就班才能逐渐到位的素质"能否与"一日千里的销售额"相匹配有些忧虑，有些不安。

巴尔扎克说："三天能变为富豪但三年很难成为绅士"，其中三天与三年之间的辩证关系，似乎印证了素质生成绝非一日之功。由此说开去，我想和老弟探讨的是 —— "年销量50亿的企业员工该有怎样的素质，其生成又该有怎样对应的过程"。

素质一旦驾驭不了财富悲剧将即刻上演。吸管一事发生在基层，因此相关部门应该认真检讨，"为什么基层人员会对眼皮子底下的纰漏熟视无睹"。蒙牛集团的高层更应该认真检讨，所谓高处不胜寒，或许也涵盖了居高者对自身命门失守的熟视无睹。

至于老弟你该在吸管一事做怎样的反思，有一个角度或许一时还未想到，就是如此之大事为啥你身边的或周边的人无人向你禀报、汇报或通报？

或许这是一个危险的信号……

事后想起，一只或一批吸管，何以惹得我如此吹毛求疵、小题大做？不曾想，如此简单的问题前后用了6年时间竟没有找到答案。面对无解，本书破卷之时突然想到，或许只有将史实铺平才有答案。

其实，解与无解均已成为过去。只是在过去的6年里，任何一次读起这封信都没有此番三聚氰胺附带的不寒而栗。奇怪的是，不仅我有这种感觉，甚至所有在这个时段读过此信的人几乎都有同感。说明了什么，意寓了什么，期盼列位看官帮我找出一个合适的说法。

凡此种种，不一而论。面对庞杂无比的事实空间，面对盘根错节的思维跨度，或管中窥豹，或管中窥牛，因此本书书名曾拟《一管之见》，意在再是客观也是管窥之见，再是全面也会顾此失彼……

本书叙写过程中还有一个曾用名叫作《您得无厌》，从《忘形辱业》、《一管之见》到《您得无厌》，从表象看似乎又回到"忘形辱业"的范畴，毕竟"您、贪"同音，毕竟"贪得忘形"，只是此"您"非彼"贪"，更具无私、忘我之特征，所以行动起来往往人在吼，马在叫，黄河在咆哮。

2008年10月，国家工业与信息化部李毅中部长在实地考察了乳制品企业之后，明确告知"问题奶粉出在收购储存环节"的同时还语重心长地强调

"近年乳品加工能力增长过快，原料奶资源难以支撑"、"企业扩张太快，争夺奶源问题比较突出"。

无独有偶。时隔不久，杭州地铁工地塌陷，造成8人死亡13人下落不明。对此，新华社记者在相关报道中除有感而发"一个悲剧的后面，或可以看到对利益不择手段的追逐；或可以看到长官意识、官僚作风；或可以看到权钱交易的腐败；或可看到急功近利的盲目赶超"以外，同时还坦陈我国交通隧道工程权威专家、中国工程院王梦恕院士对"现在基本建设最大毛病"的担忧——"一是抢工期，二是造价低"。

从表象上看，不仅院士坦言与部长断言风马牛不相及，同时"基本建设"与"乳业建树"也相去甚远，只是，当我们沉下心静思、静观之时才会发现，二者之间原来竟有那么多的雷同与相仿，譬如同样的反常，同样的超常，同样的玩命"抢工期"，同样的期盼"造价低"。

不该说"超人落马多是速度设的卡"，不想说"能人落寞多是气度惹的祸"，虽然"惚"、"贪"音同义不同，虽然"惚得"、"贪得"水火两重天，但物极必反万物同属，欲速不达百事同宗。

国语言简意赅，只是对同样的话语有不同层面的理解，诸如早年耳熟能详的"多快好省"，伟人有伟人的气魄，诗人有诗人的情怀，如果不具高度整合的大一统，似乎就无法理喻内在的相互间。

其实"多快好省地建设社会主义"是一个完整的语句，对于宏大的终极目标，集结多、快、好、省全面出击，志在必夺、势在必得。只是面对一个产品一个产业，片面地理解与追求，最终肯定"多了快不了"、"好了省不了"……

某日与朋友闲聊，得知某官人曾家境清苦，几经苦斗，状况改观，遗憾的是，富足归富足，地位归地位，只可惜其爱子"吃相"却始终很不雅观，再三调教无效，最终认可父一辈子一辈有些基因"隔代遗传"。

闻此想了许多，想到了"罗锅不是撮的"、"泰山不是堆的"，同时也想到了"儒雅不是装的"、"谦恭不是教的"。所谓一蹴而就，所谓一夜成名，主客观，主客体，肯定大相径庭。

一蹴而就蹴有多远，一夜成名夜有多长，客观有客观规律，只是规律不同于规则。人生一世，规则多是虚设前提，规律多是铁定后果，亦如"吸烟有害健康"，亦如"酗酒肯定折寿"，美在云里雾里，爽在心里肺里，几十年如一日，几十年如一次，未见规律相左，未见规律相扰，只有祸到临头，死到临头，方才认可了"规律也有长度"。

当事者迷，旁观者清，现实生活中缘何有那么多的"不在状态"，经济领域里缘何有那么多的"不在话下"，虽然浮躁自有"浮躁美"，轻狂也有"轻狂说"，但真正的原因似乎与"官大表准"、"财大气粗"等一系列违背客观规律的假大空、假道学不无关系。

忠言逆耳，良药苦口，说起来全都头头是道，可喝起来大多紧锁眉头。七年前走访蒙牛，曾与蒙牛主帅在一块语录牌前合过影。翻出老照片，但见左右俩人亲密无间，但见上下两段儿相辅相成，虽然"听不到奉承很幸运"离题远了点，但是"听不到批评很危险"却绝非空穴来风。

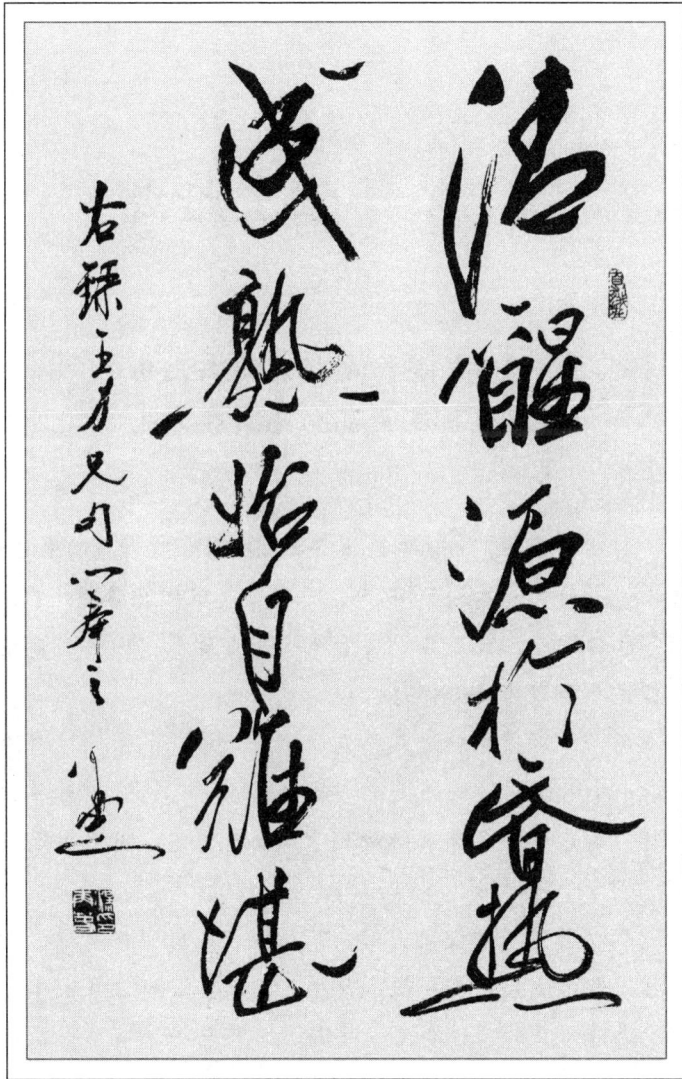

◎ 清醒源于昏热　成熟始自难堪　　　　王力语 / 杨再春书

第1章　故土难离

环境有染，南橘北积南北分
思维有别，南顿北渐分南北

我祖籍内蒙，1960年自然灾害期间母亲曾带我回乡省亲。再次踏上内蒙大地是1995年，呼市市委市政府邀我讲学，市领导悉数就座，数百名党政干部及企业负责人出席，其中伊利指定参会者为郑俊怀总经理。

题为"调整思维方式，驾驭市场经济"的专题报告讲了近四个小时，同时一并提出"创建策略研究室"、"开展战略名牌"等建议。白音书记对此予以高度肯定，市里决定聘我为"呼市政府顾问"。

尽管当年根生智商依旧，情商依旧，但规格所限，伊利副总还是无法领到上午报告会的入门券。还好，在下午市委市府跟进召开的座谈会上，牛与我、我与牛，有了一番近距离互动……

我祖籍内蒙，早属丰镇，后归凉城，1960 年自然灾害期间母亲曾带我回乡省亲，年纪不大，印象至深。时逢隆冬，天寒地冻，朔风呼啸，坐着老牛拉的破车，裹着老乡盖的破被，一路颠簸，一路哭泣，只是除夕看到点燃的"旺火"，冰冷的童心才被突然烤暖。

长大成人以后，始知父母一片苦心，始知身在福中要知福，尽管那时节城里人也在节衣缩食，苦苦挣扎，但"家中的感觉"和"家乡的感受"确实是一个在天上一个在地下。

时过境迁，家乡有了变化，内蒙也有了变化，听说丰镇电厂发了电，听说凉城岱海赛江南，听说内蒙广阔大地不仅"风吹草低见牛羊"，听说成吉思汗子孙不再"只识弯弓射大雕"……

再次踏上内蒙的土地是 1995 年，成行的原因是呼和浩特市委、市政府联袂邀请我前去讲学，此行记忆犹新，而行前的接触更是终生不忘。

1995 年 11 月 28 日，恩波办公室迎来了一位贵客，为落实王力赴呼讲学准备工作，呼市市委常委、市委宣传部巴特尔部长亲自来京，儒雅之至，谦恭之至，仁义之至，和善之至，令一介民间人士诚惶诚恐。

更没有料到的是，呼市市委对我此行极为重视，时任市委书记的白音先生和时任副书记的张举云女士、郝存柱先生竟亲自过问，大到会议组织，细到食宿安排。

◎ 左为呼市市委常委、宣传部部长巴特尔先生。

12月9日，与助手飞抵呼市。巴特尔先生一行已在寒风中候立多时，视此心中不免又是一热；当日巴特尔先生陪同参观内蒙文化名胜，视此心中不免又是一怔；次日巴特尔先生陪同走访呼市著名企业，视此心中不免又是一惊。东道主此举可谓用心良苦：一是久别归来，旧貌新颜不能不看，看与不看情况截然不同；另是下车伊始，实际情况不能不知，知与不知效果迥然不同。

12月10日，结束了在呼市两天马不停蹄的参观访问，用过晚餐，在返回宾馆的路上，善解人意的巴特尔先生问我要不要提前见见白音书记。喜出望外，无论是出于礼貌还是为了进一步丰富报告内容，能提前拜见市委书记的确是我想做的事情。

没有想到呼市市委办公大楼如此之简陋，没有想到市委书记的办公处所如此之平常，没有想到时间如此之晚白音先生仍在伏案工作，没有想到此时此刻有关王力的资讯与著述竟然就放在书记案头。

白音先生瘦而不弱，虽然没有高大的体魄和宽厚的臂膀，但依旧给人以尽可依靠尽可托付的感觉。听巴特尔先生讲，白书记曾在内蒙古大学任职，对号入座，果不其然，谈话中不觉白音是官，不觉白音为长。

虽是无约造访，虽是无题小叙，但白音书记言简意赅告知自治区已全面启动了各级领导的学习计划，旨在充电，旨在蓄能，旨在探寻跨世纪发展的金钥匙。临别之时，白音书记再次伸过手来，预祝我讲学成功。

意犹未尽但不便过多打搅，白音先生执意送到楼下，像是兄长，像是故交，情真意切，许久难忘……

12月11日，由蒙、汉两种文字组成的会标高高悬挂在市政府礼堂上方，不仅以白音书记为首的呼市四大班子领导全部就座，同时呼市500余名处级以上领导干部和部分大中型企业厂长、经理也出席了会议。据说，在为数众多的与会者中白音书记来得最早。

主旨思想为"调整思维方式，驾驭市场经济"的专题报告我足足讲了近四个小时，听众聚精会神溜溜儿听了近四个小时。年深岁久，此番演讲究竟讲了哪些已不甚了了，翻出当年的讲学提纲，内容大体包括 ——

◎ 1995年12月11日，王力专题报告在呼市政府礼堂举办。

◎ 呼市四大班子领导在会场前排就座，左起市委书记白音、副书记冯士亮、副市长姚永通。

◎ 呼市各级领导专心致志听取报告并认真记录。

◎ 软科学是新兴的以决策研究为核心的高度综合新学科，运用现代自然科学和社会科学的综合优势，解决人们最为烦恼也最为重要的决策问题。

◎ 软科学注重从各种复杂的自然现象和社会问题的内在联系入手，研究并找出其规律性的东西，运用定性与定量相结合的系统方法，以及行之有效的传统方法和现代手段，研究政治、经济、文化、科技、军事等领域的决策问题。从而为各级各类决策提供科学依据和优化方案。

◎ 江总书记提倡学好用好软科学，并将软科学定义为"新兴的决策科学。软科学的思想、理论和系统工程的方法在决策实践中的应用，体现了新科学革命时代决策观念和方法的变革"。

◎ 钱学森老先生晚年推崇"大成智慧学"，旨在说明，面对纷纭繁杂的事物，决策者应集哲学、社会科学、自然科学多种功力于一身，科艺相通，用"大成智慧学"指导各级各类决策事务。

◎ "大成智慧学"与软科学异曲同工。恩波智业研究所的核心工作，即运用特殊的组织形式和特殊的市场形式物化"大成智慧学"。

◎ 决策的成功是最大的成功，决策的失误是最大的失误，决策由"政策决策"和"策略决策"两部分组成，不同的思维方式对应不同的范畴。恩波智业研究所既是软科学的"决策咨询"机构，同时也是"大成智慧学"的"策略研究"机构。

◎ 实践出真知。实践出真智。此间对决策科学的理解是"不谋全局不足谋一域，不谋万世不足谋一时"。

◎ 调整思维方式，提高决策水平；提高决策水平，驾驭市场经济。

◎ 思维方式大体由"逻辑思维"和"形象思维"组成，列举诸多国内外相关案例说明"调整思维方式"的重要性与迫切性。

◎ 通过自身实践感悟，逐渐发现思维转变的大趋势，即"逻辑思维应兼顾形象思维"，"线性思维应兼顾立体思维"，"滞后思维应兼顾超前思维"，"顺向思维应兼顾逆向思维"……

◎ 小平语录 ——"改革开放中许许多多的东西，都是由群众在实践中提出来的……是群众的智慧，集体的智慧"，"在党内和人民群众中，肯动脑筋、肯想问题的人愈多，对我们的事业就愈有利。"

◎ 列举大量自身案例和鲜为人知的国内外成功经验，讲述"借势、造势"的辩证关系，讲述"扬长避短和避短扬长"的相互得失，讲述"举重若轻和举轻若重"的孰轻孰重。

◎ 列举大量自身案例阐述"情报分析"与"危机处置"、"危机反弹。"

◎ 白 圭 曰："商战胜于兵战。"

◎ 孔 子 曰："君子爱财，取之有道。"

◎ 马 克 思："从商品到货币是最惊险的跳跃。"

◎ 主席语录："政策和策略是党的生命"，"没有调查研究没有发言权。"

◎ 法不容傻：重谈"一不犯法、二不犯傻。"

◎ 如何智慧：契诃夫："人生要长三个头脑：天生、书本、实践所得。"

◎ 如何聪明：剖析"策划"、"点子"、"CI"之各自利弊。

◎ 如何胜算："胜人者力，自胜者强，知人者智，自知者明。"

◎ 如何做事：老子曰："天下大事，必作于细；天下难事，必作于易。"

◎ 如何做人：厚德载物、厚积薄发；讲究方法论，更讲求世界观。

◎ 如何育人："牧师与农夫"、"老人与顽童"、"头一次当爹。"

◎ 高瞻远瞩：眼界决定未来，重谈"草原雄鹰。"

◎ 倍增效应：重谈"田忌赛马"和"1+1＞2。"

◎ 系统工程："不谋全局不足谋一域，不谋万世不足谋一时。"

◎ 思维盲点："发展战略与战略发展"，"名牌战略与战略名牌。"

◎ 名牌生成：品种选择＋质量保证＋成功营销。

◎ 名牌个性：同等质量但价格低廉，同等价位但质量上乘。

◎ 名牌底线：不只是"钱染的风采"，不只是"广告的风采。"

◎ 名牌责任：个体要为集体着想，企业要为地区买单。

◎ 活化广告：广告特征"让别人买"，但买会吹毛求疵讨价还价。

◎ 强化公关：公关特质"让别人爱"，所以有时"爱你没商量。"

◎ 专杂兼顾：跨世纪需要通才，通用请高管看戏并写"观后感。"

◎ 科艺相通：钱学森先生缘何感谢夫人蒋英。

◎ 南顿北渐：地域关系，南方人易"顿悟"，北方人常"渐悟。"

◎ 举轻若重：北方人更要讲究精雕细琢的"萝卜花工程。"

◎ 温故知新：历史典故："不可随处小便"与"小处不可随便。"

近四个小时的报告一气呵成，尤其在如此严肃的场合搬出上述令人忍俊不禁的历史典故，听众的情绪与兴致自然被推向高潮，视此，我开始放缓了讲话节奏并提高声调，把精心准备的"几点想法"慢慢道来——

一、建议呼和浩特市委市政府率先创建国内首个官办民助的"策略研究室"，与"政策研究"相得益彰、相辅相成，从多角度完善政策，提高战术成功率，以确保各项政策落地有声。

二、建议创新"呼市最大品牌"及品牌效应。呼市"策略研究室"可开展的研究选项很多，重新界定"名牌战略"至关重要。尽管呼市不乏知名企业也不乏创优需求，但相对而言，呼和浩特最大的名牌应该是"呼和浩特"。如同"日本造"、"德国造"，如同"上海产"、"广东产"，无论具体产品是否为名牌，仅一个知名地域就能一好带百好。因此，提前为企业创造"高端展示平台"是地方政府应尽的责任与义务。

何为"名牌"暂且不说，但何为"品牌"必须要提前搞懂。广义上讲，有了"适销对路的品种"加上"坚持不懈的品质保证"就等于有了说得过去的"品牌"，只是从辩证的角度看，"适销对路"与"对路适销"分属两种不同的概念，前者一般说来多有"打哪儿指哪儿"的感性色彩，而后者一般说来多有"指哪儿打哪儿"的理性主张。

所谓"名牌"，其实就是在打造品牌的同时刻意营造无形资产，最终通过无形资产本身的增值和与有形资产的良性互动进入名优序列。

什么最能体现"呼和浩特"，"呼和浩特"最该表现什么，尽管一时说不准，但无论怎样都要注重"避短再扬长"。所谓"避短"，是指主动规避历史、现实中的缺失与弱势，所谓"扬长"是把公众最易认可、最易接受的概念发扬光大做到极致。

名牌战略要格外讲究资源配置与资源优势，尤其格外注重"适域性"。诸如石墨、大理石、膨润土、珍珠岩等一类物品时效过慢，以其带动其他关联事宜似乎有些等不及。相比之下，农副产品、畜牧产品与国民日常生活密切相关，尽管看上去没有现代产业的光环，但简而易行。

三、建议呼和浩特市委市政府适时开展"素质工程"，实践出真知，大家已经高度认可"路线制定以后干部是决定性的因素"。一切正如中央领导同志所讲："企业改革和发展的成功与否，与企业厂长、经理的素质高低、能力大小有着极大的关系。一个政治思想好、具有开拓精神、善于决策、精于管理的厂长、经理能使一个企业由弱变强、由小变大、由亏损变为盈利。"

鉴于此项工程涉及面广，恩波智业研究所将会尽快向呼市市委市政府提交专项建议案。

四、建议呼和浩特市委市政府适时开展"借脑工程"，借脑是借势的最高境界，"借钱不借道"足以说明借脑优于借钱。

勇于、善于借外脑，但千万不要迷信外脑，更不要迷恋、依恋外脑。外来的和尚好念经，经过学习与历练，自家的和尚同样可以"念好经"……

专题演讲结束后，白音书记代表市委市政府讲了话，热烈之至，感人之至，相隔咫尺，听得出来也看得出来发言人的腹稿并非昨日拟就。在对演讲内容和相关建议给予极高评价之后，白音书记当众宣布："经市委市政府研究，正式聘请王力先生为呼和浩特市政府顾问"。当我从呼市常务副市长冯士亮先生手中接过大红聘书时，眼睛湿润了，此情此景，此情此义，即便有天大的本事把笔为文，似乎也很难写尽其中的情和义。

古人云"士为知己者死"。时代在变，观念在变，作为现代谋士，面对父老乡亲，我坦言自身的职业原则是"士为知己者生"。以往为避"借讲学之名捞生意"，讲学过后通常"名片不留，电话不留，通讯处不留"，此次例外，不仅当场告知此间的联络方式，同时声明，如市委市政府认为确有必要，王力愿为家乡任何机构提供最上乘的外脑服务。

时间已过中午 12 点，尽管此前早就成为著名的高端演讲大户，但面对激情洋溢的家乡听众，受宠若惊的感受不禁油然而生。几番起立鞠躬，几番掌声如鼓，视此，心潮澎湃的报告人当场宣布，事后将烦劳市委市政府向每位与会者转赠一册签名留言的《恩波智业》。

午间，呼市市委市政府设宴款待，多位市领导出席作陪。吃着家乡饭，喝着家乡酒，乡情，乡音，落叶归根。

更让我难以忘怀的是，刚刚把香烟拿在手里，白音书记便把火柴点燃，

见状急忙俯下身去，急忙用手相抚，一大口浓浓的烟，深深地吸在肺里，硬是没让一丝一缕飘散开来。

不知是酒不醉人人自醉，还是情不自禁半仙体，总之，席间我在不断地反问自己 ——"王力先生您贵姓？"

对于这次报告会，事后不仅市委宣传部编发了《呼市宣传信息》，同时当地媒体也做了大量报道，透过一篇篇鲜活的文章，我感觉到见多识广的新闻记者同样对"新思路、新思维"产生了莫大共鸣。《内蒙古日报》记者梁成荫先生在《民间人士话谋略》一文中写道 ——

王力先生为家乡父老献上一份厚礼 ——"怎样谋略！"

市政府礼堂爆满。市、旗县、区四大班子领导齐刷刷坐在前几排洗耳恭听。这在近几年的政治经济生活中当属罕见现象。王力先生谈锋纵横，妙趣横生，人们全神贯注，捕捉着令人耳目一新的概念，不时从座席上洋溢出心领神会的笑声和经久不息的掌声。

中午12点了，人们还希望王力先生再多讲些，迟迟不肯离去。王力先生为呼市谋划道："我建议呼市开展素质工程，开展借脑工程，成立策略研究机构！市委书记白音表示要开展素质工程，并着手建立策略研究机构。在热烈的掌声中，王力先生愉快地接受了呼市政府经济技术顾问的聘任！人们说："这样的报告会多举办几次，受益匪浅！"

和《内蒙古日报》比起来，《呼和浩特晚报》是一张专供广大市民阅读的都市报纸，按理说晚报记者多会平铺直叙就事论事，但张秀北先生却在《王力先生印象记》中深入浅出告知读者"哲学与生活同在"——

星期一，是一般领导及决策者最最重视的一天。然而12月11日上午，500多名呼市副处级以上领导干部及各大中型企业负责人，在市政府一楼会议厅听了三个半小时的讲学，无一人中途退席，无一人不被深深吸引。这位讲学者便是闻名全国的恩波智业研究所所长王力。

听王力讲学，你会觉得所谓的软科学，咨询决策甚至让商家绞尽脑汁的竞争策略、商业战术并不深奥，往往一说就明白，一点就破。

王力的软科学决策咨询强调的就是调整人的思维方式，充分发挥人的智能潜力，应用逆向、超前、扩散、逻辑及形象思维的综合效应，从旧模式中跳出来，独辟蹊径，以符合规律的科学决策反其道而行之、出奇制胜。

他说，决策的成功是最大的成功，决策的失败是最大的失败，决策的浪费是最大的浪费；他信奉"不谋全局不足谋一域，不谋万世不足谋一时"；他在思维领域里的高、远、博、大、精、深、细、奇等种种优势的珠联璧合，造就了他的恩波智业谋略矢发则"中的"。

王力将中国的传统文化尤其是哲学部分与西方的市场运营、消费心理、企业管理等商业科学有机地结合起来，推出他在商战中屡试不爽的借势、造势说，将人的主观能动作用发挥到极致。

除了没想到晚报深入浅出谈哲学，另一个没想到就是巴特尔部长在百忙之中撰写了《王力印象》，其中谈道——

听王力演讲是一种享受，古今中外，旁征博引，听众像被磁石吸引一般，偌大会场座无虚席，整整四个小时鸦雀无声。这种情况有人说"真不多见"，有人说"真是罕见"，有人说"见所未见"。

王力演讲妙语连珠，妙趣横生，有个性，有特色，注重实践，所以一个故事引发一个故事，一个案例接着一个案例，但他又不忘把听众时而引上理论的制高点，让你高瞻远瞩，时而引向规律的入海口，让你放眼全局。听王力的演讲更是一次悟化和升华。

上述文章，当时读来不免沾沾自喜，毕竟言者有意，闻者有心。只是，事过境迁，用当下的眼光来看，当年讲述的内容似乎既不新也不奇甚至还有些寡淡。包括"1+1 ＞ 2"，包括"错开一步天地宽"，包括"万丈高楼不能平地起"，包括"不谋全局不足谋一域，不谋万世不足谋一时"，等等，如果用时下"人精指数"评估，的确近乎小儿科。

然而，倘若遵循"吃饱了撑的也要讲究系统工程"的定律行事，却又不免认可了发展中的人和发展中的事就是如此这般的循序渐进。的确，那个时候王力的水平充其量也就是这个样子，那个时候听众的需求说破天也就是这个状态，总之，13 年前，不仅西部亟待大开发，同时身处京城的决策咨询专家和另类思维学者也需要不断地大开眼。

时过境迁，历史不再，已经有些修为、有些内敛的我似乎早已不用再扯出"东山打过狼，西山伏过虎"一类的史实标榜自己曾为成功男性。因此，温故知新也好，由此及彼也罢，时逢"精英无处不异化"的特殊年代，欲要还原历史本来面目，无论是依从"素面朝天"的法则，还是遵循"修旧如旧"的手法，似乎都需要从本真、本原完成本色归位。

有意思的是，叙写本书主人公牛根生似乎也要由此落笔并由此说开去，因为退回到 1995 年，尽管根生智商依旧，情商依旧，但受当年报告规格所限，伊利副总还是无法领到上午报告会的入门券。

幸好，无缘听课不等于无心插柳，表面看根生运不如人，可在下午市委市政府跟进召开的"王力先生与呼市企业界座谈会"上，牛与我、我与牛，则有了一番近距离的互动。

第 2 章　　乡情难却

人最简单，一撇一捺谁都会写

情最复杂，二律背反谁都犯晕

　　市里对下午跟进召开的"王力先生与呼市企业界座谈会"极为重视，多位市领导出席，会议结束后，素昧平生的牛副总先是告知郑总听了报告后赞不绝口，再是告知伊利正在上台阶，日后肯定有事烦劳。

　　1996 年 2 月 12 日，根生风风火火来到恩波。伊利已于日前上市，踌躇满志正逢时，跃跃欲试正逢时，值此关键时刻，郑俊怀董事长会同伊利决策层反复研究，决定恭请王力先生早日出山相助。

　　一来二去，与根生逐渐熟了起来，道听途说，此乃早年"呼市牛头"是也。缘何有此等封号，据说哥们义气出名，据说"牛头"二字的负面效应甚至曾是当地孩子的"止哭良药"……

报告会当日下午，呼市市委市政府跟进召开了"王力先生与呼市企业界座谈会"，呼市十余家知名企业负责人聚集一堂。市里对此极为重视，郝存柱副书记、张举云副书记、姚永通副市长等市领导自始至终在座，会议由市委宣传部巴特尔部长主持。

顺着上午的思绪，借着中午的酒力，于是天南海北，于是无话不说，于是锋芒毕露，于是舍我其谁，加之探讨的多为自身更为熟悉的企业话题，所以有人说"下午的座谈更精彩"。

缘何精彩，盖因贴近。缘何贴近，谁也没有想到，早在1990年我就应邀前往赫赫有名的"鄂尔多斯羊绒衫厂"为其提供过外脑服务。连续多日的朝夕相处，我既向企业中高层管理干部系统讲述了自身对公关、策划的理解与应用，同时也在真情互动中从草原骄子那里悟到了许多。

在下午的座谈会上，我有缘结识了本书所述主人公，当时根生的职务是伊利公司的副总经理。会上，牛副总的座位有点偏，偏虽偏，但基本上彼此还算是面对面。

会议进行中根生的话很少，一双大眼聚精会神，点头的次数甚至比记录的字数还要多。遗憾的是，由于此前对伊利知之甚少，尽管事先巴部长也曾陪同走访，但印象并不深刻，因此，伊利是谁，郑总是谁，牛副总又是谁，在整个座谈中似乎没有提及。

座谈会结束后根生走了过来，彼此交流时间不长，但他却一口气讲了三

件事，先是告知，郑俊怀董事长上午听了报告后感慨万千赞不绝口；再是告知，一家企业能有两个名额出席下午座谈来之不易；最后告知，伊利正在上台阶，日后肯定有事烦劳。

跟下来虽然也有一番寒暄一通合影，只是由于周边围满人，所以人高马大的根生并未真正进入我的视线。离开片刻，他又独自折返回来，提出日后向呼市送书时可否多加一册。言辞恳切之至，神情坦诚之至，不仅让我重新打量起这位陌生人，同时还主动留下了电话号码……

回到北京，与呼市各界的交往逐渐多了起来，接了不少电话，收了不少来函，见了不少访客，交了不少朋友。总之，父老就是父老，乡亲就是乡亲，一见如故的多，话不投机的少。

1995 年 12 月 21 日，报告结束后的第 10 天，几经筹措，我终于向呼市送出 500 册《恩波智业》并在每本书上签名留言。万万没有想到，白音书记得知王力真要送书时，立即派人送来书款。

除此之外，还有一桩不该忘记的事情竟被我忘于脑后，就是忘记了在 500 册之外还有承诺根生的那一本……

时隔不久，1996 年 2 月 12 日，根生风风火火来到恩波位于北京国际俱乐部的办公室，闲差"取书"，正差是受公司委派向此间提出"聘请王力先生出任伊利决策顾问"的委托意愿。

根生开门见山通报了伊利近况，该公司已于一个月前上市，踌躇满志正逢时，跃跃欲试正逢时，值此关键时刻，郑俊怀董事长会同伊利决策层反复研究，诚心恭请王力先生早日出山。

对于伊利此番诚意我再三表示了感谢，同时也开诚布公地提出了两个相关问题请对方考虑——

其一，此间联袂国家商业部、北京市委商贸工委开展的旨在推动"官产学联合探究商业科学"的课题启动在即，不仅动静大牵涉面广，同时有可能移师海南现场办公，若此事先期成行，伊利委托则难以受理，如何是好，或由此间推荐合适人选，或由伊利另请高明。

其二，前次呼市之行曾当众承诺，无论日后承接何种委托，事先均通报市委市政府。因此，如果上述"商业科学"课题与伊利委托并不冲突，烦请回呼市后如实禀报市委市政府，何去何从，最终尊重市里意见。

交谈过程很短很愉快，恩波两位所长助理参加了会晤：一位与我共同经历了呼市报告的全过程，对事情的来龙去脉了如指掌；另一位是武警部队退役的老政委，静观始终，并在《恩波日志》做了如实记述。

与根生同行另有三人，伊利员工只有牛的秘书赵欣，其他二位，一位是呼市先行广告公司经理孙先红，另一位是孙的秘书。

因为是头次见面，孙先红的神情显得十分紧张、十分局促。正事扯完，孙低声提出了合影的请求。当时，我脑子里仍在想着如何调整时间尽量满足伊利愿望的事情，见我反应有点迟钝，根生忙说，先红虽然不够格听上午的

报告，也没办法出席下午的座谈，但对王先生的了解却不比任何人晚，因为他是《恩波智业》的忠实读者，该书对其影响至深。

后来的情景亦如照片所示，牛与我第二次握手，彼此显得近得不能再近；孙第一次接触，很是紧张，很是拘谨，很是不自然，出于对老读者、新朋友的尊重，故而主动挽住了他的胳膊……

此次来访，根生一并送来了王光英老先生题写刊名的《企业介绍》，前番无缘见郑总，这回算是从画刊上清清楚楚地看到了伊利董事长的容貌，给我留下的第一印象是敦厚、宽容，没有神话般的威严，没有戏说般的精干，总之，没有任何现代企业般的虚张声势。

很有幸，在这份企业简介中我一并领略了伊利公司"领导班子成员"的风采，无论是党委会领导还是监事会领导，无论是副总经理还是总经理助理，虽然人人洋装在身，但个个都透着朴素，围在郑的周围，不禁联想起与敦厚、宽容匹配的"人与群分"和"兼容并蓄"。

从这份简介中，我开始了解了伊利，尽管是上市公司，但从企业规模和相关指标来看，伊利当时的形态似乎并不十分强壮，仅在"1994 年中国大型工业企业排序中位于内蒙地区 100 家最佳经济效益工业企业第 95 位"。有关情况，"企业简介"简述如下——

> 伊利实业股份有限公司是 1993 年 2 月由原呼市回民奶食品厂改组建立的股份制工业企业。公司现有总资产 1.3 亿元，其中固定资产 7185 万元，直属企业 14 个，员工 3000 人，工程技术人员 196 人。
>
> 1994 年完成营业收入 1.2 亿元，利润 1002 万元，在 1994 年中国大型工业企业排序中，位于内蒙地区 100 家最佳经济效益工业企业第 95 位，在自治区食品行业中利税总额排第一位，是全国 500 家最大食品制造企业。
>
> 公司以生产清真特色的"伊利牌"系列食品享誉区内外，主要产品包括冷冻食品、乳制品、饮料、面食和饲料淀粉制品等五大类 200 余品种，其中有 28 种获部优、区优、市优称号，产品远销北京、河北、山西等地。
>
> 冷冻食品公司是 1993 年实行股份制建设的第一个大项目，1994 年正式投产，日产各式雪糕、冰淇淋 300 万支，产销量居全国同行业第二位。
>
> 经国家证监会批准，伊利已成为 1995 年上市公司，公司的目标是以食品加工业为主体的多元化经营，跨地区跨行业面向全国走向世界的集团公司。

讲老实话，企业介绍的确看过不少，虚虚实实，卿卿我我，篇幅有限，想说的太多，往往最终印在纸上的多会用心良苦，多会精雕细琢，究竟应该看哪段儿，应该信哪段儿，据说里面有很大学问。

送走来访者，我用了不少时间认真阅读伊利简介，发现其中文字部分干货多水分少，尽管总共 6 页纸，但有心人却布满了"荣誉篇"、"效益篇"、"企业篇"、"核心篇"、"机构篇"、"股东篇"、"生产篇"、"市场篇"、"发展篇"、"党群篇"等十多个不同的主题。看过之后，虽然感觉篇章有点多，顺序有点乱，但多归多乱归乱总体感觉还不错，因为从中我似乎看到了伊利对争做"世界第一"的真实心态。

与文字相比，伊利简介里面的图片似乎更为直观，包括厂容厂貌，包括研发水准，包括生产流程，包括产品展示，无论是抓拍还是摆拍，无论是近景还是全景，统统为实地实景实拍。

换言之，尽管任何企业都会把最好、最美、最炫、最酷的场景往简介上码，但伊利码来码去却没有码成人晕亦晕的"点将台"或"封神榜"。坦率而言，尽管这一切和我希望看到的"全国 500 家最大型食品企业"的风采还有些距离，但"看似一般般"比起云遮雾罩的飘飘然看了更让我心中有底。道理极为简单，如果有缘与伊利合作，倘若眼里多是"满城尽带黄金甲"，倘若感觉多是"万紫千红总是春"，毫无疑问，当事人怎样想我也会怎样想，当事人怎样做我也会怎样做。

如何看待"以生产清真特色系列食品为己任"的伊利公司，如何看待"以雪糕、冰淇淋为未来产业龙头"的伊利公司，事关他人也事关自己，听人劝，吃饱饭，于是我主动和呼市有关方面、有关人士进行了沟通……

在其后的一个月里，根生与此间保持了极为密切的接触，不算电话往来，不算派员互动，仅他本人就两度专程赴京，为谋求伊利公司与恩波智业及我本人合作忙前跑后。

除了"伊利副总"，根生还有一个更实实在在的头衔，就是公司下属二级企业"伊利冷冻食品公司"经理。该公司当时资产总额近 1 个亿，雪糕、冰淇淋的日产能力可达 400 吨，从这个角度讲，根生领导的模拟法人的冷冻公司又是伊利龙脉的"龙头"。

一来二去，与根生逐渐熟了起来，道听途说，此乃早年"呼市牛头"是也。缘何有此等封号，据说两肋插刀出名，据说哥们义气出名，据说"牛头"二字的负面效应甚至还是当地孩子的"止哭良药"。问及今日牛副总可否还有昔日"牛头"之蛮力，根生不仅实话实说，同时告知皈依正途少不了伊利董事长郑俊怀先生的关爱与栽培。

于是，我请根生描述了一番未曾谋面的郑俊怀，原话不必重复，但原意却是"伯乐＋兄长"。至此，视此，我才开始认真打量起眼前这位小老乡。但见，这牛副总不仅浑身上下透着使不完的牛劲，同时浑身上下也透着看不够的执著，更为重要的是，尽管其"牛头"不外露，"牛嘴"不张扬，但"牛眼"却显现出与众牛不同的目光。

多年来与各色人等打过不少交道，俗的雅的，荤的素的，屡见不鲜，唯独此番与"牛头"往来，虽说着今天的正事，但由不得想起他的昨天，也由不得想起自己的过去。抛开老乡等显而易见的概念，我与牛，牛与我，好像有两个极为相似的地方——其一，彼此都没有接受过正规教育，但自觉成才，脑子绝不比有文凭的慢；其二，关键时刻我俩都遇到了"恩公"，遇到了"贵人"，今非昔比绝非偶然。

说来话长。1984 年，我阴错阳差地从普通青工的位置一跃成为企业的总经理，由于经营有道，由于创新有方，被团口树为典型，成为《中国青年》杂志、《中国青年报》、《经济日报》等中央媒体高度关注的对象。之所以"一步登天"，之所以"平步青云"，之所以能从普通一兵变为新闻人物，说到底，都与我身边一位"郑俊怀式"的恩公不无关系。光阴荏苒，事过境迁，然而作为"吃饱了撑的也要讲究系统工程"这一人生基本理念的信奉者，感恩戴德之心、涌泉相报之情不敢说无时不刻，但 20 余年我想了该想之事，做了该做之事，甚至在恩公过世之后，把回报继续延续到老人的隔代人身上。

有人统计过人与人擦肩而过的几率，有人统计过人与人回眸一笑的几率，有人统计过人与人萍水相逢的几率，也有人统计过人与人肝胆相照生死与共的几率，并进而凭此量化出"缘分"二字的真正含义。

坦率而言，我对根生的好感始自于此。换言之，尽管此间与伊利的合作既要得益郑俊怀先生的求贤若渴，更要仰仗呼市市委市政府的全力推动，但我对伊利的感情却始自牛根生。有了这种先入为主，与伊利合作，最终是"他说动了我"还是"他感动了我"似乎已不很重要……

那段时间根生每次来访总会带着孙先红，尽管此人不是伊利职工，但是感觉得到，根生对其信任有加，关照有加。于是不看僧面看佛面，于是顺水推舟作人情，于是有问必答，于是有求必应。

1996 年 3 月 14 日，离双方签约还有 5 天，根生来京落实赴呼市各项准备工作，临了临了孙先红从挎包中取出一纸文稿，告知此乃先行广告公司为伊利拟就的"候车亭广告文案"，自己实在拿捏不准，烦请老师不吝赐教。

我一边接过文案一边随口和他说了句玩笑话，告诉他，用北京人的话讲，这可属于绝对的"巧支使人"——往宽了说，彼此的营生均为"受人之托，终人之事"，往窄了扯，各自的本事又同属"拿人钱财，替人消灾"，可到头来"您接的活儿"却让别人替你拿主意……

这回，平时少言寡语的孙先红话跟得挺快，强调是师生关系而不是商业行为，视此，我拍了拍他的手背，一笑了之。

应该说，广告创意还是很有看点，不管是否受了呼市"素质工程"建议的影响，能如此这般地跳出三界外实在难能可贵。见我看得很是认真他不失时机地告诉我，"卖什么不吆喝什么"的想法得益于《恩波智业》。见状，根生插话道："先红简直把您的书当成教科书，人不离书，书不离人，遇到问题总要先看看王教授是咋样说的。"

说到"卖什么不吆喝什么"，此前6年策划的"亚细亚现象"曾被推为此道精典，于是，就其心得向二位做了深入浅出的交代。话到兴头，对广告词也提了些修改建议，包括将说着有点大、听着有点远的"尊老爱幼，炎黄美德"改成了"爱幼尊老，呼市骄傲"；包括将念着有点文、读着有点晕的"斑白者不负载于道路"改成了"人生终有一老，首善始自年少"。

由于我对企业行善颇为欣赏，加之不久前还为刚成立的"中华慈善总会"提供了不少深层次外脑服务，故而，无论企业出于何种动机，最终只要有公众受益我自会出手相助……

盖因于此，在充分肯定了上述公益广告的"德行"之后，又由不得多扯了几句，把一般不往书上写或一时没来及在书上说的讲给了二位，诸如"何为广告"，诸如"何为公关"，并告之——广告说得再好也有其局限性，公关做得再妙也有其不尽然，因此但凡有条件，一定要让二者互展所长奏出荡气回肠、余音绕梁的共鸣曲。

时间关系，何为"荡气回肠"没直说，何为"余音绕梁"也没讲透，但我告诉了根生也告诉了孙先红，既然够胆"卖什么不吆喝什么"，既然够力跳出三界外不在五行中，那么何不索性潇洒走一回，借媒体推波助澜？

结合自身的媒体工作经验和下海以后的实践感悟，我随手拿过报纸和尺子，选了篇文章又挑了块广告，一面用尺子量一面讲——同样的面积，同样的版面，不仅费用投放各不相同，同时"认知"和"认可"也各不相同，其中，不收费的新闻报道属官方盖印故而有人看也有人信，而广告则不然，随你花钱满嘴跑舌头，但有人买账也有人不买账。

何为"认知"，何为"认可"，二位来客好像头一回听人掰扯其中的同与异。好在此前企业中人尽知"广告认知度"，因此，细化后者只要直截了当从"何为新闻"说开去即可。时间关系，我既没有讲新闻报道的定律，也没有讲新闻记者的定力，只是拿来一个不成体统的国外借喻说给对方，就是"狗咬人不是新闻，人咬狗才是新闻"。

二人面面相觑但又很快笑出声来，看得出已经整明白了新闻的"方法论"。担心误人子弟，于是跟进讲了对应的"世界观"，告知玩笑不必当真，但"人云亦云"和"你有我有"一般都不是新闻。

接下来扯得很为杂乱，包括"公关如何给媒体找活儿干"、"企业如何同记者打交道"、"活动如何现场哗众"、"报道如何场外取宠"，总之，围绕企业的"实与虚"，围绕产品的"说与做"，围绕广告的"是与非"，围绕公关的"德与才"，想到哪儿就说到哪儿。

那天我讲得开心，二人听得用心，有说有笑，有问有答。临了临了，根生突然提出"请王教授给咱说说广告和公关的本质区别"。问得到位，问得结实。想了想，最后告知——"广告逗人买，公关招人爱"。

因为不是重点内容，此间工作日志对此只记录了一句"双方就如何设立候车亭公益广告并新闻炒作进行了探讨"；因为不属伊利自身个案，所以对其下文没做太多关注。据说此举成为呼市一景，据说《人民日报》、《北京晚报》都有报道，据说伊利美誉度大幅提升。

作为过来人，我很为当年的人和事感到高兴。窗户纸一旦捅破，从迷信上说叫做"开天眼"，从迷宗上讲叫做"得真传"。如果排除"大小年让您赶上了"那样的美景，如果排除"守株待兔让您撞上了"那般的奇遇，你会发现，如果没有千里姻缘一线牵的公关意识与公关手段，从呼市候车亭到《人民日报》，从呼市候车亭到《北京晚报》，不仅在地图上相隔千百里，同时从关联度上也纯属八竿子够不着。

第 3 章　　益人益己

舍了"横平竖直"才会思无定式
凭了"以迂为直"方可暗度陈仓

委托人心气儿再高，诚意再大，但新事物难免会用旧尺子量，高标准难免会往高管年薪上靠。此外，委托费额"就低不就高"还有一个重要原因，是怕忙前跑后的根生为难。

要想成全好人好事，唯一的选择只有放弃好钱。最终实际服务周期 18 个月的外脑服务总共收取了 18 万元（含 20%"异地附加费"）。在此之前，此间同类课题的年度取费最低百万元起。

根生被任命为"课题联络官"，从此可以经常走动。说心里话，这在我眼里比什么都重要，因为只要课题联络官的思维方式有所改观，有所提升，课题思想才会卓有成效地影响企业最高决策者……

其后数日，1996 年 3 月 19 日，在呼市市委市政府的大力帮扶下，伊利与恩波合作终成定局，我正式受聘伊利公司"高级决策顾问"。

签字仪式热烈隆重，市委副书记郝存柱、市委常委宣传部部长巴特尔、副市长姚永通等多位市领导出席。应市里邀请，中央新闻单位驻内蒙派出机构及区市两级新闻媒体均派员到会。据说，如此场面，如此阵容，在内蒙，在当年，以纯粹企业行为定格似不可能。

签字仪式上，巴特尔部长代表呼市市委市政府首先发言，接下来郑俊怀先生代表伊利公司讲了话，言辞恳切之至，其中谈道——

今天，我们非常荣幸地请到了中国智业先驱、著名现代决策咨询专家、被社会誉为"中国公关第一人"的王力先生。他潜心致力的软科学"现代决策咨询业"，为中国无数企业的发展起到了画龙点睛的作用，他独特的思维方式是企业排忧解难、迎接挑战必不可少的良药。

虽然我们经过努力和不断的探索已初具规模，但是这些还远远不够，因为我们的目标是要成为"中国第一"、"世界冰淇淋大王"，而且我们这个目标绝不改变。然而我们也清醒地认识到，要实现这一目标将会面临更加强大的对手和难以预料的困难，怎样才能达到目标，它是困扰了我们许久的一个难题。

去年 12 月份，市委、市政府首次将王力先生请到了呼市，在政府礼堂我们倾听了王先生所作的寓意深刻的启发性报告后，思路为之大

◎ 左起郑俊怀、巴特尔、郝存柱、王力、姚永通、牛根生、胡苏东。

◎ 左一郑俊怀总经理。

开，我们考虑到作为一个上市公司要想求得更大的发展，只有聘请像王先生这样的人物作为我们公司的高级决策顾问，才能使伊利的决策发生质的变化。

带着这样的一个念头，在市委、市政府的协助下，我们不远千里之外把正处于百忙之中的王先生请到了这里。今天，王力先生的到来，不仅是我们伊利公司应用软科学发展企业、实现企业目标的一次尝试性试验，同时也标志着呼市地区已将重视软科学，重视智业发展，并将其应用于促进呼市地区经济发展方面有了一个新的开端。

郑俊怀先生的发言感人至深，当我接过伊利公司"高级决策顾问"聘书之时，两个人的手紧紧地握在了一起，感觉基本与根生描述无异，像个老兄，像个老友，就是有点不太像正襟危坐的上市公司老板。

随后我也讲了话表了态，不多不少，也虚也实，主要谈及"受聘伊利公司高级决策顾问责任重大，今后一定会带着对家乡对呼市的感激之情，向委托人提供卓有成效的深层次决策咨询与建议，争取为伊利公司争创'世界第一'起到实际的助推作用"。

在经济发达城市，聘请咨询机构提供外脑服务已为寻常之事，包括此间以往工作经历中动辄上百万甚至数百万元的委托额也屡见不鲜，但是，对于伊利公司这样的内陆企业来讲，花钱请外脑，尤其花钱请"民间谋士"帮助谋断"全局与万世"则成为焦点新闻。

媒体对此做了及时的宣传，不仅称其为"继伊利上市冲击波之后的又一次冲击波"，同时透过此事发现呼市乃至内蒙"重视软科学并将其应用于促进地区经济发展有了新的开端"。

在媒体中我比较看好晚报，尽管是一张不大的报纸，但其"口碑转化力"极强。一个人靠不靠谱，一件事靠不靠谱，一个概念靠不靠谱，一项政策靠不靠谱，虽然官样文章有官样文章的洞察力与覆盖力，但晚报特定读者的理解力与判断力却能避虚就实将其口口相传。

呼市晚报文章即如此，既谈了伊利将在外来和尚的帮助下于"思维领域"闹革命，同时也谈了伊利"富则思变"没事儿找事儿的动因究竟是为了啥，用记者的话讲，伊利公司之所以聘请外脑做顾问，说到家，无非就是"希望用其思维方式使自身决策发生质变"。

签约现场没有公开顾问聘金数额，从部分与会者的眼神中我似乎感觉那是个被人关注的话题，会议过程中我曾想过，在发言中是否应该把实际数额讲出来，是否应该把服务程序和服务内容也讲出来，由于来不及和委托方商榷，所以犹豫再三，最终也只是想想而已。

其实，出任"高级决策顾问"不仅对伊利是个新问题，同时对恩波本身来说也是一种全新的尝试，因为在此间分门别类的外脑服务项目中，竟然找不到一款适合伊利。应该说，这样的情形，对被社会高尊高看的专业机构与资深人士来说，似乎是一种莫大的讽刺。

说来话长。经过九年的摸爬滚打，实践出真知，实践出真智，"以软科学研究、决策科学研究、哲学研究、思维方式研究"为主营项目的恩波智业研究所早已"告别公关"、"走出策划"，因业绩卓著，1994 年年底，时任国务委员的宋健先生还特别推荐我出席了由中央九部委联合召开的"全国软科学工作会议"并做主题发言，会后受到江总书记接见。

借"软科学会议"东风，从 1995 年 1 月起，此间的工作模式相应做了调整，形成了一整套既符合客观需求也符合主观愿望的运行机制，同时还配套出台了《恩波智业运行细则》。

上述《细则》虽然总共没有几页纸，但仅"运行程序"一项，从委托人提出"意向委托"到共同进入工作状态直至最终课题效果评估，一环扣一环，前后竟然有 16 道步骤。不是我事儿多，实践证明，由于现代决策咨询是个新事物，由于"智库卖脑"是个新行当，所以双方欲要促成"1+1>2"的倍增效应，如果该较真的不较真，到头来不该稀松二五眼的一定会稀松二五眼。

此间外脑服务由两大板块组成，一块为"课题类别"，另一块是"常规类别"，前者多为集体智慧，后者纯属王力个人行为。总之，不同的事情应对不同的类别，不同的价位享受不同的服务。

属于"课题类别"的服务总共有三项，包括设计制订《决策方针》、设计制订《架构方略》和设计制订《实施方案》。属于"常规类别"的服务项目包括"思维启导型对话"、"思维发散型漫谈"、"思维点化型考察"、"修正客户自订方案"、"出任决策顾问"等独立成章的产品。如上所言，无论哪一种，均为王力个人行为。

其中"思维启导型对话"是当年很为叫座的创新项目，顾名思义，就是通过旨在深层启发的谈话，促使当事人的思维方式获得调整，并在特定条件下对特定问题产生顿悟。1993 年此间推出该项服务，建设银行成为第一位客户，几位职务不低的银行领导就特殊时期"如何树立银行企业形象"一事提出委托。按照约定，双方在香山饭店举行了两个小时的对话，会后，对方在《效果认定书》上写下了"满意"二字。

倒退 16 年前，无论是咨询界还是律师界，"聊天收费"抑或"谈话收费"简直是天方夜谭，尤其对方是不俗的单位不俗的人，尤其双方合约事先明确规定了"满意付费，不满意倒赔"的硬性条款，所以即便是见多识广的记者对此也心存好奇……

如果说在 20 世纪 90 年代"谈话收费"、"聊天收费"是不折不扣的新闻，那么跟进出现的"被请吃请喝还要另外收费"更属于闻所未闻。在经历了一次又一次"吃请"过后，最终明悟了何为"为吃而吃叫做撮"，何为"为事而撮叫做局"。尤其每每曲终人散回到家里总感觉没有吃饱，始知醉翁之意不在酒，始知对方嘴不闲着，眼不闲着，耳朵也不闲着，花一锭银子弄了个盘满钵满太过划算。于是相形见绌，于是绌则思变，于是最终整出个借酒撒"疯"、借题发挥的"思维发散型漫谈"。

相比之下，在会议室进行的"思维启导型对话"和在饭桌子上展开的"思维发散型漫谈"多有不同，前者再放开、再活跃也还是比较中规中矩，而后者则不然，圆桌无主次，酒后吐真言。据当时统计，通常情况下官员学者对"思维启导型对话"感兴趣，而企业领导则更热衷于"思维发散型漫谈"。因此，在特定的历史时期，每逢周末，融在"饭局"里的发散型漫谈便成了企业老板的趋之若鹜。对此不仅国内媒体大谈特谈，同时海外媒体也惊呼"素有'公关第一人'美称的王力先生陪客人吃饭居然也要收费！"

玩意儿再好，乐子再多，可一般说来，以上专项服务基本都是我与委托方的决策者面对面，受益范围不宽，故而有人喜欢"利不外溢"，而有人则希望最好顺手牵羊"解放全人类"。针对此种需求，进而设计了"思维点化型考察"，因为这类服务不仅可以同委托方领导打交道，同时身在其处接触范围和受益范围自然会更广泛些。

最早设计此项服务时曾多少有些顾虑，尽管非常自信自己的"直觉思维"与"另类思维"足以应对不少委托人的现存问题，但究竟需求有多大，市场有多大，心中还是没有太大的底数。

没想到在此类产品中"思维点化型考察"最受欢迎，对症下药是一说，而"人在外，多会身不由己"也是重要一说，原来委托人发现，王力一旦到了现场，不仅嘴上立刻没了把门的有啥说啥，同时在应酬中自然也就少不了"不花钱的思维发散型漫谈"和"不花钱的思维启导型对话"……

属于王力个人行为的还有一个颇受欢迎的项目叫做"修正客户自订方案"，顾名思义，就是对客户自身已经制订的相关方案，给予更具专业水准、更具操控性的调整与修正。

稍微有些生活常识的人都清楚，"新衣服好做，旧衣服难改"，缘何明知故犯，其实一切只是为了实际效果着想。以往工作中常会遇到些怪现象，举凡格外重视、格外用心且事必躬亲的个案，往往委托人的主观能动性反倒越不理想，久而久之我发现，这一切其实都是委托人有了依靠之后"太过松心"惹的祸。

此事让我想了许多许多，最终想到但凡有条件一定要请客户和我进行互动，包括头脑风暴互通有无，包括原本安排在恩波内部的交流最大程度地摆在桌面上。可惜的是，每个人有每个人的想法，每个单位有每个单位的考量，有人求之不得，有人不以为然，有人为此感激不尽甚至追加费用，有人担心受训者由此长了行市不知哪天拍屁股走人。

实践证明，这种服务方式对大幅提升委托人的思辨能力大有裨益，虽说对方事先也动了脑子用了心，但到头来还是会被我"彻底颠覆"。只是，颠覆的过程也是提升的过程，面对同样的资讯和同样的条件，"王力为什么会这样想"，"王力为什么会那样做"一类的反思最终成为当事人难得的教案……

当年，结合形形色色的社会需求，此间在常规类别的选项中也有"受聘出任决策顾问"一说，只是此顾问非彼顾问，设置的缘由大体上是为了满足委托人的"心理需要"。一切如《细则》所言——"受聘期间可对外公开宣传王力先生为自身决策顾问，可优先考虑、优先受理课题委托"。

尽管上赶着送钱的委托人也不在少数，但我骨子里的感觉却与之相去甚远。谁让我天生一个"职业操心命"，不在其位还一个劲儿地帮助谋其政，不在其中还一天到晚为八竿子打不着的事情建言献策，一旦被送上尽可发挥的舞台，有没有舞鞋，有没有舞伴，都不用扬鞭自奋蹄。往往委托人随口一句"王先生您看着办"，结果就让"看着办"的王先生鞠躬尽瘁死而后已。

正因如此，那些年我对看上去挺美挺肥的"出任顾问"始终持审慎态度，轻易不上当，轻易不上船，凡有具体委托概念的尽量往"课题"相关当口上放，没有明确委托概念的一律全往常规类别里布，总之，能不当常年顾问的尽量不当，能不挣"得来全不费工夫"的钱尽量不挣……

书归正传。视线重新移回到伊利与此间合作关系的链条上。从表象上看伊利公司的委托事项很符合上述"课题类别"，众所周知，夺取"世界第一"是系统工程，接下来的工作应与跟进设计制订对应的《决策方针》、《架构方略》和《实施方案》不无关系。按照这样的规模计算，耗时要两三年，取费至少要二三百万。

从今天的势盘儿来看，这个数字对伊利来说已是小菜，已是毛毛雨，但实实在在退回到13年前的1996年，别看是上市公司，别看有市里的全力支持，别看找的是"众里寻她千百度"，但"第一次花钱买决策思想"的伊利能够接受的价位却绝对高不到哪儿去。

当时伊利能接受的"心理价位"究竟是多少，此间曾当回事地开会讨论过，会上，我提出的"二三十万打住"曾被广泛质疑。尽管如此我仍很清楚，委托人心气儿再高，诚意再大，但再新的事物也难免会用旧尺子量，再高的高标准也难免会往"高管年薪"的杠杠上靠。据说，那时候伊利高管的年薪已然大几十万、百十来万，凭经验换算，外请顾问的酬劳最好控制在其四分之一为妙，少了不够人吃马喂，多了常常惹是生非。

其实，委托费额就低不就高还有一个原因，就是怕让为此忙前跑后上传下达的牛副总为难。如果像以往其他课题，出面谈判的是对方一把手，或许我会坚持将个案向"课题类别"归拢，而且相信对方最高统帅一定会按照对其有利的客观规律行事。遗憾的是，伊利课题自始至终出面谈判的都是大当家但不最终主事的牛副总，要想成全好人好事，唯一的方法就是放弃"好钱"。

长话短说，最终我为伊利量身定做了一套"高级版"决策顾问条例，包括多次"思维启导型谈话"、多次"思维发散型漫谈"、多次"思维点化型考察"、多次"修正客户方案"，同时外带20%的"异地实施附加工时费"，总共收取了18万元人民币，而实际服务周期不是一年而是18个月。如我所料，对照一并提交的项目说明，伊利决策层一字未改全票通过……

尽管从表面看"高级决策顾问"和"决策顾问"似乎只差了两个字，但这两个字却让此间原有概念面目全非，为多出来的"高级"二字，我在原"决策顾问"的项目与价位上无偿增加了三项高难、高深的外脑服务：其一，全程关注聘请单位的相关事宜；其二，对聘请单位重大决策提供咨询；其三，向聘请单位主动提供决策建议。

没有相关经历的人一般不大明白上述三句话的真正含义，作为咨询专家，在以往工作中只要不是重大课题，我基本不会向对方轻易允诺这三件事。为什么？原因就在于这三句话着实好说不好做。

咨询分为三大类："决策咨询"、"专业咨询"和"信息咨询"。与其他类别不同，决策咨询不是"被动式服务"，遇有问题，不仅委托人会在第一时间问计于你，同时受托人也应在最佳时间主动建言献策。而欲要确保非同一般的专业水准，平日里对相关事宜保持不间断关注是关键所在。

换言之，此间提供的决策咨询绝非一般化的"专业咨询"或"信息咨询"。从得意的方面说，既不受"工时"约束也不被"模型"所累，倚仗软科学和决策科学的工作原理比较悠然自得；反之，若从失意的角度讲，养兵千日也好用兵一时也罢，在最该表现的时候如果说不出个子丑寅卯，分不出个眉高眼低，莫说出钱的东家会问责，莫说观战的同行会耻笑，即便就是没人指责也没人管，自身赖以生存的自信也会患上"阳痿"症。

尽管上述服务加在一起与一单上百万元的委托课题无异，但作为经历与经验还算丰富的外脑顾问，深知仅靠合约上注明的内容很难辅佐委托人"谋全局"、"谋万世"，因此在双方正式签约的文件上，我坚持写了下面两段话——

> 以上内容均为王力先生出任高级决策顾问的基准项目，受聘单位确保执行。如王力先生出于对聘请单位的感情因素自愿增加服务项目或服务次数，将不再另取费用。
>
> 本文作为双方契约性文件，具有法律效力。如受聘单位及王力先生未能履行上述对应责任，全额聘金应退还聘请单位。

令我欣慰的是，郑俊怀先生对此间苦衷表示了充分的理解。他告诉我，企业从小到大历尽艰辛，不敢大手大脚；他还告诉我，"花钱请外脑"在当地属于大胆尝试，他要面对方方面面。

令我欣喜的是，根生被伊利任命为"课题联络官"，从此彼此可以经常走动，正常走动。说心里话，在我眼里这似乎比什么都重要，因为只要课题联络官的思维方式有所改观，有所提升，课题思想才会卓有成效地影响企业决策者，才会潜移默化地影响企业决策层……

签约当日下午，在郑总和根生的陪同下参观了伊利冷冻食品厂，尽管该厂当时在伊利体系内算得上规模最大、规格最高，但坦率而言，一路走过，一路看来，不仅和若干年后看到的厂容厂貌大相径庭，甚至也和当时我对此类企业的幻觉相去甚远。

无论是 1989 年代理中法合资"天津王朝酒"顾问、1990 年出任"北京食品研究所"顾问，还是 1991 年在李宁先生陪同下走访健力宝，对于由不锈钢组合的现代化饮品加工设备已感知颇多，讲老实话，时隔多年，我似乎没有看到现实观感对历史印象的超越。

三月的内蒙，春寒料峭，走在空旷的厂区，看着不尽如"心仪"的景观，听着不尽如现实的憧憬，心绪格外紊乱。如果没有"世界第一"的影影绰绰，没有"行业老大"的若隐若现，对此感观似乎无可厚非，只是，身为举足轻重的高级顾问，由不得由此及彼，由不得由表及里，由不得开始用脚去丈量从现实到梦境的真正距离。

在敦厚和善的郑总面前我没有掩饰内心的感受，对此，他不厌其烦掰开揉碎地讲给我听，包括产品分类、生产流程、现实问题、发展愿景。最让我难忘的是，每当讲完一件事，伊利掌门人都会轻声轻语地问一句："王教授，不知我讲清楚没有？"

参观结束后，我和郑俊怀先生单独交谈了两个多小时，先是把自己理解的复述给他听，后是把自己感觉的描述给郑总看，对此，郑俊怀先生给予了实实在在的评价："看来王教授不虚此行。"

见我张口闭口称"郑总"，郑语重心长地做了纠正，让我叫他"老郑"，说这样称呼听着舒服。无奈。服从。只是轮到请他也不必称我"王教授"，老郑却坚持不允，理由很充分亦很明确 —— 贵为伊利高级决策顾问，教授当之无愧也当尊无愧，数千名企业员工，他老郑要带头尊重知识，尊重专家。

聊到双方课题合作，老郑一个劲地对他今后可能无法经常来京交流表示抱歉，并讲"遇有大问题我会随时找你，你来呼市我保证在家……"短短几句话，再次勾勒出伊利掌门人的工作特征。

接下来的话题自然聊到了牛副总，老郑既没说此前"牛头"那段儿，也没说日后"龙头"那段儿，只是对我讲，牛副总是目前企业里最合适的人选，有什么想法有什么吩咐尽管和牛讲，牛代表企业也代表他。

尽管话不多，但我还是看得出来，郑对牛的信任程度非同一般，其中既包括了对"将在外君命有所不受"的理解与认可，也包括了对"年轻后生"百尺竿头更进一步的期望与寄托。

会晤老郑时我带了笔和本，可双方聊开后却只言未写片语未记。20 年的职业生涯，伺候了不少人，帮办了不少事，遇到过不少居高临下的主儿，接触过不少神乎其神的人，与之相比，和老郑交流最不拘束，与其相论，和老郑唠嗑最不用扯淡、打镲……

去见老郑的时候路过根生的办公室，无意瞥到一个月前牛副总与我在北京合影的放大照片摆在了他的写字台上，随行的伊利工作人员告诉我，上次北京回来，合影与《恩波智业》已成牛副总案头一景。事后问及，根生说，无论今后是个啥情况，这张照片他都会永远珍藏。

君子一言，驷马难追。根生一言，至少六七年如是。2002年应几位兄弟之托相约呼市观摩，那时根生已另立门户扯起蒙牛大旗，在牛总裁的办公室，果然又见到了当年的合影。据办公室负责人讲，这些年牛总合影虽不在少数，但与王老师的合影却始终位置没变。

无论是1996年还是2002年，无论是牛副总还是牛老总，一张普通的照片，一番寻常的接触，竟让堂堂的牛根生认认真真地面对了许多年，无论是听起来还是想起来，心头常会一热……

参观之中，前半程根生始终紧随郑总其后，话不多但恰到好处，尤其每每遇到市场问题或技术问题，牛副总的补充说明最及时也最到位。

从某种角度说，别看根生平时不哼不哈，但无论讲现实还是讲愿景，似乎都比老郑来得鲜活，来得艺术，来得逼真，来得诱人——谈及企业的现状与未来，老郑比较一丝不苟，比较平铺直叙，而根生则不然，虽然也有一说一，也由此及彼，但语气、语速、语调却与老郑大不相同，往"严重"上说，可谓声情并茂，可谓抑扬顿挫，低头听上去，甚至抬头看上去，似乎都不像那么大个块头、那么大个脑袋发出的声音。

感觉得到，在属于自己的一亩三分地，根生的管理理念已经深入人心，尽管设备不是很先进，尽管环境不是很时尚，但对卫生的重视程度却超过了我的想象——我注意到一线员工的发型与指甲，两个"很短"让我喜出望外；我注意到生产车间的地面与墙面，两个"很光"让我信心倍增；我注意到企业食堂与厕所，两个"味道很淡"让我浮想联翩。

尽管"伊利冷冻食品厂"没有明确标识"清真"二字，但职工食堂里你却看不到也闻不到汉民的最爱。老郑现场一番话，更让我对根生由不得刮目相看、由不得肃然起敬，原来这位冷冻食品厂的大掌柜，不仅在厂区不吃大肉，而且在家也不吃。转身问牛，根生告知，自小家境贫寒，所以自小馋肉，面对两难，提前管着点，提前搂着点，一是带头人要带头狠，另是省得在外面吃饱了撑的到了生产重地乱打嗝。

半路无言。一路好想。包括此时此刻把笔话当年，我似乎突然觉察到，这些年来，与牛副总抑或牛老总私下接触不算少，好像始终未见牛根生先生吃起饭来像汉民……

参观过程中，在牛副总的热情鼓动之下，我品尝了若干个品种的雪糕、冰淇淋，吃到高兴处，我给他讲了一个发生在 27 年前的故事 —— "怎样打赌吃雪糕"。

1969 年我刚工作，与单位一位号称铁嘴钢牙的老伙计比赛吃雪糕，此番豪赌现在听起来不算什么，但雪糕在那个时候可是奢侈品，刚工作的青工一个月工资恐怕连 200 根雪糕都买不了。

赌局规则很简单，自行垫资不限时，最终谁吃得少谁掏钱。仗着一嘴好牙，那厮三下五除二一会工夫就连吞带咽了好几根，而我则在明白人的"教唆"下，不慌不忙地把 10 支雪糕一字排开晒在阳光普照的窗台上。没多久，冰冷的雪糕冻得老哥们铁嘴不铁，钢牙失灵，这时却见我上手拎着下手托着，连嘬带吸溜儿，几分钟就把快化的雪糕全部顺进肚子里。

也许是由于故事跳出来得太突然，也许是王先生讲故事的语速着实有点快，总之，根生似乎一下子没有反应过来。见此，我凑过身去低声告之，"此乃策划是也"。根生听得认真而且眼睛开始发亮，见状跟进告之，"举凡直来直去皆规划，举凡以迂为直皆策划"。根生大笑，笑得天真，笑得认真，笑得让我听出了弦外之音。

在其后的交往中，此类"实践出真智"经常隔三差五讲给根生听。不管别人怎样看，我始终认为 —— 管理是科学，经营是艺术，在艺术的殿堂里，没有太多的正襟危坐，没有太多的横平竖直，许多经验与感悟，看似不正统，看似不严谨，但经多了绝对与众不同，看多了早晚笑傲江湖。

第4章　亦庄亦谐

务实，不见得就是"低头拉车"
务虚，不应该只会"抬头看路"

此间提出的"开创战略名牌"引起呼市高度关注，将伊利调研融入政府课题中道理很直白，帮扶伊利争第一既要全面了解相关行业情况，更要深刻感知自身生存环境，两者同样重要。出于职业习惯，我更侧重后者。

我所痴迷的"战略名牌"与"名牌战略"截然不同，与后来的"城市名片"有些类似。不同的是，名片多会"依托历史，拿历史说事"，而战略名牌则长于"整合历史与现实，让现实重新书写历史"。

事过多年呼市被冠以"中国乳都"，乳品企业也不再一家独大。"乳都"如何出炉的不得而知，但多少会与"战略名牌"不无关系，至于是不是当时市领导拍的板已不重要，是不是受王力思路影响则更不重要……

回到北京，立即召开所长办公会通报情况，会上，我提出了"将伊利前期调研并入呼市政府课题"的动议。道理很直白，帮扶伊利迈向"世界第一"，既要全面了解国内外相关行业的情况，更要深刻感知伊利的生存环境，两者同样重要，出于职业习惯，我更侧重于后者。

换言之，尽管当时存心与伊利争第一的对手并不存在，但伊利的"蠢蠢欲动"毕竟是在动态中而不是真空中进行，因此尽管未见竞标者，但车动铃铛响，没有足够的底蕴，没有像样的底牌，面对一只只看不见的手，很难保证在争创第一的过程中游刃有余。

身为备受重视的伊利"高级决策顾问"，对方最为看中的是本人出神入化的"另类思维"，然而出神也好，入化也罢，其实一切都离不开"客观"二字。拥有客观，观棋五步外且步步为营；依从客观，观天上云卷云舒，看庭前花开花落，多会顺天应人。

在我的感觉中，欠发达地区的企业欲要脱颖而出，仅靠自家底蕴与底牌是远远不够的。志气人人有，结果各不同，如何变"志在必夺"为"势在必得"，拼力"扬长"固然重要，而设法"避短"则更具张力。因此，作为早于此前六年就深谙河南省情从而成功策划催发了"亚细亚现象"、"中原商战"的幕后人物，我深知"伊利之长"虽然比比皆是，但欲要真实感知"伊利之短"，似乎只有从伊利厂区以外的地方才会获得。

呼市报告会上，结合家乡具体情况我提出了"开展素质工程"、"建立策略研究室"、"创新战略名牌"等建议，引起市委市政府的高度关注。与伊利签约之时适逢"素质工程"启动，作为刚刚上任的政府顾问和伊利顾问，一手托两家，按照上述构想，对"附带伊利概念的呼市课题"进行了不间断的研究分析，其中，包括与当地新老关系密切走动，以及对目标群体进行微服私访，而所有这一切，都连带"伊利"随风潜入夜、润物细无声……

"素质工程"一经提出，呼市便立即行动起来，参照市里下发的《关于实施素质工程的意见》，市委组织部、市经委、市科委、市教委、市农委等部门又相继制定出十大类别的配套文件或《实施细则》。

针对极具特定内涵的"呼市素质工程"，此间经过一段时间的调研、分析、论证以后，陆续就其"目标与内容"、"整体与局部"、"方式与步骤"等一系列相关问题提出了一家之言。

从一定意义上讲，此间提倡的"素质工程"与国内个别地区业已展开的"全民素质教育"似有相像之处。然而，我所热衷的"素质工程"又与国内个别地区业已展开的"全民素质教育"有所不同，专指在特定时间特定区域针对特定人群的旨在提升其"综合能力"的特殊教育，从这个角度讲，呼市的"素质工程"又有极强的适域性和针对性。

应该说，呼市开展的"素质工程"是一项长远而浩大的战略工程。在致市委市政府的信中我写道："三天可以成为富豪，三年成为不了绅士，呼市开展的素质工程就是要创造新的文明，就是要通过长期积淀形成新的文明。"

针对社会上各种"跟风式的素质教育"，我在家乡父母官面前毫不掩饰内心的忧虑，并根据以往类似的教训提出了自己的想法，强调素质工程实际是一项社会教育工程，教育必须讲究方式方法，只有在充分调动被教育者参与的主动性和自觉性的前提下才能推动教育过程的进行，否则，只有压力而没有动力的教育是失败的教育。

其实，建议呼市开展"素质工程"我最大的期盼是，通过练内功，通过聚内涵，从而使这座塞外名城更具活力和影响力。在相关会议上，我既谈到了"天苍苍，野茫茫，风吹草低见牛羊"的美好历史，也谈到了"经济相对落后、信息相对闭塞"的不尽如人意。因此，我期待，我呼吁，具有优良传统的呼市人民，有必要通过坚实而又客观的努力，谦和而又执著的进取，补现代科学文化的课，补市场经济的课，最终把每个人不断提高的素质，汇聚成整个城市不断提升的品位和影响力……

在频繁接触中，我念念不忘与素质工程密切关联的"战略名牌"。不仅我所热衷的"素质工程"与当时的"素质教育"既有关又无关，同时，我所痴迷的"战略名牌"与社会普遍认知的"名牌战略"也同样既有关又无关。所谓有关，是说"名牌战略"本该含括打头阵、飞头雁、夺头彩、抢头功的"战略名牌"，亦如天上飞的"战略轰炸机"，亦如海里跑的"战略驱逐舰"；所谓无关，是指如此直白、如此直观的基础理念，这些年来，我们的官人、我们的学人、我们的商人、我们的报人却熟视无睹，由省政府、市政府、县政府牵头的"名牌战略研讨会"虽不计其数，但一通"把酒问青天"过后，一番"低头思故乡"过后，最终将"克服最大静摩擦"的重任也一并交给了企业主。

呼市报告虽然赢得满堂喝彩，但我很想起立为王先生鼓掌的内容并不多，其中有关开创呼市"战略名牌"的建议，不仅当时热血沸腾，甚至时至今日仍牵肠挂肚耿耿于怀。

关于这个笑傲江湖的创意，我不仅在大会上说，而且在会后各种场合也反复说。在我眼里，这是政府工作的重头戏，开创与否，作为与否，直接关系所在地区的文明进程与社会进步。换言之，倘若"呼和浩特"这四字或由这四个字引申、派生的相关名称与概念一旦被社会所认可，一旦被公众所接受，"光环效应"也好，"辐射原理"也罢，后面跟上来的人和事，绝对会省去先人问路或先人探路时用的敲门砖。

其实，从某种意义上讲，早在1996年提出的"战略名牌"与后来人们说的"城市名片"有点类似。不同的是，我所见过的"城市名片"一般多是"依托历史、拿历史说事"，而我咬定青山不放松的"战略名牌"则是"整合历史与现实，让现实重新书写历史"。

创建呼市"战略名牌"虽然概念很前卫很独到，但说到根上还是依托呼市业已展开的"名牌战略工程"守正出奇。换言之，前有车，后有辙，能在呼和浩特市委市政府预先设定的路线上有所创新有所发挥，既是恩波智业研究所的荣幸，也是我本人的荣幸。

在沟通"素质工程"的过程中，此间与呼市多有往来，其中，在涉及"战略名牌"的函件中我曾写道——

> 开展素质工程，要与呼和浩特形象的塑造与建设紧密关联。通过素质工程的开展，唤起200万呼市人民参与经济建设、社会文明建设的奋斗激情，振奋广大干部群众的精神，认清自我，创造辉煌。
>
> 开展"素质工程"，似应紧密结合"名牌战略"工程。只有高素质的员工，才能生产出高水平的产品，只有高素质的企业经营者，才能领导企业创出真正的名牌，而只有最终打出"呼和浩特"这一"战略名牌"，才能带出一大批呼市企业走向全国，走向世界。
>
> 归根到底，"名牌产品"或"名牌城市"，是高素质群体智慧所创造的。

围绕亦庄亦谐、亦真亦幻的"战略名牌"，我和呼市领导多有交流，尤其和白音书记，只要一有见面机会，就会把自己新的想法、心得讲给他听。白音书记对此极为上心，极为重视，时而从官员的高度，时而从学者的角度，对如何创建打造呼市"战略名牌"提出令人耳目一新的真知灼见。

事过多年，呼市被冠以响当当的"中国乳都"，同时呼市的乳制品企业也不再伊利一花独放、一家独大。"中国乳都"是怎样出炉的，"中国乳都"是怎样命名的，虽然内中生成过程不很清楚，但我坚信，一定与当年呼和浩特市委市政府制定的"名牌战略工程"不无关系。

在其中，在其间，是不是白音书记那届市委市府领

◎ 创建"策略研究室"、"战略名牌"是个极为严肃的话题。

导班子拍的板已经不很重要，是不是受当年王力先生思路的影响更不重要，重要的是，此一时彼一时，一切犹如本书开篇所言——

"时过境迁，家乡有了变化，内蒙也有了变化，听说丰镇电厂发了电，

◎ 忙里偷闲，市里安排打了场保龄，老友山歌（左）闻讯赶来。

听说凉城岱海赛江南，听说内蒙广阔大地不仅'风吹草低见牛羊'，听说成吉思汗子孙不再'只识弯弓射大雕'。"

◎ 在巴特尔部长的办公室，大家与国旗合影留念。

第5章　诗在诗外

"没行市的" 就怕没事戴眼镜儿
"有行市的" 就怕有话拉长声儿

经过两个月的基础调研，再度考察伊利并为数百名员工做报告，讲什么事先征求了根生意见，获知，"如果讲点以往没说过的，至少郑总又多了新收获；如果讲点贴近听众的，伊利今后的工作就好开展得多。"

围绕"企业素质"和郑总聊了许多，他认为，提升整体素质是伊利自身要做的事，而提升关键人士的单体素质，则有赖像王力先生这样的高人从旁相助，因此"请务必带好牛副总"。

郑总和我详细讲述了牛根生，牛的身世，牛的经历，牛的秉性，牛的为人，对照平日感觉，果然分毫不差。问及当怎样待牛，郑沉思片刻告知，牛悟性极高，个性极强，故而"一切点到为止"……

谢天谢地，呼市政府课题为伊利个案创造了绝佳机会，在为之服务的过程中，借其便利，既可为之较全面"谋全局"，也可为之较长远"谋万世"，更为重要的是，由于如此这般的"跳出伊利看伊利"，所以得出的结论基本都规避了可怕的主观臆断。

实事求是地讲，是呼市课题给了我伊利个案的高度与思辨。从某个角度说，我这位伊利的"高级决策顾问"，尽管在其后一年半的时间里，似乎最终只说了"一句管用的话"，似乎只做了"一件管用的事"，但不谋全局不足谋一域，不谋万世不足谋一时。

如果没有前者提供的广度与深度，在为伊利效力的过程中，或许也会说出些子丑寅卯，或许也会看出些眉高眼低，但面对"世界第一"的热望能够提示"冷眼向洋看世界"，面对"行业老大"的高台能够辅佐"一步踩出两个脚印"，似乎绝无可能。

经过近两个月的基础调研，此间对伊利公司的整体情况有了较为清晰的了解。1996 年 5 月 15 日，我和一位副所长前往呼市，此行目的有二：一是再度考察伊利，为数百名班组长以上干部做专题报告并与企业高层座谈；二是与呼市市委白音书记会晤，围绕"素质工程"展开进一步研讨。

伊利报告会会场很简陋，但黑压压地挤满了人，郑总、牛副总等公司领导无一缺席。尽管身经百"会"且轻松面对，但我还是对这类会议保持了高度警觉。因为听众成分十分复杂，既有上市公司的精英，也有普通生产车间

◎ 1996 年 5 月 16 日伊利报告会场

的工人；既有非同一般的小城名流，也有学历有限的一线员工。总之，在规定的时间里要想让大部分人听明白、听高兴绝不是一件轻松的事情。

关于讲些什么好，事先我征求了根生的意见。牛告知，讲什么都行，就是最好和上次呼市报告讲的别太一样。见我点头，根生进而说道 —— 如果能讲点没说过的，那么至少郑总又多了一次新的收获；如果能讲点贴近听众实际水平的，那么伊利今后的工作就好开展得多。

根生的建议让我想了许多，不仅在想报告的内容，同时更让我感觉到了牛的"承上启下"和"承先启后"。他首先想到是伊利的最高决策者，有点"好听的"留给最该听的人听，简直和平时居家过日子有点"好吃的"留给最该吃的人吃同出一门，听了让人心热，听了让人想家。

客观而言，在自身 20 年的职业生涯中，企业也好，机构也罢，一二把手之间的恩恩怨怨的确看得够多了，与之相比，无论是牛与郑，还是郑与牛，至少在我接触中堪称"打虎亲兄弟，上阵父子兵"……

按照与牛商定的结果，报告伊始我大致讲了讲什么是"头脑产业"，什么是"恩波智业"，然后话锋一转直接落在了孔夫子说的"君子爱财，取之有道"和马克思说的"从商品到货币是最惊险的跳跃"。

开篇开场缘何采取这类方式，缘何要把通常结束语变成卷首语，变成开场白，一切皆因伊利的体制。虽说是上市公司，虽说是产品得益于市场经济，但作为内陆地区曾经的国有企业，无论职务高低，水平深浅，面对外来的和尚，通常多会看"人有无红顶"，"文有无红头"，因此，先把中国的圣人和外国的哲人请出来绝对好使。

稳住阵脚之后，接下来我讲了 8 个内容各异、生财有道的国外小小故事，分别为 —— "死物活卖的美国洋娃娃"、"概念先行的日本索尼单放机"、"左盼右顾中的德国超市理念"、"色欲熏心的日本咖啡杯"、"顺其自然的味精瓶孔"、"稍安毋躁的商场电梯镜"、"人兽反观的伦敦动物园"、"呼冷唤热的空调推销商"。

因为是讲故事，加之本人特有的讲述风格和特有的掰开揉碎，因此看得出来，听众的思辨开始按捺不住，思绪开始蠢蠢欲动，视此，我在讲完了那个居然能够"呼冷唤热"的国外空调推销商以后，随口又讲了一个"一学就会、一试就灵"的"白盒烟的故事"。

故事发生在我身边，受市场经济大潮的影响，一位朋友辞去教师工作下海搞推销。隔行如隔山，加之不善交际，业绩可怜，家人埋怨，甚至后院开始起火冒烟。某日求到我处，命其将拎来的"万宝路"拎回，请其妻精心拆翻原包装白纸朝外，再谈业务一律以"白盒烟"待客。友人将信将疑，离去不足月余电话告知，此举好生了得，客户惊呼"这厮路子野也"。

天下事有难易乎？"难、易"原来因事而易，因时而易，因人而易。又道是"榜样的力量无穷"，但相对而言其实"身边榜样"的力量更无穷。一番调侃过后，一番比较过后，听众的感觉会是咋样该是咋样不言自明。

趁热打铁。我把精心挑选的 8 个"恩波案例"逐一道来，包括 —— 力挽狂澜与当年甲肝有一拼的"成都酒家个案"，避短扬长称雄舞台声光电的"中海公司个案"，投其所好两天卖出 1000 辆车的"北旅公司个案"，仰仗以诚相待导致津门不设防、仰仗信息情报扭着大秧歌长驱直入长春市的"亚都公司个案"，起步阶段卖什么不吆喝什么最终名利双收的"亚细亚个案"，巧为天下先开创国内第一个互联网的"瀛海威个案"，等等。

上述个案中，有些属于时间稍久但影响力不减，如 1989 年的"亚细亚现象"；有些属于正在进行时，如风头正劲的"瀛海威时空"。无论新与旧，无论高与下，无论大与小，无论巨与细，在讲述的过程中，我融入了对家乡的感恩，融入了对父老的尊重……

在给"父老乡亲级"的听众讲完了自己的实践与真知过后，换言之，在满足了大多数听众的现场需求之后，我开始把报告重心向中高层倾斜，其中谈得最多也最深刻的是"专才与通才"，因为在我眼里现代企业不仅为"现代企业制度"所左右，同时更被"现代企业思维"所主宰。

在传统企业中，有一个举足轻重的角色叫做"总工"，在以往影视节目里，这是个和"近视眼镜"分不开的人物，大多斯文有加，大多专注有道，可惜的是，面对企业的"产、供、销"，我们的专才，我们的总工，往往空担一个"总"字，往往愧对一个"总"字，举凡产品没了市场，举凡产品没了优势，企业多会把板子打在供销科科长的屁股上，而从不责备总工是干什么吃的。

我曾用大量时间关注总工，研究了身边的研究天边的，研究了中国的研究外国的，当我得知美国通用公司考评企业领导人水平竟然请其观看莎士比亚剧并写观后感时，由此及彼，由表及里，我想到了军队里的参谋长，想到了企业里的主心骨儿。

在为众多生产企业提供外脑服务的过程中，对方的短处有待我跟进，对方的长处有待我学习，譬如早在1988年就有缘效力联想集团，如果传志兄在"商场如战场"的残酷现实中任由才华横溢的总工自我陶醉，相信"人类失去联想"，世界应该怎样还会怎样。

在报告会上，我谈了我对总工的理解，对总工的期盼，并且围绕一个"总"字再度扯出"不谋全局不足谋一域，不谋万世不足谋一时"。不知为什么，说到这个话题时，不由自主地看了看我们的牛副总，发现，这一次，根生正在低头做着记录……

报告中我还谈了两个私家观点，就是"产品即商品"和"厂商也是商"。讲这个话题的目的，是希望企业能把对"全能总工"或"杂家总工"的理解继续向市场需求全线推进。

长期计划经济所致，我们的生产企业几乎意识不到自己的属性，虽然很清楚"货是货、款是款"货款不分，可一旦年底结完款回来，却又多会认为"厂是厂，商是商"。因此，面对"从商品到货币的惊险跳跃"，我们许多企业似乎并没有意识到，产品转移到经销商手中换的钱，与商品进入消费者手中变的现似乎不属同一个科目。

什么是"消费者"，那时候社会上的经典答案是"消费者是上帝"，乍一听挺美，细一想有点狗屁不通。因此，尽管横幅满街挂，承诺满嘴跑，但尊来信去最终却不得不整出个异教类的"消费者协会"。

我把自己的困惑与感悟讲给了现场听众，告诉大家，倘若我是消费者，我会期盼厂家怎样待我。在我的想象里，厂家把消费者当成消费者依旧是最高期盼，倘若无法实现，退而求其次，我希望厂家商家能把消费者当成自己的"老丈人"，无论爱不爱，不管富不富，反正为媳妇总要拜丈人。

实践出真知，连续多年的亲历亲为，使我不仅在"如何善待消费者"的问题上最终形成了自己的世界观，同时在"如何看待消费者"的判断上，也有了比较独到的方法论。

结合自身实践经验，结合世人公认的现代商业典范"亚细亚现象"和"亚都现象"，借"文革三种人"谐音，我也把消费者分为了三种人，即"先知先觉"、"后知后觉"和"不知不觉"——其中"先知先觉"多为消费领袖，数量不多，比例不大，充其量只有5%；"后知后觉"即90%的消费主体，说好听点叫做不紧不慢不到火候不揭锅，说难听点纯属没有消费领袖逗着绝对不清楚钱是啥玩意儿；剩下的5%为"不知不觉"，任你表演、任你表现、任你馈赠、任你白给，就是打死也不吃，就是打死也不用。

道理如此，事理如是，通常情况下，一般商家能认知"消费分三种人"已然很是不错，进而能有"请动先知先觉，拉动后知后觉，冷冻不知不觉"的策略就更为优秀。

问题在于，"先知、后知、不知"并非一成不变，或因时而易，或因物而易，总之，路数天天换，心数日日变。因此，欲要长此以往"买的没有卖的精"，一是要把消费者真的当成自己"老丈人"，平日里该嘘寒的嘘寒该问暖的问暖；二是把转化三种人当科学当艺术，否则"有牙不吃硬的、没牙不吃软的"的市场遗憾比比皆是……

报告结束前，我又侧重讲了讲何为"公关"，何为"广告"，何为"千方百计逗你买"，何为"千娇百媚惹您爱"。非常高兴，由于有了前面铺垫，不仅老郑、根生带头鼓起掌，同时与会者也发出会心的笑声。

这是我期待已久的回应，因为世界是大家的做事要大家来，莫说争个"世界第一"，即便就是第二、第三，没有群体智慧的共生，没有群体智慧的互动，也是万万不可能的。换言之，在我的实践与感悟中，企业欲要做大事，老板欲要挣大钱，离了"群体智慧"、"全员公关"近乎扯淡。

关于这次报告，此间相关《情况说明》亦有记述 ——"针对听众层面不一的特点，王力所长一改以往报告风格，精心选用了更为贴近听众的个案与素材，深入浅出地讲述了现代企业管理干部必备的意识、素质与觉悟。同时讲到了如何调整思维方式切实提高管理水平、如何激活市场营销、如何做好新时期企业思想政治工作并处理好企业干群关系等现代企业所面临的相关问题。"

报告当中出了个小小插曲让我有点走神，什么事都想到了，就是没料到孙先红竟然不顾我和伊利的事先约定，在会场上架起了摄像机全程录像。

其实我原本不太注意此类事，既然是朋友是客户，既然说也说了讲也讲了，其实录不录音、录不录像，只要提前说清楚用途，似乎不是什么太大的问题。只是在有些特殊场合，譬如我在详细讲述其他客户个案的时候，出于职业原则我会提前知会主办方，严禁录音录像。

当时"瀛海威课题"尚在运行中且状况微妙，因此关于它家的事有些可公开说，有些当小范围讲，为了将这个鲜活前卫的个案带给伊利，虽然讲什么事先和瀛海威打过招呼，虽然在讲稿中也有控制也有尺度，但演讲报告毕竟不同于照本宣科，话赶话说冒了说多了在所难免。为此，不仅我的助理专门和伊利进行了沟通，同时会前我又和平时好扛个机器到处拍的先红专门打了招呼。

依了我的脾气和以往惯例，我会现场当众制止，只是地处呼市身在伊利，既要看僧面也要看佛面，为了不影响会场秩序，报告结束后才向先红要过带子，同时语重心长地告诉他："身为职业人士，虽然水平有待提高，名气有待提高，但这类职业原则与职业道德必须与生俱来"……

与头年年底呼市报告的模式很相似，上午做完报告下午接着与企业中高层管理干部进行座谈。会议室同样很简陋，仅从环境来看，无论如何也联系不到上市公司的体面与神气。

郑总、牛副总以及在家的伊利公司高管悉数出席了座谈会，会议很亲切，整个过程感觉非常舒服。

在与伊利中高层管理干部接触中我发现了一个共性，就是普遍的"不善言辞"，相比之下，从表面看是语言表达能力，其实骨子里包含了太多太多的传统观念。如何才能增强自信，怎样切实提升自我，由不得围绕《恩波智业》的副题"敢对自己说我"聊了起来。

前面说过"身边榜样的力量更无穷"，从此类角度看，恰到好处的现身说法似乎就是此道中王。于是，出人意料，我把自己最为本真、最为本原的绝对隐私讲了出来 ——"口若悬河的王力曾经严重口吃"。

天下奇闻有些要听别人说，有些要让本主讲，像"王力曾经口吃"这类话题往往会说的不如会听的，外人说得再好也只是一听一乐，可经当事人一讲，效果非同凡响。

接此话题，与我同行的田副所长做了一番洋为中用的补充说明，告知，美国一家调查公司对 1500 个人做了长达 70 年的跟踪调查，发现了人生三条规律 —— 其一，人的先天智商与后天成功不成正比；其二，中小学老师对学生前途的判断基本有误；其三，成功者的共性是"韧性"。

其实这段话我也是头一回听说，但无论猛然听还是细细品来都很有点味道，尤其对于我这类智商不太高、老师不看好且做事常常"一根筋"的人来说，似乎是一味绝佳的兴奋剂。

我有一个"特异功能"，就是能经常主动与周围的人互换角色，比如听了我们田老师的教诲，我会随即将自己变换成其他与会者，去感觉，去感悟，去感动，最终感到，身边这类"关爱科学"真的太少太少，倘若能多一些，倘若普及能早一些，相信从一般人群当中自会多涌现些不一般的"人才"，相信从一般人才当中又自会多涌现些不一般的"人物"……

座谈会上不仅回答了与会者提出的各种问题，同时还向伊利提出了此间的一些想法，包括开展切实可行的"素质工程"、建立全国共享的"信息情报体系"、建立概念前导的"群体决策支援系统"等建议。

在谈到切实开展"素质工程"时，我故意卖了个关子，告知次日上午我将与白音书记、巴特尔部长等市委领导进行会晤，议题是"王力顾问听取市委市政府有关部门关于开展素质工程的专题汇报"。

这个关子卖得很好，我用余光扫了眼，除了郑总、牛副总等事先了解此事的人没啥反应，其他正在记录的与会者大多不由自主地抬了抬眼睛。借此机会，我用通俗易懂的语言给大家讲了个也浅也深、也虚也实、也远也近的大实话、大道理——"当素质驾驭不了财富的时候悲剧将很快上演"。

讲这个道理的时候我列举了许多真人真事，除了海南企业大起大落的普遍现象，同时还有不少朋友或客户的惨案。零距离的接触，超现实的感触，曾经的不可一世，曾经的舍我其谁，最终灰飞烟灭不复存在固然原因多多，但概括而言，"素质驾驭不了财富"是关键中的关键，共性中的共性。

为让大家彻底明悟这一规律，我进而又用"一旦点票儿的速度超过识数的速度后果不堪设想"来佐证真理，直到大家若有所思，若有所悟。

关于"企业素质"与"员工素质"，我同时讲了讲1991年与"中国国水"之父李经纬先生推心置腹的接触。当时，李宁先生刚刚创办李宁公司，如何迈好第一步，如何打响第一枪，在半年多的时间里，这位昔日的"体操王子"虚怀若谷派人多方寻我最终如愿以偿。

在"健力宝"三水总部，我不仅与李宁先生以及李永波先生、樊迪女士等世界冠军有过一番难忘的接触，同时还与健力宝老板李经纬先生在一天的时间里前后聊了十几个小时。经纬先生很沉稳，说起话来一句是一句，脱开南北差异，郑与李之间似乎有许多相似之处。

正所谓"英雄气短"，又道是"英雄所见略同"，在谈过了企业愿景和企业宏伟蓝图之后，话题不由自主地落在企业干部员工的素质上。一阵莫名的沉寂，在难以描摹的气氛中，经纬兄先是不语，后是仰天长叹，最终竟用手紧紧掩住了自己的眼睛。

多少年过去,这一场景至今记忆犹新,无论是健力宝如日中天,还是老英雄英姿不在,每每想起这段历史,心中不免酸楚之极……

下午的座谈会根生与我相邻而坐,近水楼台,彼此偶尔走走神,思绪偶尔串串门,会意的眼神,无言的交流,感觉很到位。

不仅如此,我同时又发现了根生的另一个习惯就是"不抢话",无论是郑总、同级还是下属,对方发言的时候从不插话。我问牛此功何时修炼而成,得知,原来竟是多年前常被人插话所悟、所致。

在次日的接触中,根生告诉我,健力宝的故事让他回味无穷,他说,他很感激我,相信伊利也会感激我,因为这些年也听了不少专家学者坐而论道,但这类训导却是头一次领教。

根生问我,今后可有机会引见一下李经纬先生这类的老前辈,尽管没有回绝,但我告诉了他自己 25 年前的座右铭 ——"神圣之所以伟大,往往是因为我们在跪着"……

当晚的情况,《恩波日志》做了如下记录:"王所长和田副所长与伊利公司郑俊怀董事长进行小范围会晤,就伊利面临的重大问题举行单独会谈,鉴于所谈问题涉及政府行为及委托人重大决策,王所长提出待全面了解情况后,经与相关专家论证后再拿出对应方案。"

晚间会晤,话题沉重但心情却格外轻松,忙碌了一整天,大家终于可以在办公室的沙发上长出口气,在这个特殊的场合,我开始直呼"老郑"。看得出来,老郑对一天来的情况很满意,用他的话讲,"外来的和尚的确好念经"。郑说,有些话其实他也一直想说,但总不是时候。

话到兴头,突然记起根生事先叮嘱"郑总家属身体不好,需要郑总回家照顾",因此希望我们的谈话别持续太久。想到此,就像当初送呼市《恩波智业》忘了给牛一样惴惴不安,于是找借口告辞。没想到,郑总提出"多聊聊,要不到你的房间?"

恭敬不如从命。于是大家脱去西装,免去正襟危坐,重新沏茶倒水,继续开诚布公。郑总对经纬先生很尊重，对健力宝也很关心，我在讲述了相关情况之后，和郑总谈起了对健力宝曾经的隐忧与思虑。

当年会晤，经纬先生谈到健力宝的宏伟远景，更谈到"国水"与"洋水"的竞争，尽管语气坚定，但眉宇之间仍不免流露出几丝疲倦。不知怎的，透过表面的浮华我感到一丝不安，提出，如有可能，最好把"中国广东制造"改为"中国三水制造"。

众人大笑，唯有经纬先生一脸严肃，视此继续告知 —— 道理也深也浅，当年名不见经传，故而产地名头越大越不嫌大，若能摊上"中国制造"自会把"广东"二字撂在一边。今非昔比，健力宝家喻户晓，尤其巨资捐赠"亚运"更是千古留名，凭此运，凭此理，即便将"广东制造"易名"中国制造"也不为过。只是，中国特色难免阴差阳错，"摸着石头过河"难免深浅不辨，故而"做事先学做人"常学常新。倘若此时此刻主动去做三水人民的"亲儿子"，莫说"存七分明智以渡生"，莫说"留三分呆痴以防死"，仅一个乡里面前矮三分，自会换得事理面前人上人。

众人不再笑，若有所思，但见经纬先生斟来满满两杯烈酒，举杯，碰杯，一饮而尽且一言不发。

1994 年 7 月 22 日，"国际小行星中心"和"国际小行星命名委员会"正式接受中国紫金山天文台申报，批准将太阳系中一颗永久编号为 3509 的小行星命名为"三水健力宝星"，据说这是一项国际性、永久性的崇高荣誉，以企业命名小行星尚属世界首例。

这则消息令我兴奋不已，想起了与健力宝的接触，想起了与经纬先生的推心置腹，缘何如此命名，原因众多，是否与当年笑谈有关，是否与当年感悟有关，天知地知唯有王力不必全知……

郑总陷入沉思，想了哪些同样不得而知，但我相信，尽管上市公司有许多的与众不同和许多的天马行空，但对于脚踏实地的企业家来说，他们的务实不见得只是"低头拉车"，他们的务虚不见得只是"抬头看路"……

那一晚的确聊了许多，一盒烟不知不觉被我抽得干干净净。谈过彼此关注的事情之后，话题又回到下午的"企业素质"上。没有想到，郑总直截了当提出，请我"一定要带好牛根生"。

按照郑总的说法，素质不外乎两种，一种是"整体素质"，另一种是"单体素质"。他认为，提升整体素质是伊利必须要做的事，是他老郑的活儿，而提升关键人士的单体素质，则有赖王力先生这样的高人从旁相助。

这晚，郑总第一次和我详细讲述了牛根生，讲了牛的身世，讲了牛的经历，讲了牛的秉性，讲了牛的为人，对照平日里对根生的感觉，发现与郑总的讲述或描述的确实分毫不差。

问及郑总，我当怎样待牛？郑沉思片刻，告知，牛悟性极高，牛个性极强，故而"一切点到为止"。短短六个字，多少情理一言以蔽之；短短一句话，多少事理一言以蔽之。应该说，从这一刻起，我开始萌生了"以诚相待牛根生、以智相辅牛根生"的原始想法……

次日上午，如约前往呼市市委，白音书记、巴特尔部长、呼尔查副市长以及相关委办局的负责人出席了会议，大家围绕"素质工程"等话题展开深入讨论，畅所欲言，取长补短。

会后白音书记和郝存柱副书记设宴款待，对此间努力与付出再三表示感谢。其中一位市领导举杯说道："呼市顾问不在少数，可像王力先生这样既有理论又有实践的并不多见。"

感慨万千。在信仰"天将降大任于斯人"的理想世界里，"给我一个支点我能撬起地球"的信念铺天盖地。曾经坚信不移，曾经五体投地，只是默念了几十年做上决策咨询这个逞能的行当后才突然发现，斯人也好，能人也罢，往往在签字盖章后会把寻找"支点"的重任交给我。

活人不能让尿憋死。好在退一步就是深渊，我慢慢发现，其实无路可退其实"错开一步天地也宽"。于是我成了寻找"支点"的专业户，于是我成了创造"支点"的发明家，于是我发现，在很多情况下，我从事的工作其实是决策咨询业中并不多见的"策略咨询"，其工作特征具体说来就是给自认为有愿景、有撬棍的伙计找支点。

因此，席间，白音书记问及与伊利公司合作的进展情况不仅如实禀报，同时告知呼市最高父母官，一年聘期似嫌仓促，但我会尽心尽力协助委托人找到最佳"支点"，虽然做不到帮助伊利撬起地球，但至少会将"如何让地球早日看到伊利"的思辨传授给对方……

是日下午，在郑总和牛副总陪同下出席了伊利公司定期举办的"经济沙龙"活动。除伊利领导班子成员以外，出席活动的还有内蒙古大学经济学院常务副院长孟斌教授、内蒙古社科院经济学所潘兆东研究员、内蒙古大学管理工程系张绍镛教授、内蒙古股份制企业副理事长郝诚之研究员、呼和浩特市商会李岳清副会长、内蒙古民族商场云文广董事长等内蒙学界、商界名流。客观而言，伊利此种做法对发达地区来讲并不新鲜，然则，将一切移至天苍苍、野茫茫的大青山脚下，一切又另当别论。

因为是引见我，所以那天的学术交流并不很正式，没有长桌也没有圆桌，有的却是学人难得的开诚布公和商人难得的开门见山。互动中，我和田副所长基本是听众，因为这个务虚的机会太难得，不仅有幸领略内蒙精英的风采，同时还能在不设防的状态下再度感知郑与牛。

整个过程，郑总既是中心也不是中心。说是，是因为他将来宾逐一介绍给我，不仅介绍头衔，同时还把相关情况一并讲来；说不是，是因为前面的程序一结束，他的任务就是听别人说话。

伊利的"经济沙龙"令我欣慰，通过静观感觉到，就伊利现实需求而言，内蒙本土学界精英的水准并不比我熟悉的京城三老四少差太多。由此而来，在伊利个案的运行中，就没有太多的必要登梯爬高，舍近求远。

我对郑总讲，头天下午座谈会所言构建"群体决策支援系统"即大致如此，只是"支援系统"不同"决策系统"，亦如"参谋本部"不同"司令本部"，所谓兼听则明，讲的是兼听之后其实只是明悟了相关事理和相关道理，而并非最终明白了具体方略与具体措施。换言之，兼听则明过后还须跟进作出终极判断，在此过程中，任何外脑均起不到太大的作用。

话题可能有点突然，郑总有些不明就里，进而讲道，正是由于这样一种原因，所以不少曾经长于"兼听"的人最终越听越糊涂。如何规避悖论，我的体会是，"一定要在盘活思辨力上下工夫"。

何为思辨，何为盘活，回到"不谋全局不足谋一域，不谋万世不足谋一时"的字意上，虽然古人会说，后人会编，但真正理解其用心的似不多见，因此，学得再好，念得再妙，一旦赶到事头上，点与面的关系，前与后的秩序，挺简单点儿道理往往会被搅成一锅粥。

综观"不谋全局不足谋一域，不谋万世不足谋一时"，里面分别有两个"谋"，只是前面的"谋"强调的是"谋划"，后面的"谋"突出的是"谋断"，谋划既包括自己也包括同仁同事，但谋断一般全靠自己一支令箭一支笔，就我人生感悟而言，"前期谋划"要宽要慢，"后期谋断"要窄要快。

郑总非常赞同上述观点，告知伊利举办"经济沙龙"其实就是为了尽量开阔眼界，对于小地方的人来说，眼界多宽前途就有多宽，作为伊利的董事长，他的职责就包括尽量让伊利的领导团队跟上形势不落伍。

短短一番话再度折射出郑总的谦和与谦恭，堂堂上市公司大老板却自命出自"小地方"，明明走在管理前沿却自谦"尽量不落伍"，尤其那番无限前瞻无比辩证的"眼界论"，受益的岂只是小地方和小青年。

更为感动的是，郑总跟进嘱咐一定要把"盘活思辨力"的重要性讲给牛根生，郑总再三强调，伊利前途与牛副总关联甚密，因此学会把握全局，学会通览全程，于公于私都至关重要……

联谊活动中，牛副总一反常态无拘无束，也会打断对方，也会旁若无人，也会滔滔不绝，也会眉飞色舞。坐在对面，郑总告诉我，牛很爱学习也很会学习，"爱学"是因为自幼读书成问题，"会学"是因为有需求有目的自然也就有的放矢有感觉。

找了个机会凑近牛副总，得知来宾对我多有议论，议论声中根生似乎有一事不明 ——"为什么王先生吃的一般穿的一般可言谈话语不一般？为什么王先生学历一般职称一般可思维方式不一般？"

坦率而言，此话问得非常结实，有同样想法的虽然不在少数，但能够直言相问者却寥寥无几。既然牛有问题郑有托付，于是当即告知 ——

考虑问题一般我不会上来就先想"出路"，通常情况一定会顺其自然先行规避"死路"。所谓"顺其自然"，是指顺着人们普遍的想法往下想；所谓"规避死路"，是指想来想去最终绝不按照人们固有的模式往下做。换言之，生路一时想不出不要紧，只要提前把死路尽量规避掉，余下的不是生路

◎ 老郑为我介绍了不少知名学者，大家畅所欲言。

◎ 根生一反常态，也会打断对方，也会旁若无人，也会滔滔不绝。

◎ 先红扛着机器场场不落，他说："和王教授处不够，每次都有收获。"

也是生路，不是活路也是活路，算不上最好，但绝不是最差。

尽管话有点拗口，理有点叫板，但根生的反应却非常之快，告知由此明白了一个道理，就是"另类思维≠逆向思维"，后者看似与前者无异，但简单的倒行逆施很可能于事无补。

根生的感悟让我一怔，游走八方推行"思维革命"虽有多年，但真能客观看待"逆向思维"者并不多见，死爹哭妈拧丧种，往往一扯到思维调整，言必称"逆向"者多，言必称"反向"者众，而能真正意识到思维方式多样化和"另类思维≠逆向思维"的绝不多见。

　　除此之外，更为关键的是，从生路抉择、死路规避继而延展到"另类思维≠逆向思维"，两者之间并非简简单单的两点一线，没有点超常的悟性，由此及彼的鸿沟很难逾越。

　　多年职业生涯，天天经历"做事"与"读人"，伊利个案刚开头，"读人"已然读了好几页，郑也好，牛也罢，每人一本经，每人一道景，读起来由不得会与历史重合。如果说郑让我想起了健力宝的李经纬李老英雄，那么牛则让我想起了亚细亚总经理王遂舟王老弟，就事论事仅就"悟性"说开去，在亚细亚之后的个案里，根生的"举一反三"端的好生了得。

第6章　戏在戏外

"没学历的"不见得不会做学问
"有文化的"不见得就是文化人

　　伊利送来乳业集团组建方案，就方案说方案，面面俱到无懈可击，然而，面对于此，我的第一反应却是"大家聚在一起干什么"，难道统统的雪糕？统统的冰淇淋？统统的回民食品？统统的羊肉馅饺子？

　　在相关文件中对上述困惑做了回应，长话短说，就是深思熟虑之后建议伊利"彻底放弃争做世界冰淇淋大王，调整产品结构，改变82%利润来自雪糕冰淇淋的市场策略"。

　　虽然事过境迁，但我还是坚信，乳业大户们仅靠雪糕担纲有点薄，仅靠冰淇淋说事儿有点闹，换言之，"每天一斤奶，强壮中国人"的民族期盼，绝不可能换成"每天两根儿大雪糕……"

前面讲过，在为期一年半的个案运行中，此间可能只说了"一句管用的话"，只做了"一件管用的事"。事是怎样的事，后面章节会有介绍，话是怎样的话，长话短说，就是经过深思熟虑后建议伊利——"放弃做世界冰淇淋大王，稳妥调整产品结构，改变82％利润来自雪糕、冰淇淋的市场策略"。

常言道，"躺着说话不腰疼"。退回到风头正劲的1996年，即便就是我这样天马行空的独行侠，即便就是我这样本该知无不言的"高级决策顾问"，说出此话也要好好掂量一番。

从呼市回来一段时间，伊利送来一份《关于组建内蒙古伊利乳业集团公司的方案（讨论稿）》，内中不仅谈到了"组建伊利集团公司的目的"、"组建伊利集团公司方案的要点"和"组建伊利集团公司的有利条件"，同时还特别阐述了"组建伊利集团公司方案的意义"。其中谈道——

> 我公司终于在1996年1月25日向社会公开发行了股票，并于3月12日公司股票在上海证券交易所成功上市。股票发行、上市的成功，标志着我公司已经迈上了新的台阶，公司的发展也进入了新的历史阶段。

> 然而也应看到伊利股份公司现有的经济实力与其他一些上市公司相比还相差很远，在同行业也面临着国外强大资本进入我国后形成和日益激烈的竞争局面，如果我们不尽快抓住机遇，利用我们现有的优势，加

强自身发展壮大实力，那么在不久的将来，我们将失去已经取得的成果。

与此同时，呼市 1996 年作为国务院批准的"优化资本结构"试点城市之一，也为组建伊利集团公司创造了良好的外部环境。

伊利集团公司成立后，在理顺集团公司与股份公司关系的基础上，按照市委、市政府的意见和建议，在充分调查论证后，分期分批兼并、收购或者委托经营（承包）一些困难企业，使其成为真正的跨地区、跨行业的集团公司。

就方案说方案，应该说该方案面面俱到，无懈可击，话都说在了明处，劲儿都使在了实处，通篇看去全是锦上添花，快马加鞭。然而，面对于此，我的第一反应却是"大家聚在一起干什么"，难道统统的雪糕？统统的冰淇淋？统统的回民食品？统统的羊肉馅饺子？

于是，带着这样的疑惑，一方面安排有关人员做专项跟进，另一方面调集相关资料分析研究。数日后，一纸《关于组建内蒙古伊利乳业集团公司相关情况的询问函》寄至呼市，其中除了对国内最早使用"乳业"一词的"青山乳业"进行了重点询问，同时侧重对"伊利未来之年产品结构调整"保持了深切关注。

时隔数日伊利公司有了回复，答者无心，问者有意，其中伊利与青山的对比让我最感兴趣。虽说比较起来青山乳业的销售收入只是伊利公司的零头，虽说两个问题在提问时并不上下相连，但汇总之后却不难看出与"乳业"关联的究竟该是啥——

◎ 伊利公司 1995 年实现销售收入 24466.48 万元、利润总额 1889.48 万元。其中雪糕、冰淇淋销售额占 61.23%；奶粉、奶茶粉销售额占 16.8%，其他销售额占 22.69%；雪糕、冰淇淋利润占 81.99%，奶粉、奶茶粉利润占 7.06%，其他利润占 10.95%。

◎ 青山乳业 1995 年共实现销售收入 4584 万元，实现利润总额 202 万元。其中奶粉总产量 3396 吨，冷饮产量 2016 吨，酸奶产量 305 吨。利润主要来源于奶粉。

相对而言，伊利对"未来两至三年内产品结构调整"回答得有点闪烁其词，称其"闪烁"并非故意与我兜圈子，而是"今后公司产品结构的调整方向将以高起点、高层次、高附加值为出发点调整、优化产业构成"一语让我着实有点高处不胜晕……

经过长达数月煞费心机的内查外调，此间对伊利的情况基本心中有数，尤其通过上述互动，更让我下决心有一说一。于是时隔不久，《关于对组建内蒙古伊利乳业集团一事的若干考虑意见》送出，其中谈道——

> 根据目前恩波掌握的有关组建乳业集团公司的资料分析，我们认为只要能把握主动、调整心态和趋利避害，贵公司出面组建上述集团公司是切实可行的，道理如下——
>
> 一、国家宏观经济形势几年来连续下滑，1995 年年底 1996 年年初已降至谷底，从 1996 年上半年起紧缩形势有所松动，资金情况、市场情况均有所好转，预计新的一轮经济发展周期即将来临。
>
> 二、在宏观经济环境恶劣时企业生存的一般性原则是缩小规模，直至可以应付成本、费用、市场的巨大压力，一旦形势好转或即将好转时，究竟什么样的企业能在景气度较高的经济环境中赢得最好的发展机会和条件，我们认为只有在经济低谷的"有利"时机抓资源、在经济形势好转时全力抓市场的企业才可能抓住发展的机会。因此，伊利公司利用自身优势在形势好转之前收购、兼并企业，并以股份公司国有股权及其他国有资产为注册资本组建集团公司，将有利于伊利公司今后的发展。
>
> 三、组建集团公司既符合企业规模发展的必然规律，又符合呼市乃至自治区有关"大公司、大集团"的政府精神，天时所在，并不以企业意志为转移。
>
> 四、组建乳业集团公司是企业依托和发挥自治区地利优势的明智之举。作为优秀上市公司和内蒙古乳品产业的龙头老大，伊利公司出面组建内蒙古乳业集团公司应在公众情理之中。
>
> 五、组建集团公司虽然利弊共存，但由于此举不排除他人染指的可

能，故早无"谈弊止步"的必要。

除此之外，针对伊利公司的具体情况，我们认为贵公司在运作上述事宜似应对以下问题予以注意 ——

一、关于劳动生产率与投资回报率

1995年伊利公司以近6000人、1.3亿资产规模实现销售收入2.46亿，利润1889万（根据反馈资料表明，目前的劳动率低于青山乳业），人均销售额、利润及投资回报率与国内先进水平有一定差距。以如此水平将不能满足企业发展的需要。资本经营的简单化及人员规模的无序膨胀将成为制约伊利公司发展的重要因素。

二、关于产品附加值

只有高附加值才带来高利润高回报率，一般来说产品高附加值来自两方面：一是技术高附加值，另一是品牌高附加值（作为资本经营还有风险高附加值）。伊利公司目前仍处于劳动密集型产业阶段，如何部分向技术密集型转型，与产品开发方向有直接关系，而品牌营造则与公关宣传、市场策略有直接关系，公司应下大力研究处置。

三、关于经营管理人才储备

一般而言，企业由成长期向成熟期转变时面临的最大问题之一就是"管理失控"，企业规模膨胀很快，有经验的企业管理人才稀缺是导致企业经营失败的重要因素，建议伊利公司重视此项问题，提前引进、培训提拔，做好管理干部的准备工作。

四、关于企业决策者抗风险能力

市场风险与决策者决策的预示性、准备度有关，而政治风险则与领导人政策水平与人事关系有直接关系，建议伊利公司充分听取顾问网的建议、意见，提高科学决策水平并加强与自治区、呼市相关领导及部门的交流、沟通，获取最大范围的理解与支持，营造中国特色的企业生存与发展的软环境，为企业重大决策留下周旋余地。

五、关于对员工心态调整

从以往企业兼并、收购等重组行为分析，双方员工心态调整似应提到更高的重视程度。对于双方领导层而言，无论是政策水平还是组织约束力，原则上均能客观对待现实，从而使双方平稳渡过必要的心态磨合期。由于企业员工既没有上述水平，也不可能对其有过高的要求，故而在日常的接触中，很可能由于某些看似一般的问题最终引发不测。为防止此种情况出现，希望伊利公司首先加强对自身职工的教育工作。

六、关于兼并收购与企业发展关系

企业兼并与收购必须有目的、有计划，必须与企业发展规划相适应，以利于调整资本结构，调整产品结构，以利于生产经营组织。而不单单是求企业规模的扩张，否则兼并或收购也许会成为包袱！从伊利公司欲兼并、收购的四个企业基本情况看，主营方向与伊利公司不矛盾，收购后总体负债水平仍在允许的范围内。

在充分表达了上述意见之后，此间继而向委托人提出了极为中肯、极为率真、极为成熟、极为职业的重大决策建议 ——

如何利用企业重组机会，改变主导产品单一、脆弱的局面，将是伊利公司面临的重大问题之一。目前伊利公司 61% 强的营业收入，82% 的利润来自于雪糕、冰淇淋，这种大幅度倾斜只能是短暂的、不牢固的。

冷饮产品是应季产品，很难作为唯一主导产品长久支持公司发展。因此建议伊利公司一方面稳妥地调整产品结构；另一方面借鉴国际相关产品市场推广方式，调整以雪糕、冰淇淋为主的市场策略。

事过境迁，人们似乎很难退回到当年的状态去客观看待，客观对待，去用一种并非仰视其今天而是平视其昨天的心态，静观其事，静思其变，从而发现，从"冰淇淋、雪糕"到伊利后来的产业主项及产品主体，从立志做"世界冰淇淋大王"到"中国乳业巨无霸"，我们的伊利其实也经历了"否定之否定"的轮回，我们的"乳业"在涅槃之前其实也真切感悟了"不谋全局不足谋一域，不谋万世不足谋一时"。

时至今日，我不很清楚，像伊利乃至蒙牛、光明、三元等以"乳业"自居的大户目前主打产品为何物，但是我相信，乳业仅靠雪糕担纲似乎有点薄，乳业仅靠冰淇淋说事儿似乎有点闹，且不说"每天一斤奶"的国家期盼绝不能随随便便换成"每天两根儿大雪糕"，仅就现代工业的形象力与感召力来讲，围绕冰淇淋所说的一切和所做的一切似乎有些麻绳拴豆腐。

面对于此，还是那句话，我不敢说也不想说，当今纯正的"乳业概念"与此间曾经的见地不无关系，当今伊利的"产业结构"与此间曾经的建言不无关系，会说的不如会听的也好，会听的不如会说的也罢，作为13年前的民间智库，作为13年前的民办软科学决策咨询机构，在18万元委托费额的约束下，状态即如此，水平即如是……

当年，在通往"世界冰淇淋大王"的征途上，根生堪称伊利远征军的先锋官，一路攻城拔寨，所向披靡，为企业立下汗马功劳。然而，就是这样一位战功卓著的前锋大将军，却在一次推心置腹的长谈中，竟然和我透露了"准备离开伊利"的想法。

这是一个令人震惊的想法，也是牛由来已久的想法，原来为了帮助伊利加速夺得大王旗，根生有心放弃"高官厚禄"出国偷艺。用他的话讲，立志成为"世界冰淇淋大王"任重道远，他只不过是实现这一远大目标的铺路石，既然如此，他就要当一块最有价值、最有意义的铺路石。

在他看来，不入虎穴焉得虎子，当年唐伯虎入府得秋香很值得后人仿效，由此他想到了隐姓埋名出国深造，潜入最著名的企业埋头苦干，潜心研修。根生说起此事有些天真，有些跃跃欲试，甚至，还认认真真地和我探讨哪种方式最容易上手，哪些工作最能使伊利受益。

根生欲为企业献身的精神令我肃然起敬，通过一段时间的了解，我相信他说得出来也一定能做得出来。那个时候，尽管我对伊利欲争"世界冰淇淋大王"多有想法，尽管在适当的场合也不断将想法变为适当的说法，但由于时机未到或交情未到，所以从未与之正面接触，正面"交锋"。

对根生的打算我很理解也很尊重，只是碍于上述原因，无法将"缓称王"或"不称王"的道理直截了当地讲给他。于是拐弯抹角，于是掰开揉碎，于是和他认认真真谈起何为"匠"，何为"家"，何为"敌万人"，何为"万人敌"。讲到最后，不得不告知根生，虽说伊利家大业大铁打的营盘流水的兵，但有两个中流砥柱却绝对少不了，一位是安坐中军八面威风的郑俊怀，另一位则是鞍前马后且八面来风的牛根生。

对此牛不以为然，虽然赞同"没有郑总就没有伊利没有牛根生"，但死活也不认可"没有牛根生伊利或许会乱营"。于此，没有和他过多抬杠，有些话需要掰开揉碎，有些话尽可点到为止，在当时的情况下，缺了他伊利是不是真的有点玩不转，相信根生的客观认知绝不比我偏。

尔后，根生为什么放弃"出国深造"不得而知，这段历史在伊利编年史抑或《蒙牛内幕》有无记录也不得而知，本书本章之所以谈及，目的不外乎有两点：一是真实记述在向往"世界冰淇淋大王"的征程中有多少鲜为人知的可歌可泣；二是在可圈可点的伊利情怀中探询曾经的荡气回肠。

说心里话，如此这般的历史典故现在听起来有些幼稚甚至有些搞怪，但当年的牛根生却是在一本正经地讲，当年的王力却是在一本正经地听。说来说去，听来听去，时间不觉过去了 13 年，在其中，在其间，"以浮躁为己任"的时代中人会有怎样的感悟，天知地知。

第 7 章　　我在何方

"老师如厕也抖"话糙理不糙
"明星出恭也臭"一白遮三丑

在严肃提出"调整产品结构、改变市场策略"的同时，我对伊利跻身世界品牌充满憧憬与自信。从表象上看，这种心态与"大王情结"无异，但实际上各吹各的集结号，各唱各的家乡调。

我当过工人，清楚工人的素质；我是内蒙人，了解内蒙人的状况。按照统一步调齐头并进，我相信内蒙团队不比别人差，如果在"西部有待大开发"的前提下称王，我担心同一个王位容不下太多的故乡人。

如果说"改变82%利润来自雪糕冰淇淋的市场策略"是出任伊利顾问说过的"也许管用的话"，那么那件"也许管用的事"就是为还不是世界冠军的伊利创造了与蔡振华、伏明霞、刘国梁等诸多世界冠军比肩的机会……

如果说"调整产品结构，改变 82% 利润来自雪糕冰淇淋的市场策略"，是我出任伊利高级决策顾问期间说过的那句"也许管用的话"，那么，在同一时间做的那件"也许管用的事"，就是为还不是世界冠军的伊利创造了与一大群名副其实的世界冠军"比肩"的机会。

何为"比肩"，字面的解释类似"彼此肩并肩"；何为"肩并肩"，市面的说法类似"彼此高矮差不多"。1997 年伊利高矮和谁有一比虽无从考证，但从前述"未来三年产值与利润"分析，那年伊利的产值大约 7 个亿，那年伊利的利润预计能有 6000 万。物以类聚，人以群分，这样的规模，这样的盘子，倘若跨行业跨领域进行换算或折算，6000 万算多少，7 个亿算多大，能和怎样的人物肩并肩，能与怎样的一群人物手拉手，不言自明。

然则，有了支点就有可能撬动地球。1997 年"七一"前夕，经过好一番争取与斡旋，伊利集团数十名新党员在内蒙、呼市两级党委领导的带领下开赴北京，在国家体委训练局与刘国梁、孔令辉等世界名将挥拍对阵，在人民大会堂与蔡振华、伏明霞等世界名人联合举行入党宣誓活动。

那是怎样的骄傲与辉煌，那是怎样的际遇与奇巧，作为事件的始作俑者，抚今追昔，感慨万千……

在伊利个案的运行过程中，前述"联袂相关机构展开的官产学联合探究商业科学课题"如期启动，不出所料，动静果然很大，不仅惊动了国家商业部新老部长，同时我率多名助手移师海南现场办公。

尽管在承接伊利委托之前我已明确告知此事来龙去脉，伊利对此也表示了足够的理解，但我还是觉得这桩策动早于伊利可启动晚于伊利的课题或多或少影响了个案进展。于是，经所务会研究之后，我向伊利提出了"费额不变，周期延长"的动议，对此伊利表示赞同。

其实，即便是在海南的那几个月里，我也没有间断对伊利个案的关注，包括安排北京留守人员继续对相关情况保持密切关注，包括安排海南课题组成员对当地冷饮市场进行深入调研。真是不了解不知道，情况反馈表明，椰岛的居民天再热，对冷饮需求也不像想象的那么大。

说不清楚伊利究竟是哪年放弃做"世界冰淇淋大王"的，就像说不清楚最终究竟是什么原因"乳业不再雪糕独大"。然而，尽管说不清楚别人家的事情，但有关"与世界冠军比肩"的神话，却和一位不是"世界冰淇淋大王"但绝对算得上"世界冰淇淋大户"的美国企业不无关系。

这家闻起来很香吃起来很贵的"哈根达斯"老早就在上海安了家，其后又在我办公所在地北京国际俱乐部开了分号，是不是"世界冰淇淋大王"不清楚，但令人趋之若鹜的一等一品牌却是不争的事实。

在向伊利严肃提出"调整产品结构、改变市场策略"的同时，大概受了这类"一等一"的影响，我对伊利跻身世界品牌充满憧憬与自信。从表象上看，这种心态与"大王情结"无异，但各吹各的集结号，各唱各的家乡调，所谓"大王"，无论说着还是听着，感觉总有些空空荡荡。

我是内蒙人，可我不总想听"内蒙人老实巴交"；我是内蒙人，可我不总想听"内蒙人脚踏实地"。尤其作为劳动密集型企业，在老实巴交和脚踏实地以外，似乎还需要更多的"时代新范儿"与时俱进。

在各类新范儿里，我比较看好"老实巴交的虚张声势"或"脚踏实地的虚张声势"，虽然一实一虚看上去是两股道上跑的车，但只要把握得当，自会虚实结合相得益彰。换言之，双方合作期间，伊利再棒我再能，伊利再忙我再累，要想让"超凡脱俗的期盼"实至名归，要想让"不是大王胜似大王"的大王旗迎风招展，仅靠"实干＋广告"似乎不太现实，不太容易。

由此说来，我倒真的很感谢探究商业科学一事延长了伊利个案的运行周期，在相对不太紧张的状态中，我似乎没有了往日的压力，虽说"人无压力轻飘飘"，但对我这样的特殊脑力工作者来讲，"有时限的压力"犹如金钟罩，外人看金光灿烂，可扣在里面却憋闷得很……

有句名言叫做"世界是我们的，做事要大家来"，援引至此，如果日后世界冠军真是我们的，那么事先争取就更需要大家共同努力。因此，在伊利个案中我一直冥思苦索一个问题，就是"企业员工的基本素质"。

还是那句老话儿，我当过 15 年工人，因此很清楚工人的基本素质究竟是咋回事；还是那个老理儿，我是祖祖辈辈的内蒙人，所以我很了解内蒙人的基本状况究竟是啥水准。因此，无论是就事论事，还是就事论人，如果是按照统一步调、统一架势齐头并进，我相信由内蒙工人组成的团队绝不比别人差，但是，如果是在"西部有待大开发"的前提下欲要称王争霸，我担心同一个"王位"似乎容不下太多的故乡人。

素质涵括的范围很广，员工素质亦同样，所谓"基本"，有点类似与生俱来，有点类似得天独厚，尽管后天可重塑可再造，但没有点真功夫真机遇，猛然之间"集体变脸"或"集体变声"似乎可能性不大。

在我眼里，企业员工的基本素质由两部分组成，一是"眼界"，二是"境界"，前者观远近，后者主高低，因此在企业管理中，只要员工的素质有了远近交织，有了上下交错，无论企业领导如何发誓、如何发力、如何发狠、如何发飙，通常企业都会立于不败之地。反之，说得再好，做得再棒，关键时刻只要有一处掉链子，一切都有可能前功尽弃。

有人认为，上述所言"员工基本素质"与平常所讲"员工专业技能"无异，其实不然。技能往往主一时，素质往往主一事，因此在常规、常态、常理中技能和素质的确也能画等号，只是，处于非常时期或非常状态，大大小小的应急、应变、应对，大多与企业员工的基本素质分不开。

回到本来的话题上，应该说，1996 年伊利欲做"世界冰淇淋大王"的梦想与企业员工的基本状况尚有一定距离。具体差在哪，说不清楚，可一旦将其与"大王"或"世界"并联，总会有许多"看得出来的说不出来"。

说到这里，不得不提及一位至今不知姓名的伊利员工，这位《恩波智业》

的忠实读者，当年曾几经周折寄来一封"匿名信"，信中跳出此间与伊利的客户关系讲了些发自肺腑的话。在他看来，伊利员工勤勤恳恳、任劳任怨的确不假，但同时也折射出一个问题，就是闭目塞听、闭关锁国。

此类观点，仁者见仁，智者见智，有人认为"塞听"有塞听的好处，有人认为"锁国"有锁国的弊端，依我看来，尽管"文革"时期"你们要关心国家大事"的提法有待商榷，但就构建企业王国来讲，员工"舍我其谁"的基本素质越高，企业摘星星、够月亮就越容易。从这个角度讲，开阔眼界、坚定信心不仅是掌门人的事情，胸怀大局也不仅是管理层的事情，一切亦如早年的"打倒国民党，解放全中国"，魄力与胆识虽然来自伟大统帅，但身体力行的普通一兵却要实打实地把气魄与胸怀转化成自身的行为基因。

应该讲，伊利决策层气魄是宏大的，眼界是开阔的，否则不会有声名鹊起的昨天和今天。然则，面对志在全国夺冠乃至全球夺冠，不知道中国有多大不好使，不知道世界有多乱不好办，尤其预先不知夺冠是个啥滋味，对于信仰"有志者，事竟成"的人来说似乎就有点不大对头。

此事让我冥思苦索，在所有能够想到的想象当中，最有说服力的还是"实践出真知"，因为人生人世有些感觉可以从别人那里感受，唯有"夺冠"一类的滋味似乎只能自己去品……

1997年"七一"前夕，国家体委训练局准备发展一批新党员，其中不乏世界冠军，甚至不乏世界冠军的总教练。有人提出动议，时逢香港回归，能否将仪式举办得别开生面。时隔不久，此事承办单位主动找上门来，虚心讨教，希望王先生能帮助想个万全之策。

真可谓"踏破铁鞋无觅处，得来全不费功夫"，我第一时间就想到了自己的委托人，倘若能够借机安排伊利与世界冠军互动，倘若能够借机促发伊利与世界冠军双赢，结局一定好生了得。

于是，我把想法合盘托出，对方先是一喜，后是一忧，喜的是如此联袂确实超凡脱俗与众不同，忧的是如此联姻显得有点门不当户不对，毕竟当时伊利的品牌还没有如日中天，名号还没有响彻大地。

见状，我先虚晃一枪，答应继续帮助推荐比伊利更合适的对象，接下来马上与根生取得联系。尽管悬念太多不宜立即通报郑总，但牛副总当即表示出极大的兴趣，不仅连说几个"好"，同时告知，伊利公司正好有一批新党员准备近期举行入党宣誓仪式。

此事让我喜出望外，经过一年多的密切往来，伊利课题联络官的思维方式确实发生了巨大变化。倒退一段时间，对于这类事情，有可能似是而非，有可能模棱两可，总之，反应速度如此之快、默契程度如此之高、心灵感应如此之妙似乎不大可能。

其实，在出任伊利高级决策顾问期间，除了"说过一句也许管用的话"，除了"做过一件也许管用的事"，同时还用心"传帮带"了一位日后非同寻常的人，此人就是牛根生。

出于自律，外界不仅对上述时段彼此师生情谊知之甚少，同时对其后蒙牛时代的兄弟情缘也一无所知，事过境迁，时过境迁，有关其中的典故与微妙，将在接下来的章节透露一二。

书归正传。经过一番欲擒故纵和以迂为直，经过一番锲而不舍和奋力拼搏，此事终于有了眉目。八字刚有一撇我迅速通报了牛副总，片刻，牛告知已向郑总汇报。郑震惊。郑大喜。

接下来的事情很明快，因为有了思路，那家承办单位自然也就有了想法，因为有了机会，我们的伊利自然也就来了精神，于是根生与集团党办主任来京会商，于是一整套相应的方案迅速出台，于是我以当事人与观察员的双重身份，详细解析了个案应予注意的问题。

一切妥当之后，我向呼市市委白音书记正式做了汇报，白音书记高度重视，认为此举不仅关乎伊利，同时关乎内蒙与呼市……

1997 年 6 月 23 日，应该是伊利人永远不能忘记的日子。这一天，在呼和浩特市委白音书记和另一位自治区领导的带领下，伊利集团一行数十人浩浩荡荡来到神秘的国家体委训练局，来到神圣的北京人民大会堂。

应该说，这个结果是许多人事先没有想到的，因为企业行为引出规格如此之高的"政治礼遇"纯属可遇不可求。我知道，为了这一天，不仅伊利员工曾付出了多少年如一日的不懈努力；同时，为了这一刻，郑总与牛副总也

◎ 左起牛根生、郑俊怀、白音、自治区党委领导。

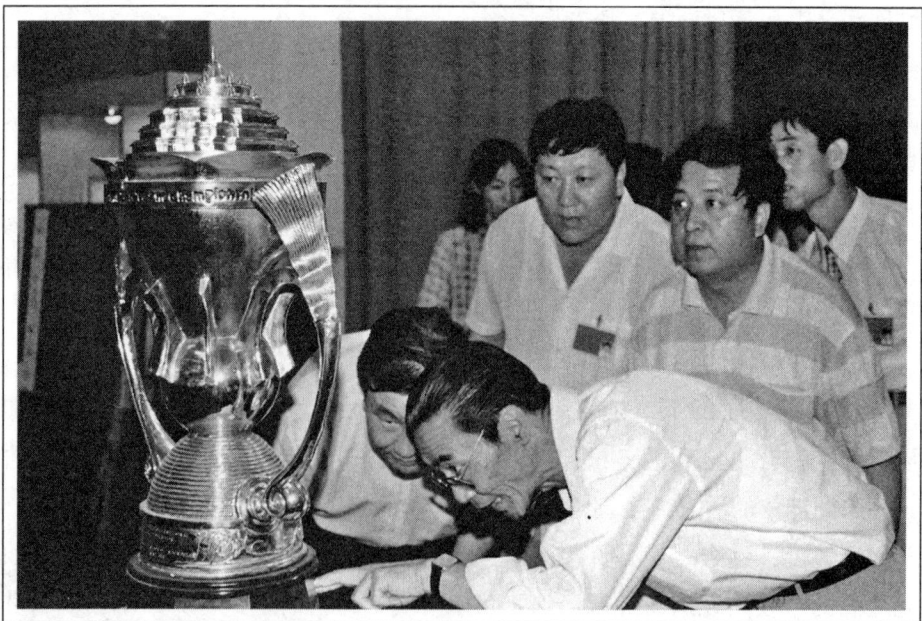

◎ 在世界冠军的奖杯前，白音书记等人看得格外投入，甚至逐字逐句默念着上面镌刻的铭文。

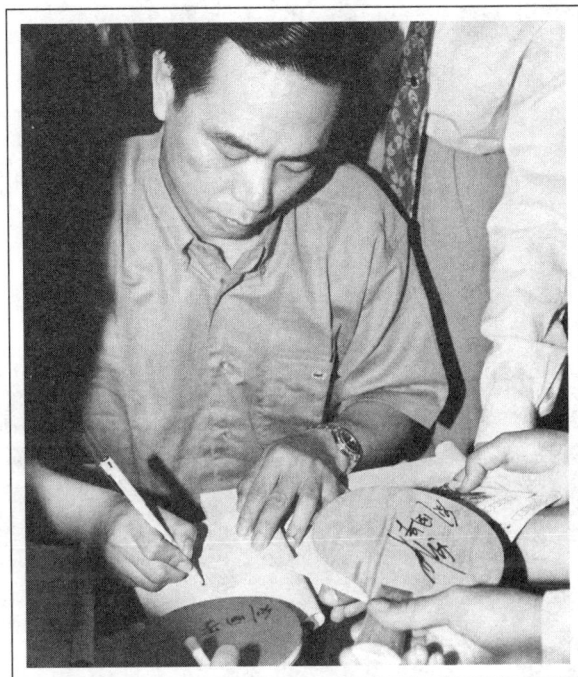

◎ 蔡振华现场签名。

◎ 有备而来的伊利员工取出提前备好的球拍，将世界冠军团团围住。

付出了多少话合为一句话的锲而不舍。

当时的场景如左图所示，略带羞涩、略显拘谨的伊利员工怯生生地走入世界冠军的大本营，怯生生地走近平日里威猛高大的荧屏偶象，试着与蔡振华、李永波握手，试着与刘国梁、孔令辉合影，随着时间的推移，空间开始变成了空间感，距离开始失去了距离感。

从参观"冠军荣誉室"到签名合影，从挥拍上阵到自由交谈，彼此无拘无束，相互感情交融，以往在伊利人心中高大而神秘的人物近在咫尺，以往在伊利人面前也虚也实的世界夺冠路就在眼前，个中过程，个中滋味，尽管他人的心路历程早有宣传早有广告，但是面对面、肩并肩、手挽手、心贴心的效果却是任何方式也替代不了的。

双方在训练局的联谊犹如热身，一番超级热身与无拘无束过后，伊利员工与世界冠军共同驱车前往人民大会堂。一路高歌，一路畅行，看着窗外的京城美景，伴着王者的谈笑风生，此情此景，此时此刻，据说即便就是再没有自信的人，也会由不得对天发问——"他是冠军我是谁？！"

在庄严肃穆的人民大会堂内蒙古厅，来自内蒙的好汉和来自体坛的豪杰面对中国共产党的党旗共同高举右拳，场面严肃之至，气氛浓烈之至，加之站在世界冠军前面的领誓人竟是一位貌不惊人的伊利女工，阳刚之烈，顺和之美，真可谓刚柔相济，相得益彰。

透过现场照，看着伊利老总喜形于色，看着伊利团队笑逐言开，看着伊利头面人物凝视世界冠军奖杯沉思不语，看着伊利普通员工与世界冠军零距离互动由生到熟，我知道，此举意义重大，效果非同凡响……

何为费尽心机，此乃鲜活一例。人人需要开眼界，事事需要高标准，然而，眼界开阔了未必跟进的工作能到位，标准亮出来了未必人人都把自己往里摆，原因众多，一个被忽视的问题是，开阔眼界首先是为了"感知不过如此"，接下来则是"既然不过如此，何不如此这般"。

谈及大彻大悟，不该扯些俗不可耐，只可惜，俗是一种状态，俗不可耐更是一种境界。一则民间笑谈，虽说也俗也荤，但细细品来却别有洞天，不仅小学学堂诚惶诚恐，同时高等学府同样毕恭毕敬，这则笑话讲的是——男老师往往在小学生心目中神圣无比，时时仰视，处处追随。某日，某学生随某老师入厕小解，方便过后却长大了许多，也成熟了许多，同伴争相打探，小破孩儿一语道破，原来"老师也抖"。

此话话糙理不糙，如果捏着鼻子再往下做继续想开去，倘若追星族与

大明星一同入厕出恭，想来也会掩鼻，想来也会作呕，想来也会一语告别追星热，原来"明星出恭也臭"。

反之，向上向善，上述歪理仍然身正不怕影子斜，缘何"爹妈在我心中"不如"爹妈在我身边"来得实在，缘何"榜样在我心中"不比"榜样在我身边"用着方便，说的是同一个道理。

人情世理虽然如是，可窗户纸一旦捅破，外面的世界很精彩也好，外面的世界很寡淡也罢，看客的观感肯定会有质的提升与突破……

对于此次活动，相关媒体给予了极大关注，用记者私底下的话讲，虽然远距离留意过世界冠军，虽然近距离接触过民族工业，可像今天这种在特定环境下的亲和与互动，确实受益匪浅不虚此行。

《人民日报》的文章标题《庄严宣誓》开门见山、直截了当，既讲述了冠军的拼搏向上，也讲述了企业相应的奋勇攀登，读者怎样看，公众这样看，相信人们读过之后都会由不得在两者之间画出一道连接线。其中谈道——

> 6月24日下午4时北京人民大会堂内蒙古厅。"我志愿加入中国共产党……"庄严的誓言在回响。这是国家体委训练局党委与内蒙古伊利公司党委在这里联合举行新党员宣誓仪式。
>
> 再过几天，"七一"就要到来，这是我们党76岁生日，香港也将在这一天回到祖国怀抱。我国第一个少数民族自治区内蒙古自治区成立50周年的喜庆日子也即将来到。参加今天的宣誓仪式，对于训练局的20名新党员和伊利集团28名新党员来说具有特殊意义。
>
> 伊利集团党委书记郑怀俊说，这次他们组织新党员参加了宣誓仪式，还参观了训练局荣誉室，受到很大教育。我国体育健儿的拼搏精神应在企业发展光大。

和郑总比起来，在现场时而领导席、时而观众席、时而座上宾、时而剧中人的牛副总似乎感觉更为全面，正如《工人日报》的《国家体委训练局举行新党员宣誓仪式》一文所说，"在一旁观看宣誓的伊利集团副总经理显得特别激动。他告诉记者，此次与训练局合搞这项活动就是为了把'祖国至上、敬业奉献、科学求实、遵纪守法、艰苦奋斗'的体育精神转化为企业精神，并作为企业冲向世界的动力。"

其后不久，《经济日报》在现场速写《幸福时刻》之后又发表了题为《苦苦的追求，甜甜的享受》的通讯报道，郑总那句"没有落后的企业，只有落后的意识"成为实践出真知的至理名言。

整个活动我没有公开露面，很多人难以理解。活动当日我去内蒙古宾馆看望白音书记，白书记执意让我同行，活动前一个小时郑总又打来电话，我在别人面前找的理由是"另有安排"，但在首长与东家面前却不得不实话实说——如此这般,一是尽量避开公众视线把更多的光芒让给委托人,二是想围绕"借势、造势"这门新学问实际感觉牛副总潜质如何。

静观整个活动,虽然"南顿北渐",虽说"东富西贫",但就顿悟说顿悟,本该"渐悟"的北方汉身手却如此之敏捷,就贫富说贫富,本该相对落后相对落伍的西北人观念却如此之超前,于此,不仅我暗自叫好,同时活动主办方也一致为根生的掌控能力所折服……

20余年职业生涯,有幸近距离甚至零距离接触到了不少企业家或资本家,抛开成就不谈,有的干得很累人,有的耍得很轻松,于是,作为一等一的旁观者,夫人曾建议今后静下心来好好研究研究"商人的基因",如此而来,好让潜在的苗子别闲着,好让无缘的伙计别累着。

商人有无基因不清楚,毕竟只是突发奇想。无独有偶,北京奥运会期间,无意之中看到一篇题为《冠军都有"金牌基因"》的科普文章,写得真好,说得真妙,不仅有鼻子有眼,同时还有根有据,其中讲道——

> 要获得奥运会金牌,运动员的确需要有"天赋"。近日,澳大利亚体育研究院的一项研究发现,特异基因与运动员的成绩直接相关。在同样的训练质量下,那些有着先天基因优势的运动员能取得更好的成绩。
>
> 澳大利亚体育研究院的 Nan Yang 和 Daniel 所在的课题组研究了一种编号为 ACTN3 的基因型。这个基因与人体肌肉的爆发力密切相关。特别爆发力项目的女运动员中,这个基因的携带比例高达 100%。
>
> 这项调查显示,虽然后天的训练对运动员成绩影响非常大,但运动员要取得足以在奥运会上夺得金牌的顶级运动成绩,特异基因不可缺少。对于那些奥运会上的爆发力选手来说,ACTN3 是名副其实的"金牌基因"。

可能是英雄所见略同,澳洲的艾伦·斯奈德在相同的选题上也着实下了一番工夫,他坚信《造就冠军的是冠军思维》,这个观点很快冲出了澳洲走向了世界,成为奥运期间转载较多的文章——

> 我一直被冠军们非凡的成就深深吸引着。我总是想知道"究竟什么造就了冠军?"这里所指的"冠军"是一个可以从不同方面广泛理解的

概念。我觉得冠军是人类思维的一种根本元素，它能推进文明。而且，我相信每个人都具备成为冠军的潜能。

仔细想想，运动员也许都有点疯狂。想象一下教练们的严厉苛刻以及非人训练，你能理解为什么一个人可以仅仅为了所谓的信念而把自己弄得筋疲力尽直至半死吗？你能理解运动员为什么要把获得奥运冠军作为毕生目标吗？

也许，运动员、艺术家、科学家以及其他追寻梦想的人，他们之间的"疯狂"并没有什么差别。他们都必须放弃世俗的享乐去换取成功。

我一直相信，造就冠军的是冠军思维。冠军思维是能够在不同领域之间转移的。如果你在某个领域登峰造极，那你在另一个领域中成功的机会相对来说也会比较大。

说心里话，我真的很喜欢"冠军思维是能够在不同领域之间转移的"这句话，如果真能倒退十几年，我会将其原封不动、毕恭毕敬地呈给与世界冠军联合入党的伊利人。如果真能那样，不仅"不战而屈人之兵"古为今用，同时"冠军是人类思维的根本元素"也会洋为中用。

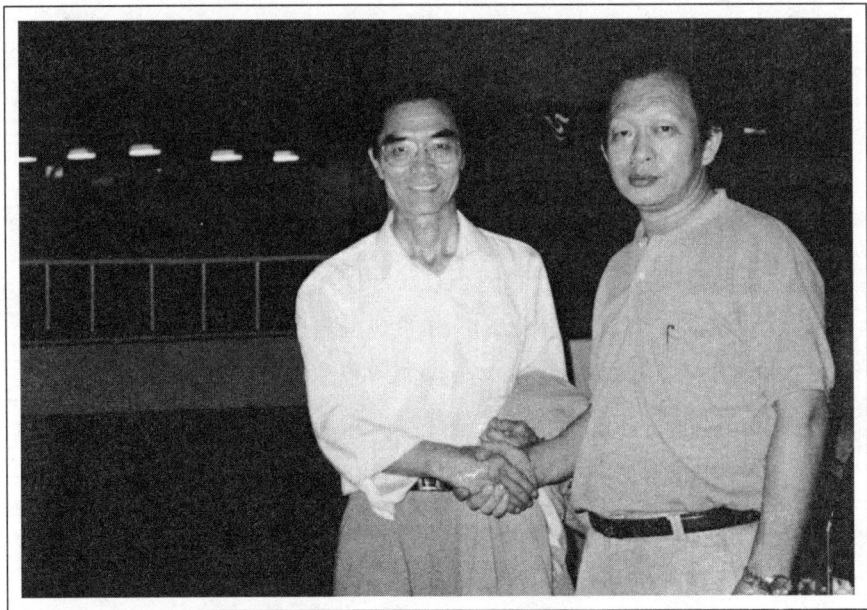

◎ 白音书记的手格外用力，我知道，此间事先承诺的效果一定得以实现。

第 8 章　　桶在何方

"哲学"有跨度有厚度只是少了"能见度"
"人学"有说道有门道只是少了"天知道"

　　我喜欢读哲学书籍，喜欢在既抽象也具象的哲学王国里捉迷藏。久而久之竟成为一种癖好，举凡索然无味或烦躁不安，都会带着一些偏激抑或偏执接受另一种跨度和另一种厚度的思维梳理。

　　与根生的师生情谊和兄弟情分，狭义上讲是人与人的交往，广义上说是智与智的沟通，褒义上看是恩波向伊利提供了外脑服务；"贬"义上扯是此间借此个案向真正意义上的"哲学点化"迈进。

　　某日，根生打来电话，原来对哲学已有些走火入魔，由于远水不解近渴，于是把刚退休的内蒙大学哲学系主任请到身边，不仅把系统的哲学思想讲给他听，同时也讲给企业骨干听……

<big>**在**</big>管理学、经营学里面分别有两个意见相左的"桶论",前者由来已久,说的是"木桶存水多少取决于短木",后者反其道行之,强调的是"**木桶存水多少不取决于短木**"。

面对同样的桶和同样的水,结局缘何大相径庭,问题出在"管理学讲究横平竖直"而"经营学崇尚思无定式"。作为新桶论的发现人,我在 1999 年出版的《匪夷所思》一书卷首语中写道——

> 管理学有个著名的"桶论",也被学界称为"木桶效应",讲的是"木桶存水多少取决于最短的木头"。受其影响,究其短长,我发现残桶少装水本来就是天经地义。
>
> 由于我的职业常要面对"残桶"做文章,因此久而久之也就发现了残桶其实才有"残桶效应",那就是在没有补救时间、补救技术、补救材料的前提下将桶斜置,把桶壁看似多余的部分主动降为桶底,把桶壁看似残缺的部位设法提升,通过一升一降的"盘活",使木桶存水多少不再取决于最短的木头。
>
> 我不敢讲学者是设置难题之人而专家是解决难题之人,但我想说学者常把不经意的小问题扩张得很大,而专家,尤其是另类思维专家,则会把很经意的大问题化解得很小……

这本其貌不扬但绝对原创的口袋书在当年全国图书订货会上首印订数超

出了 35 万册，排名字词典之后并列全国第三。销售业绩与卷首语是否相关不得而知，但与"新桶论"并列的"新猫论"也着实让读者耳目一新——

> 在厚重的《邓小平文选》中我似乎只读懂了三句话，一曰"建设有中国特色的社会主义"，从此我不再关心苏联和朝鲜；二曰"摸着石头过河"，从此我不再迷信上级领导坐在河对岸；三曰"不管黑猫白猫，捉住耗子就是好猫"，从此我在实践与研究中不敢再摆花架子。
>
> 伟人睿言可以从猫说开去，而不必真抓耗子的国人却不能不研究猫。我养过猫，而且是一只被遗弃的小猫，从生到熟，从小到大，我发现猫崽观察世界"脑袋随着眼睛转"，而到了会捉老鼠的时候却是"脑袋不转眼睛转"。
>
> 对于猫捉老鼠的观察与思考，有人不以为然，视作非主流，称其小儿科，一笑不能了之，一言却可以蔽之——此乃本人潜心研究的"另类思维"也。

就桶说桶，借猫说猫，所谓"王氏原创"抑或"王氏真知"其实全部来自多年的实践与探索。尽管日后也会用著作的形式加以回顾，尽管平时也会以探讨的方式与客户交流，但和读者相比，根生有缘近水楼台先得月，与客户相论，根生有缘高开高走却又避开高处不胜寒……

围绕伊利委托课题及与根生的交往过从，除本书之外，十几年来断断续续萌生过三次叙写往事的念头，由近及远，倒叙如下——

2007 年《桶在何方》。在现代精英版的常用词里有个"第一桶金"的说法，常说常新，多少年一路说来，从原罪说到原谅，从原形说到原理，总之，但凡成功者无不在荧屏前大说特说自家盘古开天地的"第一桶金"。

非常可悲的是，面对无穷无尽无穷动的"第一桶金"，人们似乎只注意到"金"而忘记了"桶"，似乎只注意到器中物而忽略了器之品，作为新桶论的发现者，我有幸躲过了金光灿烂，有幸透过了云遮雾罩，有幸在金之外、桶之外细细观测到桶之形、桶之异、桶之品、桶之魂，于是也就萌动了以"桶"为主体，进而探问《桶在何方》。

该书业已破卷，但阴错阳差最终未能面众，虽说《生根者牛》最终后来居上，但"桶"的烙印隐约可见……

2004 年《生根者牛》，书名与本书相同。如果说《桶在何方》从"桶"说开去，那么该书立意则从"根"散开来。根在哪，本为何，所谓盘根错节，所谓根深蒂固，生根有术、有道更有缘。

该书侧重剖析牛根生缘何也"家境一般，底蕴一般，可出人头地不一般；机遇一般，选项一般，可建功立业不一般"。对此不少出版单位曾一致看好，没有跟进的原因既简单也复杂……

1999 年《无形胜有形》。该书讲的是借伊利课题我与根生义同师生、情同手足的接触。所谓师生，是说"能者为师且知无不言言无不尽"，所谓手足，是讲"一朝兄弟论，十年用心交"。

关于这段历史，原计划在 10 年前准备出版的四卷本《另类思维》中有所介绍，同期亮出的还有瀛海威"废铁是怎样炼成的"等诸多此间亲历亲为的鲜为人知。取名《无形胜有形》，意在如何用自己领悟的哲学"对牛弹琴"，如何用自身领教的人学"对牛谈情"。

该书已于 1999 年结稿，根生曾亲自过目并提出修改意见，最终未能面众的原因很蹊跷，说来话长，说来话多，今后有闲工夫再扯不迟……

1999 年 7 月 11 日，根生应邀前来看《无形胜有形》完成稿，同行的不再是孙先红，而是内蒙古大学哲学系原系主任马秉悌教授。牛缘何上了天，马缘何下了凡，内中的"偶然与必然"接下来会有如实交代。

"钢铁是怎样炼成的"人人会说个个会讲，可具体到"牛根生是怎样练就的"似乎又多是套话多是神聊。作为某个阶段牛的启蒙老师，尽管我说不全也说不好"从士兵到将军"的心路历程究竟是咋回事，但我至少可以讲清楚其中一段时间根生的"量变到质变"和"必然到自由"。

也许是该犯懒时当犯懒，也许是原装原版更值得看，总之，在讲述当初如何弹琴、"谈情"之时，我想到了应该把牛根生、马秉悌曾经审阅过的历史篇章重现在读者面前。有点语无伦次，有点辞不达意，谁让 10 年前作者的水准即如此——

其实，严格而论，以上数千字叙述并非本章突出的主题，尽管事由还是伊利，尽管话题还是伊利，但《无形胜有形》欲要推开的却是窥看事物本质的另外一扇窗 —— 哲学。

何为哲学，书卷有叙，书斋有解，而我从生活中感悟的哲学却是"具有厚度与跨度的思维"。

关于"思维的厚度"，往雅了靠，上下五千年，往俗了扯，其实如同纸一张。一捅就破的宣纸虽然可以作画进而还可以作价，但再好的丹青作品在没有变现之前也不能当饭吃。相反，与生活息息相关、与物质时时流通的"人民币"，往往都是经拉又经拽、经使又经踹的货色。

关于"思维的跨度"，前任《经济日报》总编艾丰先生曾以此为题撰文，称"人的思维能力，人的思维成熟程度，有一个重要的标志，那就是思维的跨度"。为进一步说明这个问题，艾丰先生采取了类似看图说话的方式，细细道出"所谓思维的跨度，就是一个人的思想向事物两极伸展的程度，这就像一座桥梁，我们谈它是一座大桥，大在哪里？主要是因为它的跨度大"。

艾丰先生是师长也是朋友，他的学问与人情亲和，与事理贴近。"一座大桥"，不仅说明了何为"大"，同时更说明了"两极分化但两点一线"这样一个既普通又不普通的道理。

按照艾丰先生所言，人的理性和感情的关系也多是如此，从表象上看，理性与感情似乎是两极，其实一个真正全面发展的人，一个真正有大成就的人，都是在理性与感情两极上无限延伸的，都是有着"无比大的跨度的"。

艾丰先生旁征博引，扯出了孔老夫子的"三十而立，四十而不惑，五十而知天命，六十而耳顺，七十而从心所欲不逾矩"，在他看来，人的"随心所欲"是一极，而"循规守矩"则是另一极，两者大跨度地连接而又浑然一体，才端的深刻，端的成熟。

上述所言极是。我在三十岁以前凭借体力和眼力认同了"站得高，看得远"，而立过后开始想到"两腿分开才能站得稳"和"两腿分开仍由一个大脑支配"，只是进入不惑之年才想到了"一个大脑理当涵容前后左右"，才想通了"涵容前后左右理当注重轻重缓急"。

人世间"理当如此"的道理很多，但事与愿违的"适得其反"也层出不穷，缘何反，反缘何，经过反复思想过后，我意识到"顺其自然"也好，"拨乱反正"也罢，一切都离不开"哲学的梳理"和"哲学的整合"。

"桥"为什么要有跨度，既有主观意识也有客观规律，其中使用目的是主观，物质守恒是客观，因此桥的跨度需要主、客观结合。人的思维为什么也要有跨度，似乎同样存在着主客观的原因。人生一世，草木一秋，从咿呀学语蹒跚学步到"从心所欲不逾矩"，漫漫人生路虽然一步走不到尽头，但人生的终点却会以一步之差、一念之差而盖棺论定……

回到"思维跨度"的话题里，无论是主观需求还是客观规律，主客观结合的目的其实全在于寻找更多、更好的"人生机遇"。

据说，在哲学的发展史上对于"机遇"的研究可以追溯到古希腊的伊壁鸠鲁，他不仅继承了德谟克利特的"原子论"，同时认为"原子可以脱离直线而偏斜"，进而提出一些事物归因于"必然性"，而另外一些事物归因于"偶然性"。所谓偶然性，其实就是今天人们常说的"机遇"。

英国哲学家培根是个历史上十分了不起的人物，皈依哪家哲学门派记不得，但他同样也认为"机遇"是不可多得的"幸运之机"，因此他指出，"幸运之机就如同市场上的价格，只要错过机会，价格就会变化"，"善于在做一件事的开端识别时机，这是一种极难得的智慧"。

人们常常谈论"机遇"，但不少人以为"靠机遇发展"不是真本事，因此尽管机遇时时有，尽管机遇天天来，但机遇瞬间即逝的内因与外因却很少有人静下心研究。

据说对"机遇"的系统研究始于 1954 年，当时的诺贝尔物理奖得主玻恩写了本《关于因果与机遇的自然哲学》，其中提出了"机遇是一个极为基本的哲学范畴，自然界同时受到'因果律'和'机遇律'的某种混合方式的支配"。从此，"机遇"成了"问题"，开始引起哲学界、科学界的关注。

国人是从哪年开始学会严格区分"机遇"与"机会"的我不清楚，但我对"凉"与"冷"的正确理解却发生在"反复知凉"和"反复知冷"以后。关于对机遇的理解与阐释，世界上不少著名的系统哲学家都有过精辟的论述，但是再精辟也还是要引起人们的重视，其中，小机遇要引起小人物的关注，大机遇要引起大人物的重视。

在我的记忆中，最重视机遇的大人物是邓小平。有权威评说："邓小平在用历史机遇、思想观念和解决中国发展问题的过程中，对机遇与发展、机遇与挑战、历史必然性与历史偶然性、人的主观能动性与客观规律性等辩证关系，有多方面的论述和深刻的揭示。"

既然是大人物，就有权力、有责任用大手笔书写时代的"机遇观"，历代伟人如此，邓小平也如此，面对中国改革开放的大业，邓小平道出了把握机遇的时代强音——"要利用机遇，把中国发展起来！"

在我的理解中，哲学虽然涵盖"机遇学"，但又不仅仅沉迷在机遇之中，有关"哲学的定位"与"哲学的使命"，多少年来仁者见仁，智者见智。

谈到哲学的使命，不能回避哲学的分类，因为不同类别的哲学有不同类别的使命；同样，说到哲学的定位，不能绕开哲学的前途，因为不同前途的哲学理当从属不同的定位。

关于"哲学的定位"，赵德志先生在《哲学动态》上表述过自己的几点看法，其中谈道——

> 哲学只能对少数人是一种专业或职业，而对大多数人来说应是一种素质。一个处于常态的社会，哲学不应是一种从业人数众多的职业，但这不等于说人们不需要哲学，只是对大多数人来说，只要求哲学作为一种理论思维素养，作为某一完整知识结构中的一个构成部分。
>
> 哲学不仅仅是一种形而上学的智慧，而且还应是一种经世技术和生存之道。让哲学走下"纯思维"的祭坛，将具体科学升华后的

理论思维结晶回融于政治活动、经济活动、文化活动、认识活动，
就不难发现发挥哲学本身的经世效用。

讲老实话，"回融"一词我是第一次听说，词造得好，使用得更好，
虽说查遍案头几本老旧的工具书对其都未作解释，但我却隐约感悟出它与
"取之于民，用之于民"的暗合。

哲学是高雅的，因此叙述哲学时遣词要格外考究，然而，考究也好，
讲究也罢，哲学毕竟不是庙里供奉的菩萨，人们如此上心或如此用心究竟
图的什么，想来与更好的"传世"与更好的"传神"有关。

哲学是宝贝但不是出土文物，后者只准看不准摸，只准展不准卖，而
人们精心呵护前者，其目的肯定少不了要在必要的场合派上用场。于是，
香火不绝的哲学、长命百岁的哲学便有了不同时期的不同使命。

关于中国现实生活里哲学的使命，安启念教授提出过哲学的两大使
命：其一是"启蒙"，此乃现代化必不可少的思想准备；其二是"创新"，
此乃后发达国家面临的新挑战。

安启念教授所关注的理当是人类社会发展的前沿问题，诸如面对"全
球一体化"，国家该有怎样的跟进；诸如面对"观念要更新"，国人该有
怎样的提高。受此影响，我围绕哲学的"启蒙"与"创新"想了许久，最
终结合自身特定的位置与特定的工作方向想通了"任何人都需要启蒙，任
何人为之事都需要创新"。

神有"神学"，人有"人学"，对于后者的界定，多少年来始终是个
与哲学密不可分却又很难与哲学谈拢的老话题。韩庆祥教授在《关于人学
与哲学关系的讨论》一文中谈道，"我国哲学界基本上形成三种代表性的
观点。第一种观点认为，哲学就是人学。第二种观点则认为，哲学包括人
学但不等于人学，人学只是哲学的一个分支。第三种观点认为哲学不只是
人学，人学也不只是哲学的一个分支，哲学的当代形态主要是人学。"

对于上述三种观点，我基本倾向于第三种，即"哲学不是人学，人学
也不是哲学的分支"，缘何出现这样的倾向，大概是由于我既不太理解人
学也不太理解哲学……

　　话虽这样讲，但我却无条件拥护、无条件接受"哲学是个学科群"，因此在没有弄懂人学与哲学之间的玄妙之时，我学习鸵鸟把头扎在土里，将回避不掉的一切暂时搁置在脑后。既然赞成哲学是个学科群，该实用时就实用的我开始把目光转向了哲学与经济联姻的"经济哲学"。

　　何为"经济哲学"，有学者把"经济哲学"看做哲学和经济学的中介；有学者认为"经济哲学"并非单纯的应用哲学；有学者将国内近几年提出的关于"经济哲学"的界定概括为19种，并归纳为广义、狭义和介于二者之间的第三种状态；此外，还有一些学者认为"经济学家要有哲学头脑就是对经济哲学这个大题目的最好回答"。

　　面对上述的各说不一，我仍旧对最后一种观点表示认同，道理还是脱不开我既不太理解经济学也不太理解哲学。然则，我突然为经济学家有些打抱不平了，为什么"经济学家有了哲学头脑就是对经济哲学的回答"，而不是"哲学家有了经济学头脑就是对经济哲学的铺叙"呢？

　　最初看到"经济哲学"一词时眼前曾为之一亮，心中曾为之一振，因为自己多年来从事的研究工作的确有一大部分既与经济学沾边也与哲学靠谱，只是由于切入的角度与众不同，因此面对明白无误的研究主体，我却经常对自己的研究内涵不明就里。

　　无论怎样讲，经济问题是我关注的，哲学思想是我追求的，对于这样一个特别的研究内容和特别的研究方向，由于我不在正统的"学者群"，由于我热衷的研究也不在传统的"学科群"，那种心灵的孤寂天知地知我知，长此以往，人经常被折磨得近乎疯癫。

　　我的确不知道王力该与谁为伍，更的确不晓得"恩波智业"该与谁同类，因此非常感谢刘伟教授在我思想近乎崩溃之际，用学者博大的包容心为我辟出了一块心灵的栖息地。他在《恩波智业》的序言中，用"既是经济学又不像经济学，既是社会学又不像社会学，既是哲学又不像哲学"一段话，为我后半生注入了继续走下去的底气。

　　往后的情况虽有好转，但我依旧要在诸多"既是"与"不像"的组合中完成多种思想分歧的契合，好在痛苦依旧但已能聊以自慰，好在痛苦依旧但已然习以为常，尤其在不断加大了对哲学研究的力度以后，我发现

"庸人自扰"竟是那样的一针见血。

其实,自扰的不仅是庸人,据说"哲人自扰"更有过之而无不及。可惜的是,庸人自扰还有典故作陪,而哲人自扰却只能对天作态。好在时代不同了,哲人的自扰或相扰已不再唇枪舌剑,面对同是从大脑派生的精神世界,哲人也好,庸人也罢,一旦食不果腹,再大的心境也会前心贴后心。

我赞成哲学是少数人的专业或职业,更赞同哲学对大多数人来说是一种常备的素质,从表面上看,这种各取所需的分配原则完美无缺,但天下最难办到的却莫过于"可上九天揽月,可下五洋捉鳖"——"月"与"鳖"风马牛不相及,但"上"与"下"之间却有个不偏不倚的"中"。中是基点,中是坐标,尽管有形与无形扯出了"形而上"和"形而下",但无论有意还是无意,"中"是万万不可忽略不计的……

我想说"我是哲学思想的受益者",同时还想说"我是哲学思想的同路人",但这年头儿说出这等实话却需要天大的勇气。尽管人们可以远离哲学,尽管哲学也可以远离生活,但活生生的人一旦要把自己往哲学范畴里摆,闻者,视者,免不了会拿"东方圣人的光环"和"西方哲人的画框"往你脑袋上套,越套越觉着你不对劲,越套越觉着你不识趣。

有人说"人类是思想型的动物",对此我举一只手表示赞同;有人说"人类是不求甚解的动物",对此我举另一只手表示赞同。前番赞同是因为只有人类才有思想史,而后一种认可则是因为人类书写自己的思想难免要落下粉饰的痕迹。

我平时喜欢读一些哲学书籍,喜欢在既抽象也具象的哲学王国里捉迷藏。久而久之,如此这般竟成为一种癖好,举凡索然无味或烦躁不安,我都会带着一些偏激抑或偏执接受另一种跨度和另一种厚度的思维梳理。

然而,我慢慢感到了供在象牙塔中的哲学似乎很脆弱,说"拉大旗作虎皮"有些过分,但象牙塔本身就是"禁锢形式"的另外一说。同样都是人,但人们由不得要仰视,同样都是人,但人们由不得要高看。什么才需要仰视与高看?有说蓝天,有说白云,同时也有说蓝天白云中飘飞的被人牵动的风筝。

相对而言，安坐在象牙塔中或稳坐在狭小空间的"哲学"，既没有施展的天地，也没有回旋的余量，因此"哲学"留给人们的感观，似乎就是身不动膀不摇，一天到晚只知道摇头晃脑。

这由不得使人陷入自寻的烦恼，说哲学不灵光，上下五千年哲学的香火未断，说哲学很神通，方圆五百里又未见哪位白胡子老头儿横空出世，为此我苦思苦索，尤其看到哲学教授远离尘世，尤其看到哲学成果偏离因果，就更对哲学的未来之路打出了一个又一个问号。

我只知道我这等哲学外围人士如此，不想哲学圈中的当事人更是如此，多少年来，不仅芸芸众生企盼哲学显灵，同时象牙塔中的神圣也闹着思凡还俗。于是，人们开始冷眼向洋；于是，哲学开始紫气东来。

在所有的学问中，据说哲学的门派最丰富；在所有的门徒中，据说哲学的门徒最痴情。然则，丰富也好，痴情也罢，有人大笔一挥，把许多门派与许多门徒统统划入了"讲坛哲学"的阵营，用"皇帝的新衣"揶揄，用"龙种变成跳蚤"借讽……

"批判的武器"虽然代替不了"武器的批判"，但批判的武器也有利钝与否和出手与否之分，我看到过一篇题为《寄哲学的希望于学院之外》的报摘，出处不详但论据颇详，摘录于此，权当是精神的感受，权当是心灵的喝彩——

　　我在职业从事哲学研究之前见到哲学名词术语就头疼，觉得那么深奥莫测令人费解。我在职业从事哲学研究之后见到那些名词术词就更加头疼，因为这些名词术语往往是作者自己就没有弄明白，当然也讲不明白。

　　相反，倒是那些并非自称哲学家的、甚至什么家的头衔都没有的人，讲的话却是那么富有哲理、给人启迪、发人深省。哲学之初既没有那么多名词术语，也没有哲学家之类的桂冠，而只有讲着有深刻哲理的船夫、樵夫、农夫等。后来，他们讲出的话流传下来，被记录下来，又编成了书，才有了哲学的理论和著作，才有了哲学家。

一旦哲学成为一个专业，哲学家也随之职业化，哲学和哲学家也就从人们的日常生活中被分离出来，越来越"疏远"了人们的日常生活，哲学家也就成了那种不会游泳、不会划船、不会种田、不会做工、不会打仗的人。然而，正是哲学家们自恃高人一等的东西，往往使他们在现实生活面前被碰得头破血流，使他们从书斋的迷梦中惊醒。

哲学家面临灭顶之灾时才明白：不懂哲学充其量也就没有了生命的一半，而不会游泳这种日常生活所需的本事，却要在风浪中没有了生命的全部。人们不管从事什么事业（哲学、科学、艺术等），都不能离开日常的实际生活；对于生存而言，日常的实际生活恰恰是最最生命攸关的事。

关于上文所言的哲学家"不会划船"与"不会游泳"，其实另有一则小故事描述得更为绘声绘色，故事这样讲道——

有一个船夫在激流中驾驶一条小船，船中坐着一位哲学家。

哲学家问："你懂得历史吗？"

船夫回答："不懂。"

哲学家说："那你就失去了一半的生命！"

哲学家又问："你研究过地理吗？"

船夫回答："没有。"

哲学家说："那你就失去一半以上的生命！"

哲学家话刚说完。风把小船吹翻了，两人都落入水中。

于是船夫喊道："你会游泳吗？"

哲学家回答："不会。"

船夫说："那你就失去了整个生命！"

哲学是神秘的，哲学界更是神秘的。据说，20 世纪最重要的哲学家之一胡塞尔在 56 岁以前始终没有职称；据说，德国大哲学家康德也是捱到 46 岁时才熬成了教授。相比之下，法国的萨特活得很潇洒，其职称只是"中学老师"，但他拒做大学教授、拒领诺贝尔奖金，原因何在？萨特自认为他的舞台不是在学院而是在社会。

有消息说《咖啡杯里叙人生，法国掀起哲学热》，更有消息说欧洲流行"哲学点化所"，1996 年 3 月 1 日，《北京青年报》以《来吧，大款，教你点哲学》为题，告知西洋镜里的确常出西洋彩儿——

自古以来，似乎只有那些超凡的"智者贤人"才有资格踏进哲学的门槛。要说它能被"灵活运用"到企业的经营管理上起指导作用，听起来有点天方夜谭的味道。

法国目前已有了专门为企业管理者排忧解难的"哲学点化所"，坐在办公桌后面的都是些来自大学的哲学教授，虽然目前仅有三家，然而据这些先驱者们预言：哲学点化这股未来浪潮会很快席卷整个法国企业界。

其实，早在 7 年前，在德国就有了世界上第一家"哲学点化所"。目前，在全欧洲已有上百家了，光是在荷兰就有 20 家，这些"出道的"哲人们一致宣称，他们并不能帮助公司增加销售额、提高股票价格、减少外部竞争；但是，对于那些长期困扰公司的无形的、潜在的病症，他们完全可以开出"调解秘方"。

颇有意思的是，在上述文章刊登之前，我便较早地了解到哲学的新体演化或新体物化，只是自觉水平有限，功力不及，因此未作声张，仅在恩波工作范围内的一亩三分地里悄悄地搞开了试验。

1993 年恩波智业便在国内率先开展了"思维启导型对话"并获得良好收效，而在 1995 年版本的《恩波智业研究所工作细则》中，无论是"思维启导型对话"、"思维发散型漫谈"还是"思维点化型考察"，都已经作为此间的成熟项目记录在册……

说到哲学由不得会想起马克思，对于以他名字命名的主义我没做过深刻研究，但不少头脑清醒的人认为"马克思主义哲学的本质特征是它的实践性"。我举双手赞同哲学是时代的精华，更无条件地认可不能回答实践呼唤、无法解决时代发展导向问题的哲学纯属是"僵化的教条和一推故纸"。

在"打倒伪科学"的呼声日渐高涨的今天，人们似乎有理由也有必要把"反对伪哲学"的工作提到议事日程。何为真，何为伪，用"好心"替代"好事"的评价体系似乎早已站不住脚，依我看来，举凡打着哲学的名义却解决不了任何现实问题，这样的哲学一概都是"伪哲学"，同时这样的"哲学家"也都是"伪哲学家"。

关于"真哲学家的清晰"与"假哲学家的混浊"，很早以前叔本华便一针见血地指出："真正的哲学家所探求的永远是明了、清晰，相反，那些假哲学家所使用的词汇在遮盖自己没有思想的缺陷，好使读者来担负不了解假哲学家所谓思想系统的责任。

诗人海涅曾诗赋"思想走在行动之前，就像闪电走在雷鸣之前"，据说，马克思对此颇具哲思的诗情画意也给予了极高的评价。哲学作为人类思维的高精尖，走在行动之前想必是因其属性而定，遗憾的是，在大自然活生生的现实中，也有闪电在先，也有雷鸣在后，也有最终"光打雷不下雨"的事情屡见不鲜。因此，所谓哲学的回融，其作用似应侧重解决"晴天霹雳不见闪"或"雷声大，雨点小"一类的特殊矛盾，至于雨来伞挡、水来土掩的普通道理，似乎没有必要烦劳哲学的大驾。

老百姓有句口头禅叫做"老百姓只认实的"，严格来讲，这里所说的"实"是指"有形"的体现，因此，打闪也好，打雷也罢，似乎只有水从天降，人们才认可雨真的下了。然而，身处信息时代老百姓也逐渐学会了"认虚的"，包括认准了发生在闪电之前的"天气预报"，从这个现象上看，再神秘再无形的科学只要能够应验，再愚钝再无知的草民也会视其为神圣。

哲学是一门怎样的科学我说不明白，但哲学思想只有符合了科学规律才会有生命力，才会有感召力，才会有向心力，才会有凝聚力，非此无形是虚，凭此无形似有形，甚至，在某些问题上还会"无形胜有形"……

回到伊利的话题中，我与伊利集团牛根生副总的一番师生情谊和兄弟情分，恰恰是立足于伊利与恩波的合作基础上，恰恰是凭借双方当事人高来高去但又实来实去的思想交流，才最终有声有色、有血有肉、有虚有实、有远有近地建立起来。从狭义上讲，是人与人的交往；从广义上说，是智与智的沟通；从褒义上讲，是恩波向伊利提供了特殊的外脑服务；从"贬"义上说，是恩波借伊利进行了特殊外脑服务的深化，从而使此间阶段性的成熟向真正意义上的"哲学点化"迈进。

在出任伊利集团"高级决策顾问"的过程中，尽管也提供了一些重大咨询建议，但相对而言，在伊利市场策略的决策中我有更充分的机会提供外脑服务，虽说对方也是市场运作的高手，但我自信恩波和王力更是市场策略的高人，且不说久经沙场经验趋于老道，也不说南征北战眼界理当开阔，仅此间长于"跳出营销说市场"、善于"跳出市场话决策"，就使许多一门心思做营销、做市场的人无法相比，道理很简单，恩波毕竟是专业研究机构，王力毕竟是专业研究人员。

决定把决策工作重心向伊利市场适度转移还有另外一些原因，包括彼此天各一方及时沟通阻力较多，包括郑总日理万机相互往来多有不畅，等等。为规避上述矛盾，我在重心转移的考虑中，把牛副总主抓的冰淇淋、雪糕生产与销售纳入工作视线。

牛是个满天飞的人，其脚不沾地的功夫主要取决于他分管的工作已经安排得井井有条，尤其是日常生产管理，若没有一环套一环的精确衔接，量他再有天大的飞天瘾，想来那些琐碎的日常事务也会死缠乱磨让他无法超脱。

牛根生满天飞不是到处玩，他很清楚，既然伊利的市场分布在全国各地，因此他这个市场分管人员必须要对市场网络、对市场网络的神经末梢有第一手的把握。此外，市场瞬息万变，今日红火很快就会变为昨日黄花，仅凭历史的感悟和历史的把握很难适应多变的局面。

在牛根生的飞天版图上，北京是他经常选择的落脚点。看得出来，他对于北京的情有独钟绝非仅是由于北京市场很大，用人人会讲但他似乎更会讲的话说，"北京是首都，是中国政治、经济、文化的中心"。

在牛根生眼里，首都既是产品市场的制高点，更是决策思想的制高点。他说自己虽然是个"牛"，但首都藏龙卧虎，因此他要访龙拜虎，从而使自身多一些时代特征。在他的眼里，王力绝对算是一号人物，不仅与众不同，同时更与他所接触到的所谓业内人士也多有不同，因此，每次相见，他都毕恭毕敬，言必称"教授"，言必称"老师"。

我看好牛根生并非是由于他"嘴甜",而在于他"嘴勤",不明白就问,不理解就插话,遇到确有把握的话题,还会从实说来滔滔不绝。视此,我暗暗为牛根生叫好,更暗暗为伊利自豪,同时还暗暗为自己能够如愿以偿地试行"哲学点化"而庆幸。我对他讲,王力所言是不是哲思姑且不说,王力所言有没有哲理暂且不论,您就掌握一条,看看我是否用心,想想话是否对题,说对了,继续聊,经常聊,说得不对,权当我是在对牛弹琴。

从感情上我接纳了牛根生,从理性上我也接纳了牛根生,为能给今后思想上的合作创造出宽松的氛围,无论是从感情出发,还是从理性考虑,我正式向牛根生提出"从今往后不必再称我为老师,直呼老兄即可"。牛执意不肯,这回轮到我把双手伸过去,把短话送过去 ——"不肯就请走人"。

从另外一个角度讲,伊利掌门人从数千员工中看好牛根生肯定有其必然的道理,尤其"放牛出山"任其闯荡更会有深刻的打算。由此,我想到了我虽年长于牛,我虽经验感悟多于牛,但羊毛长在羊身上,哪块儿长得长,哪块儿长得短,长短之说不能以人的意志为转移。

为此,我反复提示自己,面对牛根生已经轻车熟路的伊利市场,我依旧会有许多的顾此失彼,依旧会有许多的差强人意,因此,我的任务和职责是,辅佐伊利市场的领头羊多抬头看路,至于对方"从中选择了什么"或"从旁悟出了什么"则与我毫不相关。

人有不同的属相,不同的属相分别是不同的动物,人有不同的姓氏,不同的姓氏分别有不同的来历,当然,人更有不同的脾气,但不同的脾气却与姓氏、属相基本无关。牛根生属啥我不清楚,但普天下姓牛的人脾气无论好坏,总会给人留下"牛脾气"的口实。

我没有遇到过牛根生发脾气,听说不发是不发,一旦发作起来就大得不得了。我喜欢这样的人,倘若人人都没了脾气,倘若脾气发起来都不像个脾气,就像今后隔代的独生子都没有了"大爷"和"舅舅",一旦骂起人来,想必只能"爹长妈短"寡淡得很。

人们常讲"对脾气",思想交流更讲"对路子",如何与有思想的人互通有无,既是学问也是艺术,把握得当,别开生面,把握失衡,自找别扭。为此,我不断提醒自己,"少讲大道理,多说大白话;少整想当然，多扯真感悟"。

没行市的人就怕没事戴眼镜，有行市的人就怕有话拉长声，上述20个字写起来容易但做起来难，尤其针对"跳出营销说市场"、"跳出市场话决策"，大白话好说但大道理难缠，真感悟好讲但想当然碍眼，弄不好画虎不成反类犬，搞不好弄巧成拙反遭罪。为此我想出了一个对策，即"少正襟危坐，多酒后失言；少引经据典，多张口就来"。

在与牛的特殊工作往来中，上述工作原则始终未作修正，我俩见面时称兄道弟，分手时道弟称兄，可一旦坐下来，哥们义气一扫而空，虽说交谈之中没了"哥们长"少了"弟兄短"，但严肃的话题却没有太多的枯燥感。

针对伊利现状说了多少话，围绕伊利发展又说了多少话，尽管没有漫谈笔录，但《另类思维》大段的文字几乎都或多或少、或长或短地讲给了牛根生。牛从我这里接受了哪些他认为有用的道理不很清楚，但他多次表示，我常说的"不谋全局不足谋一域，不谋万世不足谋一时"让他记在心里受用终生。

虽然身为老师，但我还是从牛根生身上学到了许许多多"伊利精神"和"牛氏思路"。从后者，我弄懂了"让一部分人先富起来"的同时也应该想方设法"让一部分人的头脑先智慧起来"；从前者，我弄通了"高举民族工业大旗"绝非是一句口号……

最让我刮目相看的是，某日，牛突然打来电话，告知他终于做了一件"天大的好事"，再三询问，听筒中反复传来的却是"王哥你猜"。原来，牛某人对王某人的所谈内容已走火入魔，已觉再好的远水还是不解经常的近渴，于是，他把刚刚退休的内蒙古大学哲学系主任马秉悌教授请到了身边，而牛所言的天大的好事则是，马老师不仅把系统的哲学思想讲给他听，同时也讲给了各级领导和骨干分子听。

不知怎的，此事让我想起了马克思曾经说过的一句话，"搬运工和哲学家之间的原始差别要比家犬与猎犬之间的差别小得多"。马秉悌教授算不算哲学家我不清楚，牛根生是不是搬运工也没有必要细论，关键的问题是，时代不同了，搬运工或"搬运工们"想起了哲学想起了哲学家，而哲学家或哲学也接受并亲和了搬运工，倘若伟人在天有灵，想必还会讲出"此乃哲学之幸事也！此乃中外马氏之幸事也！"

无论怎样庆贺"人学的回天"或"哲学的回融"，我想得更多的是如何根据时代需求的指针切实调整好每一个人的生物钟。说是生物钟，其实就是节奏感，快与慢，敏与钝，一切都与人的大脑相关。

闲来无事，我以牛根生为蓝本为市场经济中的"牛根生们"进行了一些总结，简称为"五性轮回"，包括"个性、悟性、韧性、德性、野性"，具体而言 —— 举凡此类人物的发展脉络，依序而言都少不了个性相沿、少不了悟性相依、少不了韧性相与、少不了德性相安、少不了野性相成。何为"五性轮回"，即"从原始个性到野性升华，本乃周而复始之阶段也"。

有人对上述"五性轮回"提出异议，以为前四性"攒得"还算不错，只是最后的"野性"野得没边。对此，我不得不请出美国英特尔公司总裁"葛洛夫同志"，让这位公推的经济哲学大师当回事地好好谈一谈，"为什么这年头《只有偏执狂才能生存》"！

学海无涯，只是岸上的世界更精彩；苦海无边，所以最终回头才是岸。世人缘何"学习，学习，再学习"，目的是"工作，工作，再工作"，因此"学以致用"才是亘古不变的求学初衷。人一旦学有所成，功成名就者免不了"斯文有加"、"风采有加"，可相对而言，在所有学有所成的人中，只有"野性有加"才是第一等的。

自古以来，人的官职越高，官架子就越不容易放下，人的学问越大，学究气就越不容易散开，倘若社会只是由"官"、"学"构成，官没了官架子不成体统，学没了学究气不成气候。可惜的是，大千世界未必应有尽有，既不可能让脸朝黄土背朝天的农夫"形劳而神逸"，也不可能让躲进小楼成一统的文豪"神劳而形逸"，若是俗人求知最终都变得谨小慎微且放不开手脚，学问无异于"枷锁"，学问无异于"罪过"。

"大智者必疯狂"有其相对的道理，"大智者会装傻"也有其绝对的优势，作为芸芸众生，得知爱因斯坦的大脑与众不同其实只须记住"人各有异"，而绝对没有必要提前打开自己的头颅供科学把玩。

对伊利的服务项目结束以后，我与牛根生的往来断断续续，人依旧，话依旧，只是他的孩子有多大，我的儿子有多高，彼此依旧没有时间提及。我告知牛根生准备把双方的工作往来抑或思想往来写在书里，名曰《无形胜有形》，牛表示支持，却又提出如何体现"无形胜有形"中的"胜"。

茫然。无措。尽管我深信恩波与伊利、王力与牛副总的特殊工作往来有因必有果，尽管我深知因、果组合该有头也有尾，但我依旧茫然无措。时至此时，我才恍然发现"特殊的工作往来"也要有"常规的工作鉴定"，只是怎样鉴定和谁来鉴定，因果本一家却又彼此两分离。

牛根生就是牛根生，牛副总就是牛副总，快刀斩乱麻先是告知"无形"能否胜"有形"说了无形还要跟进说有形，否则"胜"不足以为信，然后告知 —— 牛根生代表伊利与恩波接触，因此这段时间伊利冷冻食品的业绩既与牛有关，也与王哥对牛的"哲学点化"密切相关，二者合一加之其他内因与外因，最终才形成了市场实打实、硬碰硬的占有率。

如果我不是当事人，我一定会为牛的哲理而鼓掌，只可惜身在其中，因此主观上理解了仍要再进入客观世界找些更客观的依据。据说，牛主持伊利冷冻公司工作以来，销售业绩连年飙升，1994年0.8亿、1995年1.6亿、1996年3.14亿，到1997年破了6个亿。

面对上述逐年翻番的业绩，我仍旧找不到"无形"的价值，为此牛继而告知 —— 人不是机器，一旦组装起来就运转正常。人就是人，从3.14亿到6个亿，人要付出超常的代价，而无形恰恰作用于超常。

至此，我大彻大悟了"无形胜有形"，至此，我大悲大喜了"有因必有果"，总而言之，我在另类研究中大惑不解的许多硬道理，最终都在"哲学的实践性"中找到了答案。

答案找到了，但我依旧不敢沾沾自喜，尽管牛根生讲的都是实话，尽管伊利冷冻公司当年的销售业绩都是实情，但我清楚，此间的付出只是伊利成功因素的九牛一毛或沧海一粟。

哲学是严谨的，数学也是严谨的，如果讲九牛一毛与沧海一粟是"价值体现"，似乎还有必要用数学算式对所谓的"哲学点化"进行"价格"计算，为此我试着用伊利增幅与顾问费相除，得数大约是"万分之一"。

我感到了莫大的欣慰，因为九牛一毛和沧海一粟的价值观是恩波可以接受的，而"大约为万分之一"的价目表也是伊利可以接受的。对此，马秉悌教授似乎还有话要说，他老人家认为，"在双方往来之中，同时派生了新的无形与有形，包括牛根生从王力那里获知的不仅仅是阶段性感悟，它将长此以往；恩波从为伊利的外脑服务中获得的也不仅仅是数以万计的顾问费，它将融汇贯通。"

马老师所言极是，后生折服了，后生识趣了，后生这厢有礼了……

以上为 1999 年牛根生、马秉悌共同审阅过的内容

1999 年 11 月 18 日，《另类思维》系列读本在国际俱乐部举行新闻发布会，有关人士应邀出席，其中有 5 年前大力扶助《恩波智业》一炮走红的北京新华书店总经理鲁杰民先生、副总经理任超先生，也有凝聚力、感召力非同寻常、彼此关系也非同寻常的《中国企业家》总编辑刘东华先生，此外，还有一位特殊嘉宾，就是代表牛根生专程出席会议的马秉悌教授。

作为当年总码洋超过 1600 万元、各项指标均创下同类图书历史最高纪录的王力新作，各路新闻媒体给予了高度关注，数了数，平面媒体几乎无所不包，仅国内外电视台就到场十来家。

毫无疑问，我是备受关注的焦点，所谓"为什么吃的一般，穿的一般，可言谈话语不一般；为什么学历一般，职称一般，可思维方式不一般"的设问，就是在这个场合下提出的。

然而，与此相比，马秉悌教授的发言更发人深省，这位学了一辈子哲学、教了一辈子哲学的学者，用常人一听就懂的语言给与会者上了堂既严肃又生动的课。尽管只字未讲蒙牛，只字未讲牛根生，但其"原内蒙古大学哲学系主任"和"蒙牛总裁助理"的双重身份，就足以让众人对当时名不见经传的蒙牛与牛根生高山仰止刮目相看。

应该说，在所有的与会人士里，我是最获益良多的一位，自从前次看稿过后，马教授就把他所了解到的"王氏另类思维"进行了梳理，进一步发现"哲学回融"的要素，进一步发现"哲学回融"的弊端。

在马教授的发言中，"实践出真智"令人耳目一新且为之一震，与"真知"呼应的"真智"是什么，与"真智"对应的"伪智"又是什么，真可谓听君一句话，十年长相思。

受宠若惊。马教授在讲述了哲学思想与现实生活的密切关联之后，话锋转到我潜心研修的"另类思维"上。在进行了反复比对与分析后，老人家说道——"其实王力热衷的另类思维就是我们常说的哲学。"

视此，热泪盈眶且难以自持。尽管马秉悌教授在哲学界可能排不上号，尽管马秉悌教授在象牙塔里可能数不着名，但在我对哲学不知深浅、不知好歹、不知死活的进取中，马教授是第一个如此善待我的学者与长者。受宠若惊并非由于马教授把"另类思维"与哲学相提并论，而是他老人家能够静下心来把王力想说的、王力会说的仔细听完。

事后马教授和我讲，前次返回，根生与他就"哲学回融"聊了许多，牛说，哲学给了我什么一时说不清楚，我与哲学有哪些互动也一时说不清楚，

◎ 1999 年 11 月 18 日王力新著发布发上，马秉悌教授即兴演讲。

但有一点很明确，就是不知不觉眼界宽了境界高了，看问题，想问题，不再为一时得失而难以自拔。

马教授非常看好牛根生，他不无感慨地讲，作为一名哲学工作者，能够走出象牙塔很不容易，能够深入实际且遇到知音就更不容易，从这点上讲，他真的很感激牛根生给哲学提供了回融的平台……

作为一名哲学爱好者，我对哲学的崇尚是至高无上的，尽管在纸面上说不出太多的"知其然"，但是在市场经济的市面上却阴错阳差做出些"所以然"。于是，身边的朋友多了共同语言，身旁的事物多了新着眼点。

用友集团创始人王文京先生是我的老朋友，从客户到知己双方经历了太多太多，早在1990年《经济日报》就对"二王"合作进行了报道。时隔14年，2004年6月，兄弟久别重逢，说不完的话，喝不够的酒，分手之际，文京在上述文章剪报上写下了"难忘当年王力兄支持"。

别看平日语无遮拦，但有些话题与外界往来我多会有所节制，诸如自己在想什么研究什么，一般情况下不会轻易讲出，原因很简单，无论是自找的"个体体制"，还是曾经的"策划大师"，没有深刻了解的人的确难以把早年的王力与实际中的恩波画上等号。然则，文京与之不同，特殊年代的交情非同寻常是一说，而非同寻常的了解更是一说，因此用不着太多随时随地的密切关注，自会对老友心境有大致的把握。

因此，我会和文京这样的人交真底、诉真情，别看许久未见，但一见如故，不仅会用当年的音容话当年，同时还会用当下的思绪絮叨此时的内心世界。兄弟见面数日后致函文京，其中写道——

> 前次见面，时间所限有些话未能展开，此番谈及，实乃第一次向外界告白最近十年的心路历程。
>
> 如您所知，我于1987年开创了"公关咨询"和"策划咨询"的行当，而在1993年 如日中天之时又断然宣称"告别策划"，"告别公关"。这不仅对他人是个谜，同时对自己也是个未知数，一切犹如记者所言，"王力走出公关，是悲是喜是遗憾还是希望，相信历史自有评说"。

十年过去，尽管"王力"二字也常常见诸传媒，但真正的我却在无为中历练、在亢奋中内敛。为此，我想说我是哲学思想的受益者，同时还想说我是哲学的同路人，遗憾的是，这年头说出这等实话却需要天大的勇气。平心而论，这些年我就是在此种"不对劲"和"不识趣"中日复一日地做着不知死的鬼。

我不是哲人更不是圣人，在苦苦求索之中既有过失魂落魄也有过孤芳自赏，不曾想当我用十年时间既感知了"高处不胜寒"是何等冷酷，也感悟了"宠辱不惊，看庭前花开花落；去留无意，观天上云卷云舒"又是何等之惬意时，中共中央《关于繁荣发展哲学社会科学的意见》不期而至。

说不清是哲学看到了希望还是希望看到了哲学，面对迟来的天书，我本能的想法是"借哲学回归而回归，借哲学回融而回融"，于是，不再采菊东篱下，不想悠然见南山。

前次会晤我们聊起了哲学，您对其饶有兴致既在预料之外也在预料之中，毕竟哲学是"成熟学"的主课，毕竟哲学是成熟者的主宰。

何为成功？一言难尽；何为成熟？同样也是一言难尽。只有将其置于平常心中，前者"把平凡做到非凡"的特点和后者"把非凡做到平凡"的特质才会彰显出来。

八年前，我曾出任伊利决策顾问并向其提供外脑服务，在协议约定之外，出于对联络官牛根生的特别欣赏，破例对这位老弟进行了深入浅出的"哲学点化"。事后，我将这一过程写进我的自传体软科学专著《另类思维》中，章节取名《无形胜有形》。

尽管该书至今因故未发，尽管该稿写于1999年近乎尘封，但字里行间却浸透了无限心血。将其送去，一是敬请老弟斧正，二是很想和您在新的高度上寻求新的共识。希望早一天就此话题畅谈、畅饮、畅快淋漓……

对于99.99%的人来说，学哲学是为了用哲学，除了文京这样的老朋友，就哲学说哲学我还经常把相关的心得和"犯得着"的客户做交流，其中，顺峰老总林锐钧先生便是其中一位。

说起来与老林认识也有不少年头，尽管很长时间彼此并未建立合作关系，但走动很勤，互动很多，心灵感应不计其数，正是仰仗此种客观，所以在

2004年正式承接顺峰委托不久，就破天荒创建了我国首家"餐厅营养学与餐厅食品安全研究所"，用"做什么怎么做验证企业良知"为"吃什么怎么吃关乎民族命运"作出了落地有声的回应。

在我的另类思维中有个观点叫做"务虚的时间越长，务实的时间就有可能越短"，顺峰个案运行中，之所以能够在短时间内高屋建瓴高开高走，大概正是依从了这一原理。

平日与友人交往，除去见面交流，在较为关键的时刻我会致函对方。2004年年底，双方合作在即，在给老林的信中，既聊到了吃喝也聊到了哲学，既聊到了"烹小鲜"也聊到了"治大国"，其中写道——

> 围绕"为吃而吃叫作撮，为事而撮叫作局"前后聊了四五年，期间，人的味觉在变视觉也在变，尤其辣椒素翻倒了维生素，"食色性也"进化为"食色也"，何为撮，何为局，何为食，何为性，似乎一时没了准谱。
>
> 自从17年前把"成都酒家"做成了高校教案，十数年来我对饭馆的近距离关注从未间断，无论是全聚德、东来顺，还是小王府、烧鹅仔；无论是红高粱、娃哈哈，还是马克西姆、百万庄园……虽说八仙过海各显其能不乏老牌也不乏老大，可一旦上个层面按照"桥牌规则"论高下，"不够老到"、"不够老辣"就统统成为了现实遗憾，
>
> 在过去的时间里，我曾班门弄斧斗胆设问，"麦当劳是餐饮业吗"、"自助餐用嘴吃吗"等一系列看似怪异的问题，专业人士面面相觑，舌桥不下。欣慰得很，在他人懵懂之时你我不仅成为知音，同时更在"烹小鲜若治大国"的哲理上寻到新的共识。
>
> 不谋全局不足谋一域，不谋万世不足谋一时，顺峰作为中餐馆的一代天骄，目前的所思所想其实早已超越了一时与一域。为此，欲要跳出台面观颜面、跨越场面见世面，不借助哲学是很难奏效的。
>
> 哲学是什么，哲人历来各说不一，其他慢慢扯，只想先讲一远一近两件事，远的是牛根生同志大智大勇首先沾的是哲学的光，近的是去年中共中央3号文件的大意是"繁荣发展哲学社会科学"……

围绕哲学交流，不仅给根生写过信搜集过剪报，同时还赠送过读来颇有心得的哲学专著，但无论说什么聊什么，似乎都会与"如何突破思维死角"

有关。2005 年 11 月，在致根生的信中写道——

> 事情一旦做大了，吃什么怎么吃、学什么怎么学、说什么怎么说、做什么怎么做似乎都会随之发生变化，有些事情我说不大清楚，可是成功者还该学些什么却略知一二。李瑞环先生大作《学哲学用哲学》日前出版发行，写得很好，送去，共勉。
>
> 此前，《人民日报》曾选登该书有关章节，指出"学哲学用哲学应该是学习应用它的原理，学习应用它的立场观点方法，简单地查找结论，机械地对号入座是教条主义的学习方法，不但无济于事，反而还常常会坏事"。
>
> 唯物论者如何规避"机械"，钱学森老先生的"心得"尤为奏效。1991 年 10 月，中国首届科技表彰大会在京召开，钱老在授勋仪式上发表感言，其中谈道："我的爱人蒋英是女高音歌唱家，而且是唱最深刻的德国古典艺术歌曲。正是她给我介绍了音乐艺术所包涵的诗情画意和对人生的深刻理解，使得我丰富了对世界的认识。依靠这些艺术方面的熏陶，所以我才能避免了死心眼，避免了机械唯物论，想问题能够宽一点活一点。"
>
> "科艺相通"彼此早有交流，有个故事不知是否给你讲过，早在十几年前，美国通用公司在考核高层管理人员时，就会请他们观看莎士比亚名剧并写出观后感……

细说起来，其实关于美国通用的典故此前我在不同场合已掰开揉碎讲了许多次，道理很简单，在当时国人眼里"美国通用"是个实实在在的参照物，规模多大，人员多少，品牌多牛，不仅一目了然，同时几分钟便能搞掂"比学赶超"的路线图，一年不成两年，一辈子不成两辈子，总之用虚拟数字说话，无论躺着说还是站着说一般都不会腰疼。

然则，企业成败最终是靠"企业素质"讲话的，企业素质是什么，一日千里快马加鞭的中国企业似乎没有太多的考虑……

关于哲学对其有哪些影响，除了告知由此"把内蒙古大学哲学系主任马秉悌教授请到身边"，根生没有和我讲述太多。2004 年年底，人民网刊登了一篇题为《"散尽家财的宏观之举"——牛根生的哲学》，其中说道——

> 2004 年 11 月 5 日笔者赴呼和浩特采访牛根生。那时他刚好初登 2004 福布斯中国富豪榜，声名如日中天。他正躲着记者，但因为我报的一篇文章，他爽快地答应了我的采访请求。
>
> 这篇文章为《哲学不只是慰藉》，登在 2004 年 8 月 27 日的《环球时报》上，是我报约著名哲学家周国平为《哲学的慰藉》这本书写的书评。牛根生乘飞机时看到这篇文章，很喜欢，就带回来，先让干部们学习讨论，后来又原文刊登在企业报《蒙牛足迹》上，让员工们学习体会。
>
> 出格之举一定有出格的想法。牛根生说他很喜欢哲学，还与内蒙古大学哲学系的一位教授有深交。他说《哲学不只是慰藉》这篇文章说得很对，"哲学不只是慰藉，更是一种智慧，它帮助我们调整看世界和人生的眼光。"
>
> 此文中的一些字句让牛根生深有同感，如"智者，身在大富大贵之中，仍能清醒地视富贵为身外之物"等，牛根生捐股份就是在有准备的失去，就像他自己说的那样，自己看着钱财从有到无。
>
> 不管怎样，牛根生的哲学和在哲学影响下的牛根生，让人们看到了中国富豪对金钱的另一种处理。

此文感受妙不可言，出世入世也好，出神入化也罢，总之根生的思想境界的确发生了巨大的变化，大的似乎有点出格，大的似乎有点没边，大的似乎让我等俗人望尘莫及。

此事让我想起莫泊桑所说"一个人以身相许事业就不能再过正常人的生活"，根生境况即如此，既然是非常状态，按道理讲，人世间的灯红酒绿与纸醉金迷也就失去了对他的诱惑。

绕开非同一般的道德经与富贵论，其实"大智者必疯狂"也是此类癫狂事的另类写真。在我看来，凭我感悟，如用后者解析似乎更为贴切，毕竟道德经人人有学，富贵论人人会侃，如果严肃设问"为啥学了侃了最终只有牛根生学以致用"似乎太过伤众，故此，退而求其次或转而求其偏，把阳光留给阳光地带，把晦涩留给晦涩人生。

第9章 入情入理

人受一句话，您字开说三冬暖
佛受一炷香，忘乎所以六月寒

　　月有阴晴圆缺，人有悲欢离合，道听途说"根生离开伊利"，道听途说"王力策反了牛根生"。想求证牛却知问了也是白问，想求证郑却知说了也是白说，于是稀里糊涂装聋作哑，于是日复一日年复一年。

　　为避"策反"之嫌，在蒙牛创建初期我就确定了此间的立场与态度，简而言之就是"友照交，话照说，事照办，绝对不挣顾问费"。对此根生表示理解，认为"这样和王哥交往就没有顾忌了"。

　　礼尚往来，陪各路弟兄观摩蒙牛，有朋自远方来，少不了蒙古包，少不了马头琴，甚至还少不了弟妹亲自下厨房。更令人动容的是，牛宅面积不算小，但接待王哥王嫂的礼遇竟然是"两口子让出主卧室"……

牛根生、马教授来访之际的 1999 年，适逢伊利内乱，适逢蒙牛揭竿，由于来得太突然，忙于著述的我竟事先丝毫不知，在因故未能出版的《无形胜有形》一书里，对此遗憾曾有如下记述——

月有阴晴圆缺，人有悲欢离合，此事古难全，只恨今又是。

道听途说，不久前牛根生因故离开了伊利，因故离开了郑俊怀，原因何在不得而知，真可谓一家一本难念的经，一人一堆难言的苦。视此，我只有扼腕作叹，对此，我只有仰天长叹。

道听途说，牛根生没有离开内蒙古，也没有离开他的老本行，而他所领导的"蒙牛公司"尽管开局很稳，尽管后劲很足，但打出的口号却是"向伊利学习，为民族工业争气"，却是"创造内蒙古乳品行业第二品牌"，闻此，我心中的石头似乎落了地。

从物质不灭的定律来讲，落了地的石头依旧还是石头，无视不得也绕开不得，为此有人发难"只谈如何做事，不谈如何做人，后果如何?"此言好生差矣。我虽然不反对"做事先会做人"，但"做人是否同时包括做事"却未见哪位高人一并提出。

何为"做人"，何为"做事"，将二者孤立看待虽嘴中振振有词，但现实中"人为之事皆由人做"的普通道理却事事相同。自古以来，评价一个人"做人"到位与否往往离不开"做事"是否达标，把"人"与"事"强行拆散，除了纸面上多了一行字，除了嘴头上多了一个词，其负面影响却很有可能勾出许多"人、事"无法拨离的冤魂野鬼。

从平常的道理讲，分不如合，然而从不平常的规律来看，话说天下大势，却又"合久必分，分久必合"。由此想来，伊利家大、业大、势大、旗大，倘若始终风平浪静一马平川，无从飘动的旗，抑或无从扯动的旗，岂不与静止无异？岂不与木鸡无异？

人们观察问题往往习惯于从问题的"正"、"反"两个方面着眼，但事物是立体的，成像应该是全息的。为此，关注伊利、关注牛根生的人似乎也应该试着从"侧面"切入，把关注之物当成一个"活物"，把关注之人当成一个"活人"，而活物与活人的最大特征则是"活动"或"活着"。

从全新的角度讲，牛根生的出走、"蒙牛公司"的出现或许既有益于伊利也有益于他自己，甚至，更有益于"中国乳业"早日横空出世，道理很直白，伊利今天的成功仰仗于昨天的不甘人后，而伊利明天的成功，似乎还要凭借今天的打遍天下无敌手。

人生在世总要遇到许多的意想不到，总要不断提高自身的免疫力以防不测，倘若再从这个视角继续观察与思考，给意欲打遍天下无敌手的硬汉时不时来点"阵痛"或许能够防止"无痛感"的发生。何为无痛感，有说钢筋铁骨老拳打不疼，有说麻木不仁打了也白打，跳出此理说此理，生活中许多的长寿者往往一生小病不断因此才终生大病不染。

"伊利"和"蒙牛"，亲哥俩明算账也好，合久必分、分久必合也罢，客观规律虽然不以人的意志为转移，但人的主观愿望却为人所左右。因此，无论是对分还是对合，无论是对合中人还是分中人，无论是对局中人还是局外人，哲人所言的"风物长宜放眼量"是万万不该忘记的。

长夜难眠，长夜难捱，遥祝"伊利"，顺祝"蒙牛"，同胞兄弟两路走好，各为其主一路平安！

以上所言虽情真意切，虽推心置腹，虽胸怀坦荡，虽阳光灿烂，但不知为何，每每读到此处心头总会一紧，眉头总会一皱，甚至鼻头总会一酸。的确，这种结局是任何人无法预料的。

更令人困惑与难堪的是，道听途说"王力策反了牛根生"，于此，我想求证牛根生却又自知问了也是白问，我想求证郑俊怀却又自知说了也是白说，就这样，几个不算尿的人，却抵不过躲在暗中的鬼，于是稀里糊涂，于是装聋作哑，于是日复一日，于是年复一年。

这期间蒙牛百事待兴，这期间蒙牛大展宏图，这期间蒙牛一掷千金砸市场，期间蒙牛一日千里闯世界，面对于此，一些知晓"王牛私交"的开始窃窃私语，"这下王力可有挣不完的钱。"

事理如此，情理如此，但道理却并非如此这般。且不说那时的恩波智业已然启动新计划迈向新世纪，且不说那时的王力先生已然旅居海外眯起眼睛看西方，仅一个"王力策反牛根生"的谣言，止于智者也好，止于忍者也罢，最明智也最笨拙的做法唯有"与牛交往从此永不谈钱"，否则应验了"策反说"，否则成全了王八蛋……

在《另类思维》的两部单行本名列全国图书订货会前茅之际，我从公众的视线里消失了。于是"恩波是否还干着"、"王力是否还活着"等说法随之而来，于是"昙花一现、江郎才尽"等议论此起彼伏。

光阴荏苒，时空变幻，蒙牛以超人的速度经历了波澜壮阔，此间用常人的状态实践了宠辱不惊。在其中，在其间，虽说"财智人生"的时尚说法已然界定了财、智的世俗排序，虽说对"另类思维"的不懈研修必然注定了我与大富无缘，但一册西人撰写的《多少算够》，却让我试着学会了"看庭前花开花落，观天上云卷云舒"。

为避策反之嫌，在蒙牛创建初期我就确定了"友照交，话照说，事照办，绝对不挣顾问费"的立场与态度，对此根生表示理解，用他的话讲，"这样和王哥交往就没有顾忌了"。

一些朋友不理解，总觉得"放着河水不洗船"和"近水楼台不得月"有点不近情理。甚至还有人说，您是自食其力的咨询从业者，不是吃皇粮拿俸禄的社会工作者，哪有工夫先天下之忧而忧？

面对如此之多的"这又何苦"、"那又何必"，我内心感受却截然不同，且不说只要王先生开口蒙牛产品绝对不限量，且不说只要王先生高兴蒙牛产品保证天天有，其实，即便就是用傍上大款的路数找感觉，鲜为人知的"根生待我"就让我想不起挣钱，想不起喝奶，更想不起忽忽悠悠，说来读者也许不信，做客牛宅，为让王哥王嫂休息好，根生夫妇会让出主卧室；约友参观，不看僧面看佛面，根生媳妇自会挽起袖子下厨房。

说不忽忽悠悠却难免不想入非非，视此由不得想起，有人给自命不富的学人算了笔账，学生天天"您"、"您"的叫着该值多少钱？有人给自命清廉的官人算了笔账，天天前呼后拥毕恭毕敬该值多少钱？养马比君子，"根生待我"最终究竟值多少不得而知，但有一点很直白，就是鱼有鱼路，虾有虾路，鸿鹄焉知燕雀之趣……

脱开起居之世俗，避开吃喝之俗事，其实最让我忘乎所以飘飘然的是蒙牛一班人在牛总示范下对王老师的无比尊重。交往过从中有三次记忆犹新，不同时间不同人，却是相同的感觉相同的乐儿。

头一次，是 2001 年年初。根生带着几位蒙牛公司的高管看望王先生，尽管家乡口音备感亲切，但王老师长、王老师短听着似乎更由衷。再三想起，再三问起，方知是当年伊利老人卢俊女士与王建邦先生等，如果没有记错，当时卢在蒙牛的职务仅次于牛。

彼此一见如故，宾主畅所欲言，似曾说过的话，似曾做过的事，似曾淡漠的过去，在客人嘴里却是那样的如数家珍津津乐道。

那天聊得很开心，蒙牛在成长，王力亦有提高，说了哪些当时值得点头事后值得回味的话已记不清楚，但根生那句热乎乎的结束语却至今热度不减，他讲，"王哥每次对咱都这样"。

分手时大家亲亲热热、规规矩矩合了影，让我颇有感触的是，其实众人身边就是那家闻着很香吃着很贵的"哈根达斯"，只是不再争做"世界冰淇淋大王"的蒙牛人好像有点视而不见。

那天，根生合影的状态似乎有点过，他的姿势我不依，我的态度他不从，视此，站在一旁的来客告诉我："牛总不仅当面敬重您，在公司，您二位当年的合影始终摆在他的桌子上。"

无言。无奈。最终只有依了牛根生。于是，这张他执意托着、我故意端着的合影从此成了不曾放在案头但又常会端详的纪念照，从此成了教育孩子何为谦恭、何为做人的教科书……

第二次，是 2003 年初春。根生与未来蒙牛少帅杨文俊来访。一人提了两盒新出品的"特仑苏"，可谓礼轻人意重；一口一个热乎乎的"王教授"，可谓亲如一家人。此番场面在外人看来，既看不出牛是确实有资格牛的牛，也看不出杨是确实有来头的头儿。

文俊很面善也很和善，守着根生啥没见过，可在恩波的办公空间里却充满好奇，这看看，那看看，并且执意要在他觉得最有意义的地方单独照张相。

文俊说，他们都很羡慕当年牛总和王老师的特殊缘分，都想有机会也常往北京国际俱乐部坐一坐。

接受前次与根生合影的"教训"，与文俊面对镜头时我不失时机地握住了他的手。文俊的反应也很快，彼此好像是在同一个时间、同一个号令、同一个姿势，同一个表情上定格……

第三次，是 2008 年 5 月。儿子对"蒙牛如何与奥运互动"有些自认为不俗的想法，于是自以为是，于是给牛叔打了电话，于是身在北京的赵远花副总拿出了完整的时间与之交流。

◎ 2001 年蒙牛高管来访与根生合影。

◎ 2003 年根生约蒙牛少帅杨文俊来访。

据孩子讲，赵副总抑或赵阿姨人很平和，和他没摆架子没拿谱儿固然与平日修为有关，同时和"一男是王老师儿子"也有关。他说，看得出来平时赵与哪些人打交道，感觉得到"王老师"的面子确实不算小。

我没见过赵副总，面子究竟有多大不得真知。2008 年 9 月，三聚氰胺闹得我半夜三更睡不着觉，几次联络不到根生，试着给远花发了求援短信，没想到，时隔片刻就与根生通了话。

凡此种种，不一而论。不想说"老猫房上睡，一辈传一辈"，不想说"老牛尊师道，身教重言教"，作为十数年如一日的感同身受者，由此及彼，由不得想起了很多很多……

近年来，和几乎所有的知名企业家一样，根生的出镜率不断飙升，不仅能言善辩，同时还经常引亢高歌，尤其一曲《在路上》，成为电视节目的结束曲，源远流长，余音绕梁。

作为电视机的投资人与持有人，我对新派戏匣子里的一切节目都情有独钟，包括反复穿帮的电视剧，包括语无伦次的主持人，包括改头换面的企业家，包括改弦易辙的成功者，都一概采取宽容的态度，坚决不予评说。

就像在戏园子里听戏怎么听的都有，我在观看访谈一类的节目时会特别关注陪衬人。所谓陪衬人，其实就是编导请来的现场观众。这是一些极其可爱的业余电视工作者，敬业程度超过群众演员，表演技巧也超过群众演员，真的很入戏，真的很动情，真的很替今人作脸，真的很替古人担忧。

与之相比，我身边一些"兄弟级学生"或"学生级兄弟"似乎有缘绕过这一课，在自身状况暂不如人之时，阴错阳差与众人仰视的精英有了近距离互动。其中近水楼台先得月者非小王府老板王勇兄弟莫属。

算起来，王勇与根生头回见面还真有些年头。1997 年伊利与世界冠军举行完联合入党仪式后根生来京，聊到中午，约他到办公室附近就餐。那时的小王府今非昔比，就是一个街边店，就是一个小门脸儿，既然如此，缘何还要请牛去？一是店面一般口味不一般，另是价钱一般品位不一般，说起来也许没人信，拢共只有四张破桌子时就有"留位"牌，拢共只有一家店面时就有附带位置图的火柴盒，拢共只有俩仨伙计时就有专用餐巾纸。更为叫绝的是，分明就是家常菜，却生生叫响了"家传菜"。

约根生前去有两个想法：一是尝尝地道纯正的北京菜，二是品品与众不同的"烹小鲜若治大国"。要知道，那是我常去的地方，虽然京城不少开酒楼的多为哥们弟兄，但说句心里话，撇开规模与档次，绕开品牌与广告，小王府的理念很令我刮目相看。

一面用餐一面聊，从留位牌子聊到了"不谋全局不足谋一域"，从地图火柴聊到了"不谋万世不足谋一时"，聊得火热之际，耳边一声"是王力先生吗"惊得我连忙转过头去，但见斯斯文文一青年、客客气气一晚生。诚心相问，原来此地王爷王勇先生是也。

长话短说，而立之年的王勇曾为《恩波智业》老读者，曾为《恩波智业》老读者的王勇早就有心结识书作者，阴错阳差，此时此刻终于将座上宾与该书封面照片对上号。

2001 年再聚首，根生已另立门户，蒙牛已榜上有名；同样，王勇也搬出了赛特旁边的二道街，也像模像样地走进了 CBD。事过境迁，就着干果，品着干红，守着牛总这样的"成功人士"，话题由浅入深，由远到近，最终自然而然地扯到了当时很时尚的"何为成功"。

我有个习惯，人多的时候爱说，人少的时候爱听，在根生和王勇交谈之际，我闪在一边喝起了小酒。眼前的场景很动人，尽管那个时候根生的名气已然非同寻常，但对王勇提出的问题有一说一不带半点敷衍；尽管那个时候王勇的基本素质已然非同一般，但对牛总所言连听带记不曾有半点怠慢。

围绕"成功"根生掰开揉碎讲了不少，其中不乏自身体验，其中不乏他人感悟，讲到最后，根生用了一句极为精辟的

◎ 左为王勇先生。

话做了总结和概括——“成功就是把平凡的事情做得不平凡”。

应该说，根生所言言简意赅，举凡“成功”，无论大小，无论高低，无论好坏，无论雅俗，的确是要把看似平凡的事情做到不平凡。有意思的是，一边赞许，我的思绪一边开了小差，由不得想到了“成功之后还有什么”，由不得想到了“成功者功成名就之后还该有怎样的追求”。

见我沉思不语，善解人意的王勇转过身来，也不知哪来的灵感，没等他开口，我便亮出“何为成熟”的崭新话题。告知“把平凡的事情做得不平凡即为成功”，反之“把不平凡的事情做得很平凡即为成熟”。见二位都在用心听，继而又讲了我对“从成功走向成熟”的切身感悟。王勇不愧是有心人，不仅把“何为成熟”也一并记录在案，同时还让根生和我分别在自己说过的话上签了名。

一来二去小王府成了根生不常落脚的落脚点，一些知近的朋友也借此平台与其建立了联系。那个时候，蒙牛走势很猛，根生人气很旺，看着他发自内心善待每位素昧平生的朋友，心中感慨万千。要知道，成功者并非人人如此，有钱人并非个个如是，所谓“有权不使过期作废”，其实也包括了“穷乍富”常会表现出的“不牛白不牛”和“不�白不踌”……

◎ 一来二去小王府成了根生不常落脚的落脚点。

◎ 2002 年 3 月，约友人走访蒙牛集团与根生合影。

2002 年 3 月我陪王勇、范大勇等人前往蒙牛参观，虽然只是短短几天但收获颇丰。且不说现代化生产线规模如何之大，且不说密集型劳动员工数量如何之多，仅个"牛总如何尊师重友"就给诸人上了堂鲜活无比的案例教学课。

穿行于蒙牛厂区，隐约感觉到员工眼神有些许异样，经探问，方知"接待规格"所致，原来，尽管蒙牛每年接待来客不计其数，但"由牛总陪同并亲自讲解的"似不多见。

主人有情，客人有义，虽说蒙牛艰苦卓绝的创业史似曾相知，虽说根生传奇人生的路线图似曾相见，但特定人物的特定场景，特殊环境的特殊互动，却让众人铭记于心。尤其是草创初期没有阳光的陋室，尤其是日常管理没有死角的铁律，都让来访者眼界大开、心悦诚服。

期间，前后三顿正餐，心细过人的根生安排得可谓别具匠心 —— 头一顿，有朋自远方来，少不了蒙古包，少不了马头琴；第二顿，有朋自饭馆来，少不了真刀真枪，少不了比学赶帮；第三顿，有朋自娘家来，少不了亲情无限，少不了回味无穷。三顿饭根生都在座，但三顿饭三个地儿，三顿饭三

◎ 根生指着远方告诉我，百十里地外就是我的家乡。

◎ 我特地走访了蒙牛创业的简易居民楼。

◎ 根生向我讲述起当年创业的艰辛。

个样儿，相比来说第二顿和第三顿似乎更有说道。

第二顿饭安排在蒙牛职工食堂，高大敞亮，据说可以容纳千八百人同时进餐。食堂餐食种类很多，价钱十分便宜，特别注意了一下，好像比其他类似的地方多了"加热台"，好像比其他类似的地方少了垃圾桶。

作为一等一的饮食专家，王勇的关注更趋专业化，诸如配餐是否合理，诸如出品是否及时。转了半天，看了半天，专家突然附在耳边说道："老哥，这老牛可真有点绝的，旁边守着牛圈，可竟然连只苍蝇也没看见！"我把原话原封不动地送给了根生，原来"逮住一只最少罚50"不仅没吓倒食堂管理员，同时

◎ 如此家宴，菜一般，酒一般，但此情此景、此情此义不一般。

还营造出一整套防蝇灭蝇的好手段。

　　第三顿饭的就餐地点谁也没想到，一大伙人竟一个不落全都被请到根生家里面，据说最早的确"只考虑了王哥一个"，据说后来由于弟妹坚持，最终才变成"既然都是王哥的朋友就都不该见外"。

　　第一次见弟妹，第一次见侄女，名人虽可免俗，但最起码的礼尚往来却必须要有，幸亏带着几本《匪夷所思》，幸亏带着几本《不成咋办》，否则真的不知如何是好。

　　那时的牛宅很一般，普普通通的

◎ 左为吕慧生先生。

居民楼，简简单单的三居室，据说还是沾了伊利的光，还是伊利分的房。根生媳妇亲自上灶台，根生本人亲自张罗茶，虽说弟妹厨艺不很精湛，虽说根生茶道一般般，但众人喝到肚里的不仅是点水，咽到胃里的不只是口菜。

为陪好客人，根生还专门请来了蒙牛所在地和林格尔县吕慧生县长。吕极为平易近人，既没有穷县做派，也没有富县作风，犹如老朋友，犹如老同事，看得出，平日里根生没少和他扯起北京还有一位不在其位谋其政的老哥。当慧生县长问及此行感觉，我随手写下"蒙牛不成功，当惊世界殊"。

吕县长很好学，茶余饭后抓紧翻阅送给孩子的书，最后提出，县里一定要购买些《匪夷所思》，他说，里面的"新桶论"和"新猫论"确实很有新意，尤其对落后地区来讲，想方设法"提高短板"犹为重要。

根生女儿性格随母，话不多，事儿也不多，看不出家里有个牛大爷，看不出父亲是个牛大款。颇有意思的是，虽然该看到的没看出来，但不该看出的却看到不少，诸如看得出快毕业的孩子很为就业着急，诸如看得出"牛大爷"抑或"牛大款"咬定槽牙绝不帮孩子度难关。

说到常说的"亲子"，说到常理的"亲情"，不仅从女儿身上几乎看不出，即便就是从他儿子那里也基本找不到。此前，根生的儿子曾为来北京上学偷偷给我写过信，信写得很好，话说得很真，但有个先决条件王叔必须答应——"无论如何别说牛根生是我爹"。

返京途中，王勇问我老牛如此这般是否有点过，不好回答，也得回答。告知有哲人说"以身相许事业就很难再过正常人的生活"，有俗人讲"小家碧玉才会没完没了地儿女情长"。

王勇不语，大勇无言，同行的伙计有人提出此情此景是否也有"阶段性"。诸如是不是此一时彼一时，诸如是不是说一套做一套，对此，与根生走得再近也一时无言以答。

时隔六年，2008年因三聚氰胺走访蒙牛，与根生女儿匆匆见了一面，询问何处高就，原来已在呼市一快餐店从服务员熬到了小店长。问及其兄近况，始知立志与车为友，目前在南方某4S店隐姓埋名学徒打工……

走出家长里短，跳出儿女情长，在根生办公室同样感慨良多。那时蒙牛在呼市一条不起眼的巷子里建了办事处，根生基本在那里办公，位置一般，条件一般，看得出来企业把有限的钱全都用在了刀刃上。

去的那天是个周日，客人的突然造访给办事处的值班人员弄了个措手不及。漫不经心，年深岁久，许多细节已经记不清楚，但其中的三件事，却至今记忆犹新——一是高低不平的楼板走起路来咯吱作响，二是办公家具基本都是自己动手旧貌换新颜，三是1996年彼此在我办公室门前的合影依旧摆在根生案头。

根生办公室陈设不多，除了一面国旗、两幅中央领导参观的照片和自治区原书记刘明祖先生"事在人为"的题词，再有就是6年前我俩在我办公室门前那张"勾肩搭背、亲密无间"的合影。

视此，感触颇多，一张老照片普通得不能再普通，一个旧场景随意得不能再随意，但在有心人和有情人的手中，却是把玩不尽回味无穷的信物与珍品。这使我想起许多家不如根生大、业不如蒙牛大的人和事，虽不至唏嘘不已，虽不至愤世嫉俗，但没有比较的确就没有鉴别。

从蒙牛回来没几天，陪同外交人员服务局张利民局长宴请刘明祖先生，席间取出几天前在根生办公室的最新"合影"，刘书记在照片背面签了自己的名字。又过了没几天，根生来京公干，我也请他一道签了名，从此这张照片有了特殊的历史意义。

事后有人不大赞同"此情此义难寻难觅"，质疑老牛如此这般是否作戏，于此，我既不能妄言友人"贼人贼心"，也不能期盼根生长此以往，说心里话，作为朋友，尤其作为兄长，能看到多年前曾经挂在"伊利牛副总办公室"的照片依然故我已然心满意足……

在过去的时间里，出于自律，囿于他律，此间做过的事情其实外部社会知之甚少，因此，恩波究竟伺候过多少客户，王力到底有过多少表现，看似疏而不漏的信息社会似乎不尽全知。

其实，不尽全知的原因并非闭目塞听，而是"两个缘由"各行其道却又一致默不作声。其中，此间"尽量把光环留给委托人，尽量安于幕后做嫁衣"是一说，而有些雇主"事后绝不提及"更是一说。只是，我的原因我清楚，对方的做派我只能听之任之装聋作哑之。

跟进探究，发现了其中一些门道，古灵精怪，莫名其妙，包括"事先越没名，事后越出名的"绝对不提曾经幕后有高人，包括"一旦从小业主荣升为思想家的"绝对不承认当年多亏有"外脑"，包括"越是事先哭着喊着一日为师终生为父的"事成之后绝对不谈及"异姓爹爹"何许人也。

与之相比，不仅联想的传志老兄与用友的文京老弟等人与之不同，其实根生也始终实事求是、克己复礼，尽管那些年还真没有亲身感受根生如何把"王老师"挂在嘴边顶在头上，但透过上述的"六年如一日"，该看到的不难看到，该想到的不难想到。

其实，创业之初就有大明白人明确告知"飞鸟尽、良弓藏"的事理，古往今来，"狡兔死、走狗烹"的逻辑亘古不变，故而欲做"极品师爷"，必先忘却师道尊严，必先废止爷之尊称，只动脑不动情，只随缘不化缘。

尽管"良弓"不尽是；尽管"走狗"不想当，但在极品师爷的职业路上，我还是努力好自为之活出了自我，包括尽量不动情，包括尽量不化缘，包括尽量视历史为过去时，包括尽量把自己当外人看……

从蒙牛回来，我把此行感受原原本本地讲给了亚都公司董事长何鲁敏先生。亚都是我的老客户，从1990年该公司草创之初就呕心沥血、殚精竭虑辅佐之，与之不仅共同度过了十七载艰辛岁月，同时在其个人与公司遭遇灭顶之灾时均义无返顾挺身而出，一次又一次充当着"不知死的鬼"。

正是凭了此间职业化、情绪化的"同志加兄弟"，正是凭了对方很现实、很现成的"借脑谋发展"，才最终促发了"1+1>2"的倍增效应，才早在1991年就隆重推出了令国人赞叹不已的"亚都现象"，不仅被《人民日报》等中央媒体高度认可，同时新华通讯社的《半月谈》杂志（内部版），更称之为"中国企业形象革命的早期典范"。

作为当年守正出奇的杰作，"亚都现象"成为十数年前国人津津乐道的重大话题。1993年中央宣传部邀请我为全国特大型企业书记、厂长、经理做报告，起因便是一位部领导看了《亚都公关AA级绝密》；1995年，柳传志先生邀我为联想集团核心层做报告，不仅对构成"亚都现象"的具体案例予以很高的评价，同时要求联想集团要认真学习认真领悟，将市场掌控能力提高到全新境界……

无论是呼市报告还是伊利讲学，无论是公开论述还是私下交流，举凡可以公开的亚都个案我都如实道来。对此，根生兴致极浓，尤其看过1993年所著《亚都公关AA级绝密》一书后，更针对亚都开创的室内"湿度需求"、"空气质量"的特性得出"创品牌从无到有易，创概念从无到'认'难"。

应该说，根生这一"悟"是许多人没有想到的，不仅诸多学者专家不曾想到，甚至就连亚都人也可能不曾想到。应该说，根生所言不仅让"为什么亚都发展如此艰苦卓绝"找到了一个重要的外因，同时也让那些"有心创概念但无力持久之"的人和事好自为之。

其实，作为与亚都荣辱与共的合作伙伴，尽管我对其付出的感情和提供的服务远远超过了外脑顾问的范畴，但我与自己辅佐的对象依旧保持了清醒的头脑，如果说根生发现的"创概念难"是制约亚都发展的外因，那么，"夜郎自大"和"故步自封"则是阻碍亚都成长的内因。

远的不说，就在与王勇等人回京不久，在亚都召开的"2002年度总结大会"上，老何一番语重心长的告诫，讲到了企业的生，更讲到了企业的死，听了让人不寒而栗。

老何大会讲话的题目是《"老"的成绩和新的危机》，用心正如其后《亚都速报》卷首语所言"生于忧患，死于安乐"。在长达万言的报告中，迫于无奈讲出了下面这番话，同样用《亚都速报》卷首语的话来讲，老板的"当头棒喝"其实就是为了要引起与会者的强烈反响——

> 亚都销售能力并不表现在成熟产品或常规产品的销售上，我们的运行成本高于竞争对手，绝对销售额等方面不如一些大企业。我们队伍的强项表现在对新产品的推广能力上，特别强在不依赖于强势广告支持的推广能力上。
>
> 无论国内还是国外最头疼的都是新产品的市场拓展。有人讲，在韩国净化器卖不动，我说对比一下就知道了，亚都的市场拓展能力强于韩国的很多大企业。从历史上讲，亚都市场创新很多都属于以"智"取胜。
>
> 目前我们的市场优势有弱化倾向，主要表现为不虚心，不学习。既不虚心学习国外的，也不虚心学习竞争对手和国内其他企业的经验，甚至对自己的师傅都很轻视。
>
> 公司请王力先生来做师傅，且不讲"一日为师，终生为父"，就只讲"师傅领进门，修行在个人"，事实证明，亚都早年加湿器的市场拓展在很大程度上是得益于王力先生的主意；亚都目前净化器的拓展，也在很大程度上得益于王力先生的主意。
>
> 大家可以想一想，2001 年整个市场活动从"聋哑人上岗"到"污染物回收"，从"拳王霍利菲尔德重拳出击"到"装修污染一网打尽"，有的主意是王力先生提出来的，有的是我们提的但经过了他的推敲。事实证明，2001 年在北京市场净化器的成长和王力先生有很大的关系。
>
> 我们应该尊重师傅，但在我们商业公司弥漫着这样一种气氛，"没什么了不起的！"今年，我跟王力先生交待，我说"今年您休息休息。"师傅给你们领进门了嘛，今年要看自己的"修行"了。别弄了一年到最后还是只会做广告，甚至连广告都做不好。
>
> 对有能力人的藐视，是今后我们这个企业要倒大霉的根源！

亚都老板一席话，在企业内部引起轩然大波，作为外脑顾问，走得再近，做得再多，但判断此类是非对错却并非我份内之事。我要尽快协助委托人完善的是，打开故步自封那扇窗，惊醒夜郎自大那个梦。于是我向老何提出了

◎ 2002 年 4 月 28 日，蒙牛以极高规格接待了亚都来访。

走访问蒙牛，看看天外天，瞅瞅山外山，瞧瞧人外人。

在老何眼里，蒙牛是个奇迹，老牛是个奇人，因此对蒙牛之行很是求之不得，不仅企业中高层管理人员亟需长长见识，同时他本人也需要走出去透透空气，为此，老何请我务必想方设法尽快促成此事。

谈及此事，根生面带难色，一是近期接待任务已趋饱和，临时安排困难重重；二是亚都人数众多，人吃马喂琐事多多；三是王先生介绍的客人接待规格不能低，而他的确又拿不出完整的时间。

尽管如此，根生最终还是费心做了安排。2002 年 4 月 27 日，老何亲自带队，亚都一行四五十人浩浩荡荡来到和林格尔蒙牛总部。据说受到东道主最高规格的热情接待，虽然吃的什么喝的什么不很清楚，虽然送的什么拿的什么不很清楚，但根生专程从外地赶回却是显而易见的破天荒。

事后根生打来电话，大致只讲了两句话，一是"王哥交派的任务完成了"，另是"有王哥这样的顾问亚都很幸运"……

除了协调知近的朋友和客户到蒙牛观摩学习，2004 年我还安排儿子到根生那里接受了几天再教育，虽然时间很短，但家里家外的零距离接触，却让时年 25 岁的王一男获益匪浅。

儿子在国外生活学习，6 年之中几乎没有回来过，祖国有哪些变化，故土有哪些新貌，除了电视和网上那点信息其他一无所知。由于时间紧迫并准备赴藏采风，孩子交来一纸备忘录，在他"最想见的人"里，包括央演金越、用友王文京、神州数码郭为、美廉美朱幼农等十来位世叔世伯，其中对不曾谋面的牛叔仰慕已久，因此特别希望能如愿以偿。

除根生以外，其他长尊全在北京，因此安排起来不很费事，有些场合我作陪，有些拜会他独往，无论形式怎样，一男心目中那些人品极佳、能量极大的大成功者都在实际接触中逐一对上了号。应该说，此番互动对孩子一生至关重要，无论是文京的亲和还是郭为的坦诚，无论是金越的大气还是幼农的厚重，等等，都让一男在短时间内成熟了许多。

当时，根生正为蒙牛上市忙前跑后，但是再忙，当他听说此事以后仍给孩子列出了三个时段供其参考。我对一男讲，蒙牛员工数千，想与牛总长谈者不乏其人，与之相比实属幸运。一男告知，想与牛总交流者岂止蒙牛员工，他会珍视，他会很好把握。

2004 年 6 月 27 日，全家抵达呼市，说好不必亲自接机，但根生还是让弟妹迎候并陪同前往和林格尔。一路上有说有笑，感觉得到官称"牛嫂"的兄弟媳妇是个极为普通的人，感觉不到照样下岗的弟妹嫁了个极不普通的人。

此时的牛宅已今非昔比，新落成的蒙牛生活区满眼南国风光，一片郁郁葱葱。根生住所面积不小式样不俗，但无论怎样出众仍与蒙牛干部员工同在一处。一男问我，这样的情况在国内是否普遍，有一说一，据实讲来，如此这般"处成一片"实属少见。

进得牛宅，果然气派，未及寒暄，先被夫妻二人客客气气地请进了主卧室，告知"哥哥嫂子这几天就在这里歇息"。愕然，推却，但最终恭敬不如从命。视此，一男问我，这些年这些朋友是否多如此？有一说一，据实讲来，如此"喧宾夺主"实属少见。

根生搬进了客房，根生闪进了厨房，大手大脚捧来了大号的果盘，盘如人，餐如人，人前人后皆如人。

为便于各取所
需，除统一参观生
产基地，余下的时
间根生把我们分成
两部分，由弟妹陪
着王哥王嫂与核心
成员及家属聊家常，
由他本人带着一男
看企业话人生，用
他的话讲，这样既

可给他和孩子留出推心置腹的空间，同时也可把王哥王嫂的人生态度潜移默
化影响蒙牛人。

根生他们爷儿俩聊了什么不清楚，聊了多久也不清楚，后来一男告诉我，
看上去身强力壮的牛叔其实松弛下来也很乏也很累，一男不忍心过多打搅，
但根生却提出"你要不介意，叔叔就躺下来和你聊。"

感觉得到，根生对孩子一片真情，一旦恢复了体力，又会一边挥拍一边
聊，一边挥杆一边聊。侧耳听听，似乎没什么大话题，似乎没什么大道理，
包括不要急着成家，包括不要急着立业，包括他本人曾看过台球场子所以球

◎ 孩子请牛叔题词，根生写好后征求我意见。

◎ 有根生这样的启蒙教师实属不易。

◎ 对于一男的提问，根生总是三思而答绝不张口就来。

技不错，包括他本人曾刷过牛奶瓶子所以牛奶是咋回事他再清楚不过。

在一起相处的时候一男拍了许多照片，根生很是随和很是配合，客客气气，全然没有"此地王爷"的威仪，也全然没有"海外上市"的威风，既没有提醒，"这可是叔叔的家，隐私大大的"；也没有强调"这可是牛总的脸，肖像统统的"，此情此景，令人心悦诚服⋯⋯

有些事情说起来好笑，有些事情说起来好玩，有些事情又好笑又好玩，但最终却演化为好自为之。

蒙牛创建之时，为避嫌我虽然决定从此和根生只做朋友不挣钱，但万万没有想到，阴错阳差，最终出尔反尔还是发生了一次特殊置换。说起来这笔款子可谓非同寻常，既有俗的一面，也有雅的一面；既有公的一面，也有私的一面。如果说根生在其他地方真的不徇私情，那么世纪初年我和他做的这次置换却有那么点"假公济私"。

说来话长，从 1993 年起我就与名号起得好、衬衣做得不错的"富绅公司"建立了合作关系。1995 年，在富绅老板陈成才先生的帮衬下，惠州市政府发来讲学邀请，请我为千余名领导干部做专题报告。期间，不仅与成才兄加深了感情，同时还与"烧鹅仔"老板林伟成结为挚友。

与成才兄交往中不仅学到了广东商人平实的智慧，同时也对南粤大地有了进一步认识，谈及这段历史我经常会讲，正是成才兄的坦诚相待，才让我开始改变了以往对广东人的印象。

和许多民营企业一样，富绅成长过程也历尽艰辛且多灾多难，因此在双方合作中也遗留了一些应付的款项，于此，成才兄虽然于心不忍并想尽办法，但最终仍有几万块趴在账上。为能早些清账，有人提出"实物折抵"，对此我表示认同，因为从此间与外界联系广泛来讲此话不无道理。可惜的是，道理虽好事理虽通，可一旦和"有关方面"或"有关人士"张口，话欲说而嗫嚅。

闲来无事，发现富绅衬衣不仅式样好选料好，同时高度精炼的商标也让人对领袖风采过目不忘。更有意思的是，富绅 LOGO 从持有人的方位看，极具"衣领"特征，可换个角度看，却又与人们常说的"牛角"极为相似。于是我想到了蒙牛想到了根生，倘若蒙牛能以出厂价认购一批，不仅解决了我和富绅之间不大不小的难题，同时对蒙牛来说也比一般"企业工服"多了点说法，多了点附加值。

话虽这样讲，理虽这样论，但担心由此坏了与蒙牛之间的"淡如水"却让我犹豫再三。不想根生很爽快，同时告知，若不是"图案神似牛"，再借几个胆也不会违规。

就这样，我和根生成交了一笔不是生意的生意，于此有人说"两好"，有人说"双赢"，可我每每想起此番生意或这单买卖感觉总有些异样。尽管富绅图型与蒙牛有些近似，尽管费额不高对蒙牛九牛一毛，但还是给根生给自己出了一道不该出的题。

第10章　知行合一

生而知之"人是环境的产物"

死而知之"脸是心境的产物"

语录牌随处可见是蒙牛的一道风景。不该说企业语录多余，但人云亦云有可能多余；不该说企业文化肤浅，但文而话之有可能飘忽。总之，组合的文采替代不了文采的组合，企业的文化替代不了文化的企业。

举凡套话都有理，乍听实话会愣神。何为套话，何为实话，据说所有的套话基本都源于曾经的大实话，只是重复多了思索少了，动嘴多了动脑少了，致使原本求真求是的主体，最终蜕变为不求甚解的人云亦云。

在一个人至少俩心眼的大环境中，人与人相处是复杂的，人与事相安是艰难的，且不说那些语录是否全面是否妥帖，且不说那些语录如何更新如何翻页，仅一个"身教重于言教"就会让所有教义、要义相形见绌……

在党和国家领导人参观蒙牛后不久，2003 年 3 月中旬，根生专程来北京看我，有点喜形于色，有点含而不露，有点今非昔比，总之，"从成功走向成熟"的定力开始显现出来。

翻阅一并送来的《世纪蒙牛走向世界》宣传册，获知许多蒙牛新情况，短短三年时间，销售额突破了 20 个亿，从当初全国第 1116 位的排名一跃升至第 4 位。对此，宣传册有如下说明——

> 内蒙古乳业股份有限公司由自然人出资，采取发起设立方式于 1999 年 7 月成立。短短三年多时间总资产从 1000 多万增长至将近 10 亿元，年销售额由 1999 年的 4365 万元增长到 2002 年的 21 亿多元，在全国乳制品企业中的排名由 1116 位上升至第 4 位。目前，利乐枕牛奶市场占有率蒙牛居世界第一，是全球最大的利乐枕牛奶制造商；冰淇淋市场占有率蒙牛居全国第二。

在上述简介里，我发现了一些关键词，诸如从利乐枕牛奶市场占有率来看"居世界第一"，诸如从冰淇淋市场占有率来看"居全国第二"，这是怎样的数字，在这些数字后面又有怎样的变故，作为中国乳业零距离的旁观者，作为曾在此前 7 年就明确建议伊利集团"放弃做世界冰淇淋大王，稳妥调整产品结构，改变 82% 利润来自雪糕、冰淇淋的市场策略"的决策咨询专家，尽管此一时彼一时，但内心感受依旧妙不可言。

宣传册里还有一些早年间中国乳业不曾使用过的专业语，如"液态奶"。或许当年乳业先驱顾此失彼只想着冰淇淋、雪糕忘了奶制品的第一称谓是"液态奶"，或许是那个时候乳业先驱急功近利没料到，随着生活水平提高，"液态奶"将荣登百姓第一饮品。总之，疾速发展不免有些畸形发展的中国乳业当年并没有提前意识到，无论最终乳业囊括多少种奶制品，其本真、本原的基本点仍然离不开牛奶离不开液态奶。

蒙牛是怎样把持方向的不得而知，只是从宣传册里了解到，从1999年至2003年，企业先后完成了三期建设工程，最终实现了"全球最大的液态奶生产车间"。大到什么程度，据说整体车间长200米，宽122米，同时能放置20余条生产线，能日处理鲜奶1000吨，从而形成了年产"液态奶80万吨、冰淇淋20万吨"的生产规模。

看着这些似曾相识的数字心里很热乎，真是"三十年河东，三十年河西"，七年前，伊利集团"61%的销售收入、82%的销售利润来自雪糕、冰淇淋"，如今蒙牛却以8∶2的比例重新洗牌重新布局。其中的变化，内中的变法，除了企业行为的内因之外，"谋全局"与"谋万世"的大势所趋，似乎也起到了极为重要的推动作用。

据说冰淇淋的口味很多，据说雪糕的种类也很多，但玩意儿再多，口感再好，至今也没有听说过哪个国家把冷饮与"民族热土"相提并论。反之，原生态的液态奶倒是一致的政通人和，不仅曾经的日本人把喝奶当成了增高剂，同时立志跻身强国之林的中国人也把牛奶视为强筋健骨的不可或缺。为此，胡锦涛总书记曾语重心长地讲道——**"牛奶本身就是温饱之后小康来临时的健康食品，不仅小孩喝老人喝，最重要的是中小学学生都要喝上奶，提升整个中华民族的身体素质。"**

不清楚伊利集团是否还在坚持"61%的销售收入和82%的销售利润来自雪糕、冰淇淋"。我想大概已经不会了，作为共同的过来人，蒙牛唯液态奶马首是瞻，不仅受国策驱动，同时更受商机驱使，同属工商企业，红顶商人也好，唯利商人也罢，液态奶让"社会效益与企业利润双丰收"，恐怕没有哪个现代商人会无动于衷。

话说至此，其实我也在深刻反省，作为伊利当年的高级决策顾问，倘若能早一天知道牛奶的别称叫作"液态奶",倘若我能早一刻意识到喝"液态奶"的重要性,或许也会无限放大,提示委托人,辅佐委托人,尽量跳出利润额与销售额的俗套,早日把造福千秋万代的时代尚品带给千家万户……

除此之外,上述宣传册里面还有许多词句似曾相识,诸如蒙牛首创"中国乳都"新概念,看过不免心潮澎湃。有关这一消息的注释是:"根据呼和浩特人均牛奶拥有量居全国第一,牛奶增速也居全国第一,2001 年,蒙牛以'我们共同的品牌·中国乳都呼和浩特'为主题,高密度投放灯箱广告,从此'中国乳都'的概念形成。蒙牛为内蒙古创造了一笔巨大的无形资产。"

看到上述"呼和浩特人均牛奶拥有量全国第一",我的第一反应是这么重要的信息当年自己怎么竟然没听说,倘若在出任伊利高级决策顾问期间就获知此事,也许会加大"改变 82% 利润比例"的建议力度,如果真是那样,我一定会围绕这个"第一"有一说一,虽然具体说些啥事后不好杜撰,但是一定会由此说开去,一定会凭此散开来。

应该说,"中国乳都"的名字起得很好,而"我们共同的品牌"则立意更高,没有这样的立意,没有这样的初衷,没有这样的胸怀,没有这样的眼光,虽说周边奶农、奶牛、奶站、奶厂星罗棋布,但艰苦前行的企业依旧给人感觉不具天时地利,不具与生俱来。

很高兴也很庆幸,在创建"呼和浩特共同品牌"的想法上与蒙牛不谋而合,无论是呼市报告还是伊利讲学,无论是政府建言还是私下交流,我一直以来都对"呼和浩特名牌战略"里面的"战略名牌呼和浩特"情有独钟,尽管一时捅不出"中国乳都"这样的新名词,但英雄所见略同也好,俗人所言无异也罢,作为纯正的内蒙人,我做了自己该做的事情。

这使我由不得再次想起白音、冯士亮、郝存柱、张举云、巴特尔等一班人,或许"中国乳都"也让他们无从想起,但没有当时市委市政府对本土"战略名牌"的认可与跟进,呼市需不需要"共同的品牌"是个未知数,呼市认不认可蒙牛提出的"共同的品牌"同样也是个未知数。

在高度认可蒙牛这一作为的同时,不知怎的,我对"蒙牛为内蒙古创造了一笔巨大的无形资产"一语有些不敢苟同。从字面上讲，此话合情合理，但从另外一个角度想，地处省会的企业似乎有个共同的偏好，就是企业名称尽量不以省会名称作前缀，诸如"内蒙伊利"，诸如"河北三鹿"，无不把呼和浩特或石家庄只放在企业的联系地址上。

其实，叫响"中国乳都"是企业应尽的反哺行为，从这样一个方位看问题，就像儿子给爹捶了捶背，就像女儿给妈洗了洗脚，就像乌鸦反哺带给人类的无限遐思与触动。

如果说围绕"中国乳都"的世界观需要大彻大悟，那么对应的方法论也的确存在着如何尽善尽美。此事我事先不知，如果我是蒙牛的顾问，我也许会不失时机建议我的委托人，一定要想方设法把这等造福子孙的百年大计尽量演绎得不偏不倚，不夷不惠，不温不火，不徐不疾——

首先，我也许会建议把"欲要打造呼和浩特共同品牌"一事最大范围地讲给呼市市民听，很当回事地看看市民怎样说。虽然七嘴八舌有可能走调，虽然各执一词有可能走偏，但这样的过程绝对不可或缺。在其中，在其间，少不了叫"乳都"好还是叫其他啥"都"啥"城"好，无论希望叫个啥，在设身处地的互动下，数百万市民已经把自己与城市未来紧紧连在一起。

接下来要做的事情也许是建议蒙牛拜访乳业同仁，首当其冲的是要谦和有加、英气有减拜会"伊利老大哥"，尽管创业之初也曾像回事地喊过"向伊利学习，做内蒙第二"，但平心而论，有多少人相信那样的话语发自内心。且不说"天下大势，分久必合"，且不说"好汉不打上门客"，主动将合力打造"中国乳都"这件事亮出来与同业共享，高兴的是呼市的人，高兴的是呼市的牛，高兴的是呼市乳业先行者，高兴的是呼市乳业后来人。

最后是把相关的事、相关的话不厌其烦地讲给中国公众听，讲给外国友人听，讲给一直喝奶的听，讲给一时不喝奶的听，只要伊利、蒙牛或蒙牛、伊利的商品卖到哪儿，"尊称呼和浩特为中国乳都妥不妥"的"征询秀"就摆到哪，相信通过如此这般的跟进，不仅"中国乳都"不用揭牌就已深入人心，同时中国乳业巨头不用"议和"就已经和谐、和顺、和睦、和气生财……

其实，蒙牛宣传册封面、封底还有些内容很出彩儿，诸如封面企业图腾柱上"百年蒙牛"四个字道出誓做"百年老店"的心声，诸如封底"以蒙牛事业为己任，不以蒙牛利益为己有"的结束语耐人寻味。

或许是我孤陋寡闻，在此之前，企业精英有高歌挺进"世界500强"的，有妄图杀入"全球前三甲"的，与此等人物或怪物比起来，提出"百年"概念似不多见。在我看来，前者追梦人再多梦境再广，但归拢起来却只有一个共性，就是基本都属于"期盼自己在世时实现夙愿"。与之相比"百年老店"则不然，老板身体再棒，再是"吃嘛嘛香，干嘛嘛灵"，要想活着看到最终结果纯属瞎掰。因此，幻想"百年老店"的当事人一定首先明悟"百年"的世俗通则，诸如"百年之后"，诸如"人生如梦，转眼就是百年"。

从这样的角度讲，我倒真的为根生的"百年观"折服，他想到了蒙牛永生，一定会想到自己肯定先死，一面"不舍生"又一面"不忘死"，此种情怀抑或胸怀，和相对简单、相对省事的"舍生忘死"、"将生死一并置之度外"比起来，似乎更需要些过人的胆气和志气。

作为百年老店的店主，"只有偏执狂才能生存"也好，"没有做不到只有想不到"也罢，根生如何把握自我似乎不成问题，关键的是手下6000名企业员工，要想在一个时间段整齐划一并不难，但在漫长的过程中不走眼，不走偏，不走调，不走色，谈何容易。

上述结束语所谓的"事业"，说的肯定是百年老店的百年大计，所谓"利益"，无论用怎样的情操来诠释，利就是利，益就是益，说破大天，"利益"的解释就是词典所说的两个字，"好处"。

说心里话，就我感悟到的中国企业价值观与世界观来说，说出这样的话需要有充分的心里准备，因为商人不言利似乎是难以琢磨难以兑现的。蒙牛是否做好了这样的准备不得而知，根生是否做好了长期准备同样不得而知。

这使我想起《为人民服务》所说的"一个纯粹的人，一个脱离了低级趣味的人，一个有益于人民的人"。严格说来，无论实现怎样的百年大计和营造怎样的百年老店，都要依靠这样一些非同寻常的人来完成。养马比君子，把当年无产阶级领袖对无产阶级先锋战士的期盼与约束，用在"使着洋人的钱、使着工人的力"且一心想着上市的企业来说谈何容易。

坦率而言，敢于或肯于说出"不以自身利益为己有"这样话的人，在一定程度上已将自己置于社会放大镜下面，不仅一己私欲会被无限放大，而且路人每每审视过后又多会加上一句毛主席语录，"一个人做点好事并不难，难的是一辈子做好事而不做坏事"。

如何保障长此以往，如何维系长治久安，根生想到的是适时启动"基因工程"。由此看来，他对"因与果"极为看重；由此想来，他既对"不谋万世不足谋一时"心有灵犀，同时更对"天下大事，必作于细"心领神会。

在那本企业宣传册中，有一篇题为《企业文化建设是一项"基因工程"》的牛总讲话，虽然不知讲于何时，面向何人，但看过之后很有收获 ——

> 企业文化定义各不相同，我们不妨设用"二分法"来界定企业文化。用道家"有无相生"的观点看，企业的厂房机器资金产品等有形的东西是"有"，企业哲学、经营思想等无形的东西是"无"。
>
> 企业文化就像人的基因，无时不在，无处不在。高尚的企业才能成就高尚的事业，除了个人素质，就是企业哲学。"橘生淮南则为橘，橘生淮北则为枳"，企业哲学的高尚程度，决定着员工的高尚程度。
>
> 蒙牛从诞生第一天起就把自己定位为"百年蒙牛"，就在寻找"长寿基因"。寻找的结果，觉得所有长命企业都有一个共同的特点，那就是：不仅运筹企业，而且运筹事业、运筹社会。也就是说"功夫在诗外"。
>
> 建设好内蒙古这个大品牌，"不谋全局者不足谋一域，不谋万世者不足谋一时"。把企业塑造成一个道德高尚的集体，在大利益格局中，据核心位置是消费者的利益，这是实现其他利益的源头活水。
>
> 在蒙牛厂区，你可以看到上百个标语牌，这些标语多数是从历史文化中筛选出来的至理名言，并揉入我们的创新，它们在潜移默化中规范着每个员工的思想和行为。

无论是上述讲话还是头年陪王勇等人参观，"语录牌随处可见"似乎是蒙牛的一道风景线，源于何方不得而知，始于何时不得而知，但凭我对根生和对内蒙的了解，此等景致绝非景自天成。

坦率而言，我对"语录"有一种莫名的亲和与莫名的排斥，亲和的原因大概与"文革"有关，排斥的原因大概也和"文革"有关，如此向背，大概又和"成人教育"成也语录败也语录不无关系……

无论"企业文化"喊得怎样山响，在我眼里，再好的企业文化其实也该属于"成人教育"之旁支，因此，如何开展企业文化，如何掌控企业文化，除了需要服从企业文化的规则，同时更要依从成人教育的法则。

对于不甚了了的词句或说法，在经历了诸多不求甚解、不切实际的难堪之后，我逐渐学会了查字典，从而借助工具书端正了自己，提高了自己。尤其了解到邓小平这等伟人也有翻阅字典的习好以后，就更是从骨子里领悟了"实事求是"的底线是"不要不懂装懂"。

回到上述话题上，何为"规则"，字面上的解释是"制定出来供人共同遵守的制度或章程"；何为"法则"，字面上的说法只要两个字，"规律"。对于"规律"二字的解释，一向言简意赅的《词典》一反常态，竟然用了很大篇幅喋喋不休，告知——"事物之间的内在的必然联系。这种联系不断重复出现，在一定条件下经常起作用，并且决定着事物必然向着某种趋向发展，规律是客观存在的，是不以人们的意志为转移的，但人们能够通过实践认识它，利用它。规律也叫法则。"

什么是"成人教育内在的必然联系"，什么又是"成人教育的不以人们意志为转移"，在对企业文化高开高走、高谈阔论了许多年以后，我突然在成人教育的底蕴里发现了与生俱来的规律抑或法则，就是成人教育对成人来说，"一听就懂，一放就忘。"

我用这样的规律复原事实，发现事实即如此；我用这样的法则验证自我，发现自我亦如是。的确，无论是入耳的还是不入耳的，无论是用心记的还是用笔记的，果然"一听就懂"，果然"一放就忘"。

从这个角度讲，蒙牛语录及其表现形式似乎强化了芸芸众生的"一听就懂"，似乎弥补了芸芸众生的"过目就忘"，因此对看上去有些异样，念上去有些别样的蒙牛企业文化，我从 100% 的不接受到 51% 的接受，从不以为然到似以为然，经历了一段适应的过程。

然则，某一天，某一事，让我猛然记起了久违的"熟视无睹"，对此现象，词典的解释是"虽然经常看见但跟没看见一样"，而《辞海》则进一步搬出了韩愈的"是以有力者遇之，熟视如若无睹也。"

的确，任何一位有些生活经历的人都很清楚，"举凡套话都有理，乍听实话会愣神"。何为套话，何为实话，据说所有的套话基本都源于曾经的大实话，只是重复多了思索少了，动嘴多了动脑少了，致使原本求真求是的主体，最终蜕变为不求甚解的人云亦云。

不该说企业语录是多余的，但人云亦云的语录有可能是多余的；不该说企业文化是肤浅的，但文而话之的"文话"有可能是飘忽的；不该说由语录整合的企业文化是空泛的，但整合不等于组合，因此组合的文采替代不了文采的组合，因此企业的文化替代不了文化的企业。

其实我这类担心才是多余的。在上述讲话中，根生对其中的"正反合"已经作出了解析，话不多，但一句是一句——"继承古今中外，仿其形容易，得其神难，科学的继承是批判和扬弃，是否定之否定。所以最重要的不是得到知识，而是得到思想的方法。"

此话让我由不得想到了如雷贯耳的"与时俱进"。经过学习，经过洗礼，经过继承，经过扬弃，人不再是当初的人，事不再是当初的事，如何否定之否定，如何后浪推前浪，教义固然振振有词，要义固然言简意赅，但人毕竟还是环境的产物。

在"一个人至少两个心眼"的大环境中，人与人相处是复杂的，人与事相安是艰难的，且不说那些语录是否全面，且不说那些语录是否妥贴，且不说那些语录如何更新，那些语录如何翻页儿，仅一个任何一种教育都会普遍存在的"身教重于言教"，就会让所有的教义与要义相形见绌、黯然失色。

众所周知，我们的掌门人，我们的经理人，我们先富起来的人，我们先牛起来的人，总之那些最容易出轨、最容易出差的"人上人"，他们的与时俱进，不仅是说的多了干的少了，虚的多了实的少了，同时，所有富人脱不开的一切，或"穷乍富"脱不开的一切，或多或少，或深或浅，都会潜移默化影响到天天看着"豪言"也天天看着"豪宅"的每一位企业血肉之躯。

蒙牛似乎早就预感到了什么，就在《企业文化建设是一项基因工程》一文下方，那段"听不到奉承是一种幸运，听不到批评是一种危险"的蒙牛语录已经很能说明问题。的确，如此事理如此事，如此人伦如此人，虽说良药苦口，虽说忠言逆耳，但自古以来，无论是前者还是后者，到头来，似乎还是脱不开"说归说"，似乎还是脱不开"做归做"……

其实警句也好，格言也罢，语录的功效还是有目共睹、显而易见的。只是对于受教育者来说，自己选的要比别人送的来劲，自己抄的要比别人写的传神，因此，同样的话有不同的说教，同样的药有不同的功效。

为什么以"解放全人类"为己任的共产党崇尚"自己教育自己"，为什么提倡"道可道非常道"的《道德经》鼓励"无为而治"，往深了说，每个人都有自己的世界，往浅了扯，每个人都是活物儿都有活思想。

何为"活物儿"，不言自明。何为"活思想"，不说不明。且不说天下有多少爹在儿子面前说了不算，且不说天下有多少娘在闺女面前算了不说，仅一个无形的"代沟"装填了一代又一代，仅一个有形的辈分界定了一码是一码，面对于此，不当家不知柴米贵，不养儿不知父母恩，"学前班"上得再早，不到时候该尿炕的还会尿炕，不到火候该逆反的还得逆反。

说破大天，企业对员工的培育、对员工的期盼远远赶不上父母对自己的亲生骨肉的望子成龙，因此"可怜天下父母心"比企业文化更传神更传世。如果真的是"可怜之人必有可恨之处"，我想，可恨父母的通病似乎都能够在那些不到位、不贴切的企业文化中找到答案。

根生上述讲话中，在谈到那些至理名言的出处之后，用了一个专用词，叫做"揉入"，原话为"这些标语多数是从历史文化中筛选出来的至理名言，并揉入我们的创新"。虽然一带而过，虽然漫不经心，但最终"命门失守"却极有可能与之不无关系。

还是想说"养马比君子"。其实，无论是我们的教育部门还是出版部门，无论是我们的教学专家还是教学体系，应该说如何优生优育亲生子的"育儿经"已然写得不错说得不错。为什么不错的经书也会"不给劲"，为什么满腹的经纶时常"不动听"，谁之过，谁之错，如果实在不是自家孩子严重"缺锌"，最好看看痴心父母自身是不是有点缺心眼儿，保不齐，问题就出在自以为是且多此一举的"揉"或"揉入"上……

第 11 章　命门虚掩

铜钱散发的不仅仅是铜臭

良心发现的不全都是良知

2003 年，根生送来蒙牛产品，味道不错，品相不俗，不知何故，配套吸管竟全部无端破损。面对于此，不能不将其视为"企业命门失守"，于是函告根生，于是危言耸听。

什么是"企业命门"，其实只有员工的"素质"才是企业命门。一般说来，素质高品质自然会好，不一般说来，素质和品质似乎又是两股道上跑的车，素质往往表现在小处，品质常常作用于大处。

有关"企业命门"常想常新，直至三鹿事先不知鹿死谁手，直至三聚氰胺事后显现原形，相关探究才算告一段落。真可谓生死有命富贵在天，思来想去，生死原来命悬一线，富贵原本物极必反……

本章所述其实本书开篇已做大致描述，简单说来，2003 年 4 月，根生送来些蒙牛产品，味道不错，品相不俗，只是不知何故，配套的塑料吸管竟然全部无端破损。那年，蒙牛产值 50 个亿。

尽管与根生说话从不拐弯抹角，尽管信写得气生丹田且一气呵成，但将此信交出时却不免犹豫再三，毕竟是大企业，毕竟是小问题，毕竟是老朋友，毕竟是牛根生，有没有必要，有没有搞错，原本挺明白的我，在交出信的一瞬间竟然没了主意。

信既然写了就非交不可，否则既对不起他也对不起我。那天根生来也匆匆去也匆匆，看着他离去的背影，我由不得打开电脑逐字逐句看了起来。很有意思，这封信写好之后我虽然也看了无数遍，但基本都属于看看怎样写更好，看看怎样说更妥，唯有此次大不相同，反反复复都是从根生的角度出发，诸如此话根生他会怎样想，诸如此理根生他会怎样论。

落款为 2003 年 4 月 18 日的信写得东一榔头西一棒子有点情绪化，甚至有些说法太过绝对，所以信一送出，心中马上生出许多求全责备。无奈，说出去的话，泼出去的水，既然是朋友，一切由它去吧 ——

> 前不久送来蒙牛乳品，代劳散众，不想称道之中却夹杂着些许的不和谐音，原来"吸管碎裂"让人欲饮不能。
>
> 与年销量数十亿相比，区区吸管的确微不足道，与偌大的蒙牛百年

图比，再大的瑕疵也无足挂齿，然则，习惯小题大做的我面对于此却不能不将其视为是"企业命门失守"。

说到企业命门，我不想重谈"质量就是生命"的陈词滥调，因为客观上的"质和量"本来就分属不同范畴，如同常说的"好死不如赖活着"，其中生命的质和生命的量就早已表述得淋漓尽致。

遗憾的是，在套话连天响的年代里，市场中人多以浮躁为己任，明明只有那些"质好且量小"的艺术品才配冠以的"质量就是生命"，却被"量大质难保"的工业产品不明就里地据为己有。

究竟什么是企业的"命门"，其实只有员工的"素质"才是企业的命门；究竟什么是"素质"，其实，无论哪家哪类的"素质工程"只要当事者弄不懂"素质不等于品质"，那么，再好的"素质工程"也会是新派、新版的豆腐渣工程。

一般说来，素质高品质自然会好，而不一般说来，素质和品质似乎又是两股道上跑的车 —— 素质往往表现在"小处"，而品质常常作用于"大处"。

由于品质、素质历来各主其道，因此检验起来也就不一而论，我对素质高下的评判很实用很简单，其中有关男人的试金石是，"举凡入厕小解自觉靠近便池者往往素质较高，反之不仅低而且还会低下"；而有关女人的分水岭是，"举凡就餐吃着碗里还看着盘里的往往素质较低，反之不仅高而且还会高雅"。

巴尔扎克曾说，"三天可以变为富豪但三年很难成为绅士"，其中三天与三年之间的辩证关系似乎印证了素质的生成绝非一日之功。由此说开去或由此绕回来，我想在信里和老弟探讨的问题就是 ——

"年销量 50 亿的企业员工该有怎样的素质，而此种素质的生成又该有怎样对应的过程"。

应该说这是个十分棘手的难题，素质虽然体现在小处，但未必就表现在明处，因此该做怎样的量化看来也不是一日之功。

尽管如此，还是有些"比对"的方法可以使用，诸如在企业内部，不妨将高层与基层的实际素质进行比对，看看两者之间的差距究竟有多大；诸如在企业外部，不妨与排名靠近的国外企业的员工素质进行比对，看看彼此之间的悬殊究竟有多大。

其实，上述"比对"做与不做结论都是显而易见的。诚然，职位有高低能力自然也会有高低，但能力高低不该与素质高低成正比；诚然，生活水准有差异受教育程度自然也会有差异，但差异大小同样不该与贫富差距成正比。

在蒙牛之前国人也曾领略过不少著名企业的别样风采，诸如"大丘庄"，诸如"健力宝"，尽管各自之间没有太多的可比性，但如日中天的气势都有相似的舍我其谁。

经纬先生是我的老朋友，虽然已是墙倒众人推的"过气英雄"，但当年"国水与洋水"的殊死之争却令我对其尊重不已。12 年前我与经纬先生曾畅谈十数小时，有虚有实，有近有远，说到企业真实素质时，经纬先生先是不语，后是仰天长叹。

按理说，凭你我之间难得的兄弟情谊，我本该最爱看蒙牛神采、最爱听蒙牛神话，可不知怎的，每每看到听到有关蒙牛的消息我却由不得想起健力宝由不得想起李经纬。坦率而言，我对蒙牛员工"只有按部就班才能逐渐到位的素质"能否与"一日千里突飞猛进的销售额"相匹配有些忧虑，有些不安。

若干年前我在海南讲学，面对那些的确有资格不可一世的企业精英曾极不情愿地道出"素质一旦驾驭不了财富悲剧将立刻上演"。如果说此一时彼一时老生常谈也该有些新意，那么从"素质"里刻意分解出对应的"累积说"或"过程论"也许是唯一能做的补充。

人生有许多不可知，人世同样也有许多不可知，从萨达姆政权的倒台到"非典"的肆虐，无论是强者的无奈还是弱者的无奈，无论是顺理成章的必然还是无章可循的必然，人们似乎有理由也有必要重新审视自身的能力所在。

吸管一事既然发生在基层，因此相关的体系或部门的确应该认真检讨，话题很多也很广，建议话题有必要做些硬性规定，即"为什么基层人员会对眼皮子底下的纰漏熟视无睹"。

其实，对于吸管一事，蒙牛集团的高层更应该认真检讨，所谓高处不胜寒，或许也涵盖了居高者对自身命门失守熟视无睹的不寒而栗。

> 至于老弟你该在吸管一事做怎样的反思，我以为有一个角度或许你一时想不到，就是如此之大事，为啥你身边的或周边的人无人与你禀报、汇报或通报？这或许是一个危险的信号。

此后出国探亲考察，与根生有段时间没有联系，据说蒙牛对此很是重视，具体如何不得而知。其实，后面的事情的确不是我该继续再关心的，所谓"知无不言，言无不尽"，对我来说似乎已经做到了极至。十数年的职业生涯告诉我，此事到此打住，此话至此收声……

其后至今，有关"企业命门"的联想常想常新，直至活蹦乱跳的"三鹿"事先不知鹿死谁手，直至无恶不作的三聚氰胺事后显现原形，此间关于"企业命门"的探究才算告一段落。真可谓生死有命富贵在天，思来想去，生死原来命悬一线，富贵原本物极必反。

为什么要把"员工素质"与"企业命门"混为一谈，长话短说无外乎两个原因 —— 其一，企业不是作坊，老板手大捂不住天；其二，企业多有企图，员工不能反应太过迟钝。介乎于两者之间，游离于两者之间，被动与主动，盲动与灵动，总之员工的主观能动性直接影响着企业的命运。

何为"素质"，还得说词典的解释最准确也最全面，一是"事物本来的性质"，再就是"素养"，而我们平时所说的"国民素质"或"员工素质"，大多与后者有关。至于何为"素养"，字面上的解释是"平日的修养"，关于"修养"，词典告知"指养成的正确的待人处世的态度"。

在我的理解中，正确的"待人处世"是个系统工程，是个章回小说，没有漫长的过程谈何容易，因此说文解字特别强调"平日的修养才是素养"，"平日的素养才是素质"。

何为"素质"，仁者见仁，智者见智，没有想到，2005 年第 5 期《打工族》的一篇文章竟对"素质"一锤定音，长话短说，即文章标题所言 9 个字 ——《素质只是用不着提醒》。

从前章所讲的企业文化抑或企业标语来看，企业主提倡的"在潜移默化中规范每个员工的思想和行为"似乎与平日修为异曲同工，包括"产品等于人品"，包括"质量等同生命"，莫说工作时间宣讲过无数遍，仅每天上下班至少就要看上两三回。遗憾的是熟视无睹，可怕的是视而不见，如此直白的道理本该过目不忘，可在小小吸管上却让人倒吸一口凉气。

按理说这点事情，身处基层的当事人只要稍微向上抬抬眼皮或稍微往下沉沉眼珠子一切皆可避免。所谓"抬抬眼皮"说的是瞅瞅企业语录究竟说了哪些，所谓"沉沉眼珠子"说的是看看手里的活茬儿究竟有哪些疏漏。就这么点事儿，就这么点理儿，一部分胸怀百年大计的基层员工却视而不见。

不该说长时间高悬的标语不属于"平日修养"，不想说长时间醒目的语录不属于"往日修为"，只是实践是检验真理的标准，实践结果最终告诉了我们什么，似乎"一时疏忽"很难自圆其说。

事情出在基层，犹为可观，犹为可怕。犹如"三农问题"，虽然非农村户口的官员学者必须伏下身子想问题，但田间地头一旦出现了虫害，第一时间一定还要身居基层身处一线的农民兄弟亲历亲为。

其实，危言耸听"命门失守"讲的就是这个道理。尤其对大企业来说，谋全局、谋万世固然重要，但那毕竟是决策者或决策层的事情，能让这些人有充分的闲情逸致登高远望，前提是必须要有人替您管好一时一事，否则，"上下同窗"的结果必定是顾此失彼。

从这个角度讲，不同的层面的确要有不同的语录；从这个深度讲，不同的层面的确要有不同的教材。同样的事，居高者与居下者各司其事；同样的人，劳神者与劳力者互不两立，故而才会有"形劳而神逸"，故而才会有"神劳而形逸"，故而才会有一人一本难念的经。

换言之，企业内部居高者、劳神者本该多认"活理儿"，而居下者、劳力者本该多认"死理儿"，两者各行其道各自为政，顺之者昌，逆之者亡，游离其中，乱象者众。

由此说来，共同念一本经似乎是"吸管事件"的一个不可小视的原因，的确，面对同样的汉字，除"人民币"三个字以外，月薪两千和年俸百万的无论读起来还是用起来似乎感觉不会一样。只是，这年头没文化的很会没事戴眼镜，有能耐的很会有话拉长声，因此在看起来"很文化"的氛围中，再深刻的语录也一看就懂，再浅显的道理也一撂就忘。

话到此处，不能不和后面要讲的三聚氰胺提前扯到一起，尽管这是本书本人极不情愿面对的事情，但话赶话"命门失守"仍是乳业危机中最底线也最核心的问题。

虽然俗话有说"卖酒的不兑水，死了对不起鬼"，但生在清末的茅台似乎并未误入歧途。道理很简单，所谓"卖酒的"多是指小酒铺，多是说小老板，多是强调一手能遮天，多是描述人鬼两不知。与之相比，乳业造假抑或造孽似乎就没那么容易，"传儿不传女"也好，"传内不传外"也罢，企业主半夜三更爬起来独自提着小桶悄悄往奶里兑药的可能性真的不是很大……

俗话说"吃人家的嘴短"，可惜的是，这则"饮食文化语录"在我这里并不灵光。在与根生的交往中，不仅 2003 年吃了人家喝了人家还要得便宜卖乖，时隔一年，又围绕"酸奶究竟该怎样喝"扯个没结没完。

其实，无论"喝什么都要用嘴喝"是饮食男女的天经地义，只是一些现代乳制品，喝的时候除了要用嘴，同时还要用脑，类似小学课文里聪明的乌鸦，为了喝到瓶子里的水，必须先往瓶子里丢石子。这类乳制品，就是消费者司空见惯的"塑料盒包装的酸奶"。

通常情况，酸奶都会配个塑料吸管，前面所说的破碎问题，讲的就是配套的吸管出现了不该出现的状况。市面上卖的酸奶净含量大致为 125 克，但无论您有多大的肺活量，通常情况即便就是卯足了气力也只能吸进 90%。我请人做过计量，在"并非刻意"的前提下，这个百分比已近乎极限。

话说至此，具有生活经验的人一定开始认可上述危言耸听，因为"喝酸奶"的确是件较为随意的事情，随手拈来，信口开喝，似乎不会在意喝到肚子里的是不是商品标注的净含量。剩余的酸奶都跑到哪去了？据观察，其中 30% 附着在盒体四周，70% 则垂挂在塑料盒上方的塑料膜下面，据听说，这 70% 的垂挂物非同小可，全是奶之精华，全是钱之精华。

从有这类包装的酸奶面市以来，中国乳业究竟生产了多少、销售了多少不得而知，但有个概念显而易见，就是大约有 10% 的净含量不翼而飞，其中，不仅厂家没少费力气、顾客没少花银子，同时损失的物品既没有便宜了耗子也没有关照了猫。

在发现盒装酸奶普遍存在着另类浪费现象的同时，似乎也同时发现了巨大的商机，尽管此前芸芸众生没人把它当回事，可一旦有人发难，一旦有人发飙，相信只要配上一个小小的"刮奶板"再配上几个字，自会把媒体的视线和消费者的钱财轻而易举揽到自家旗下。

2004 年 5 月 25 日，就上述想法给根生写了封信，其中既谈了"为人民服务"的世界观，也讲了"对人民币负责"的方法论。在我看来，商人不同于官人更不同于共产党人，高谈阔论"对人民负责"不仅别人听着有点虚，即便就是自己说着也有点底气不足，不如首先坚守"对人民币负责"的底线，在灵魂升华之后，再向"对人民负责"看齐 ——

　　如你所知，包括当年伊利上市在内，我对企业上市的事不是很感兴趣，因为无论怎样来讲，上市只是一番过程、一个手段，而与之相比，企业对自家产品的"格外上心"似乎要比体外上市更久长、更安妥。

　　在老弟即将再度被鲜花包围之际，在我尚未出国考察之前，我想趁明白和你聊一个市场熟视无睹的话题，就是塑料包装的酸奶制品究竟该怎样卖、究竟该怎样喝。

　　乍听起来，此话十分荒谬，因为物价市场定、吸管配套给，并不存在如何卖与喝的问题。很遗憾，事情远远没有这样简单，当你跳出酸奶看酸奶，你会发现，无论哪家的塑料盒包装酸奶都存在着一个可怕的问题，就是不自觉地变相缺斤短两！

　　如果没有记错看错，一般情况下消费者是无法用吸管把出厂时企业确实足量灌装的酸奶全部喝到嘴里，任你狂吸海嚯，仍会有不少酸奶顽固地存留在包装盒内，而附着在封口塑料膜下的奶制品是否又是酸奶之精华，消费者更不得而知……

　　上述所讲绝非危言耸听，11 年前不可一世的"华旗果茶"就是在"净含量"的阴沟里翻了船。何为阴沟，有人加害是一说，而粘稠度极高的果茶无法应对饮料净含量统一检测更是一说。换言之，瓶子里的几克"挂壁"险些要了企业的小命。

　　时代不同了，红果不再稀罕，果茶不再风光，取而代之的张三李四王二麻子虽然八仙过海各显其能，但市场那只看不见的手却照样唯我独尊。视此，我由不得在想，尽管国家检测手段越来越科学，尽管消费者有时候也开始拿钱不当钱，可作为一个有良知的企业和一个有认知的产品，似乎不该任凭存留在包装盒内的自己的劳动成果和他人的劳动所得零落成泥碾做尘。

小事一桩，希望别在大喜的日子扫了兴。列宁曾说，节日最好的纪念莫过做些早该做而一直没做的事情，哪些事属于这一类我说不好，但为每盒酸奶除吸管外再配个小勺却是蒙牛人早该做的。

从另一个方面看，在残酷的市场竞争中，蒙牛酸奶能如此这般地"为人民服务"和"对人民币负责"，无疑又会给扩大市场份额平添了灵气、底气和运气。

很高兴蒙牛即将上市，同时也很担心蒙牛上市，为啥高兴，不必细言，缘何担心，一言难尽……

信中所言"华旗集团"曾是此间 1993 年的老客户，曾经风靡一时，曾经如日中天，尤其是在长江以北地区，倒退 15 年，无论是居家过日子还是政商宴请，没有追捧过"华旗果茶"的似不多见。

1993 年，正当此间准备助其大张旗鼓展开"国人共携手，万众举华旗"的战略攻势之际，一桩由某杂志组织的全国饮料评比将华旗一掌到底并从此一蹶不振，而被对方攻击的软肋或被对方要挟的口实，则是这一产品的"净含量"不合格。由此说来，每瓶果茶大约有 3 克没能喝进消费者的肚子里，由此间接得出，华旗纯属十恶不赦的奸商一个。

为什么在舆论几乎一边倒的情况下此间决计力挺华旗，为什么在形势极为不利的情况下此间自觉充当不知死的鬼，一是路见不平性格使然，二是内中有诈责任使然，原因很简单，道理很直白，用不着做多么深刻的调研，用不着动多么睿智的头脑，作为黏黏糊糊的新派"果肉饮品"，其净含量测试原本就无法与稀汤寡水的碳酸饮料标准合并同类项。

在相关的场合，我提出了相关的质疑 —— 由于真正的果肉不同于一般清清爽爽的水，由于不同于一般水的果肉总会黏黏糊糊，因此水一般清爽的碳酸饮料不存在"壁挂"，因此黏糊糊的果茶却必然会让包装瓶子模糊不清。关键的问题是，我们的检测手段远远跟不上公众的嘴，这边厢，改革开放的受益者已然嫌弃碳酸饮料喝着不过瘾，那边厢，我们的检测机制却依旧沿袭着解放前。倘若与时俱进有一天把"北京炒肝"灌到瓶里卖，相信老掉牙的检测标准一是马上会测出商品"味道"有问题，接着又会跟进检出有大块大块的"内含物"居然死活也抠不出来也扒不出来。

长话短说，上帝一般的消费者有时候也会不讲理，有时候也会不讲情，明明刚才还看着挺顺眼喝着挺顺口，一转脸就从骨子里认可了"克扣分量"不地道，于是反戈一击，于是倒打一耙，加之红果的行情每况愈下，于是偌大一个顾客群最终分道扬镳分崩离析。

回到"酸奶究竟该怎样喝"的话题上，作为过来人我由不得想了许多许多，其中，想到了人，想到了鬼，同时也想到了"不人不鬼"，不知道别人怎样认知非人非鬼，在我看来，举凡神，举凡仙，皆为不人不鬼也。换言之，给酸奶配备"简易刮板"者非神即仙，可得天下一切好，包括好名，包括好利，包括好话，包括好脸，总之由此好运滚滚来。

后面的事情我同样不是很清楚，但根生就此不仅和我聊过他喝酸奶的心得，同时还表示，即便由于种种原因一时无法落实，也可以考虑在商品上标注必要的文字提示。用怎样的文字替代刮板不得而知，其实，把根生的"喝奶心得"写上即可，他喝酸奶的方法是 ——"插入吸管并将其横过来，沿封口膜底面来回转圈，尽量将附着物刮掉。"

关于"商品学"与"经营学"，中国商人有中国商人的说法，外国商人有外国商人的说明。相对而言，比较而言，倘若笃信"不听老人言，吃亏在眼前"也算是一条颠扑不破的硬道理，那么"要想取之，必先予之"则讲得最为直白，最为赤裸裸。

尽管"文革"遗产囊括了"没有无缘无故的爱"，但大商场和"大革命"毕竟分属不同的领域，因此，当顾客在潜意识之中对商家示善有所狐疑，有所警惕之际，此类告知对方能省则省、能抠则抠的"省钱术"，不仅令其由表及里"爱你没商量"，同时还会由此及彼"信你不打折"。

话到此处，配不配备"刮板"似乎已经问题不大，似乎已属老生常谈，只是，配有配的意义，不配有不配的道理，二者比较而言，不人、不鬼的上帝爷似乎更倾向于前者。

第12章　软肋无痕

"从疏远学着豁达"心境同样豁然开朗
"从装傻学着包容"胸怀亦可包罗万象

2004年，相约中国企业家杂志社刘东华社长与根生做客国际饭店，聊罢正题，根生和盘托出一桩"命案"，原来有人斥资数百万元编造出一堆恶狠狠的"莫须有"，要不是反应迅速，蒙牛险些命丧黄泉。

经过抗争与逆转，根生心态已趋平和，不想以恶制恶，更不想公开细说。遗憾的是，一年过后，《蒙牛内幕》竟将此公布于众，无论用怎样的语言抑恶扬善，读起来，听起来，都有说不尽的苍凉。

无独有偶。伊利高管涉嫌经济犯罪锒铛入狱，根生悄悄给郑家送去数万元；时隔不久，郑妻为女留学求至蒙牛门下，牛率伊利旧部合助数十万。善本无痕，爱本无痕，只可惜《蒙牛内幕》再度将其公之于世……

和"酸奶发难"同属一个年份，2004 年，我为北京国际饭店紧锣密鼓筹划着一幕"360°俯瞰新北京"的大型主题活动，国际饭店为北京大型国有企业，正规正统，中规中矩，不仅对"短板变长板"的新派桶论所知不多，同时对体制外企业的生存状态也感知甚少。

饭店总经理兼党委书记陈旭华先生是我的老朋友，早在 1990 年担任兆龙饭店总经理期间就与恩波建立了深刻的合作关系。十数年过去，旭华先生有意将长安街畔这家五星级饭店打造成更具影响力的超一流酒店，一边练内功，一边借外脑，于是一通越洋电话将我请了回来。如何借足东风，我煞费苦心想了许多，最终齐心协力依托饭店旋转餐厅景自天成的优势将梦想变为现实，成为晚报头、末版对开的特大新闻。

其后，出于饭店长治久安的考虑，在尽可能的情况下，我请出有影响力的民营企业为饭店传经布道。为进一步拓宽掌门人的视野，想到了牛根生，也想到了中国企业家社长刘东华。

是日，东华、根生如约而至，新朋老友不亦乐乎。聊罢正题，根生向东华和盘托出一桩"命案"。

所谓"命案"其实是"XX"（《蒙牛内幕》专用词）对蒙牛的一次致命打击，无论用心还是手段，可谓闻所未闻。长话短说，自 2003 年起，也不知"XX"动了哪根儿筋，斥资数百万元，请出职业杀手，搬出专业公司，买通媒体编造出一堆恶狠狠的"莫须有"，要不是反应迅速，蒙牛险些命丧黄泉。

◎ 左为刘东华先生。

◎ 中为陈旭华先生。

事情折腾得挺邪乎，前后持续了足足5个月，那家挂着羊头卖狗肉的传播公司"制定了六次行动方案，明确提出针对蒙牛的打击方针，'擒牛'、'斗牛'、'打牛'，最后把'蒙牛'变成'病牛'直至'死牛'！经警方核实：该机构在实施5次行动中，共签订合同款592.17万元，在全国几十个省会城市各大报刊网络发表诋毁蒙牛文章230多篇。"（摘自《蒙牛内幕》）

东华似乎对此一无所知，我亦同样，看着厚厚的《情况汇编》，一时不知该说什么。作为企业家的娘家人，东华不好当众厚此薄彼；作为当事者的老熟人，我同样感慨万千却又话欲说而嗫嚅。

根生详细讲述了事件的原委始末，看得出来，经过了困惑，经过了愤懑，经过了抗争，经过了逆转，心态已趋平和。问及下一步打算，根生告知，法律有法律的尺度，企业有企业的气度，他本人不想同城相斗两败俱伤，为此不想以恶制恶，更不想公开细说。

送走客人，旭华先生和我又聊了好一阵儿，话题自然离不开牛根生，也离不开"擒牛"、"斗牛"等邪乎事。我俩有个共同的感觉，不仅"XX"之险恶出乎意料，同时牛之大度也出乎意料。

阴错阳差，事件相关资料在我那里放了一段时间，既有"XX"与执行机构的《委托合同》，也有全套《行动计划》及落实汇总，如果从"变现"的角度看，每段儿都是秘闻，每篇儿都是人民币，只要稍微闭闭眼睛抬抬手，相信闻风而动者不在少数。

其后，相关传闻逐渐多了起来，一些知晓王、牛交情的人还曾找上门来，想听最权威说法，想看最正宗物证。可惜，事关重大，根生"不再细说"的准则理当用心维护之……

时隔一年，《蒙牛内幕》将这段往事原原本本地推到公众面前，长达 12 页的《暗箭难防》，把"费用总计"、"付款方式"以及涉案人"被拘押在呼市第三看守所"等内容全部抖搂了出来——

2003 月 9 月至 2004 年 1 月，全国几十个省会城市 100 家报纸及大约 170 个网站，相继出现数百篇诋毁蒙牛形象的负面报道。随着时间的推移，这种诋毁性报道愈演愈烈，而且明显暴露出有计划、有组织、有步骤的幕后操作痕迹。如此泛滥成灾的假新闻诽谤，绝不会是媒体的自发行为。主管营销的孙先红开始在新闻圈里调查。

忍无可忍，蒙牛不得已向警方报了案。内蒙古自治区党委常委、呼市市委书记牛玉儒高度重视，亲自部署和安排侦破工作。事关重大，呼市公安局非常重视，当即调集了精兵强将，迅速赶赴上海、北京调查取证。

2004 年 2 月的一天，该品牌传播机构三位负责人准备携笔记本潜逃。但殊不知，该负责人的电话、手机早已被警方监控……当夜，公安人员从该公司的办公室抓捕了这三人。当该公司电脑里未及删除的大量资料被调出后，蒙牛的人当场就傻了！因为打手背后有主使，运作此次恶意诽谤的不是别人，竟是以同行著名企业XX！而在此之前，蒙牛从未怀疑过会是XX！

　　公安机关告破后作出三点裁决：一、公开道歉；二、赔偿损失（负面信息造成的损失甚大，发布负面信息花了600万元，按10倍的标准赔付为6000万元）；三、保证今后不再发生类似事件。

此事的确够阴、够损、够坏，无论听起来还是想起来，的确令人义愤填膺且气不打一处来，用北京人话讲，谁赶上谁算是"倒了八辈子邪霉"。面对于此，蒙牛主帅会怎样说，《蒙牛内幕》接下来讲道——

　　在征求蒙牛意见时，老牛说，第一项，人人都有面子，西部乳业品牌是个更大的面子，一荣俱荣，一损俱损，所以，公开道歉的事就免了；第二项，六千万有它不多，没它不少，也不用赔了，就算我们对这家公司多年栽培的回报吧；第三项务必坚持：下不为例。永不再犯！

好一个"一荣俱荣"，好一个"一损俱损"，好一个"下不为例"，好一个"不多不少"，平心而论，能说出这样的话，没有点底气，没有点财气，没有点义气，没有点豪气，是万万不可能的。

掩卷沉思，很为此气度所折服。然则，佩服归佩服，折服归折服，但细说起来，无论折服还是佩服，其实一切感觉只是针对案发当时的情景油然而生。换言之，如果按照免了"公开道歉"的主线来分析，此事事后可他说，可传说，可戏说，但唯独不可蒙牛自己出尔反尔说。再换言之，如果换了任何一个单位任何一家企业，无论怎样讲都无可指摘，只是由于主体是蒙牛是牛根生，因此同样的态度就有不同的说法，同样的作为就有不同的看法。

客观而言，此事无为胜有为，此处无声胜有声。在其中，在其间，曾经的大度与大量，曾经的包容与涵容，曾经的历练与磨练，曾经的美德与恩德，其实既老到又稚嫩，既成熟又冲动，因此，事后任何的说辞都有可能言多语失，任何的行为都有可能多此一举。

从这样的角度或层面讲，《蒙牛内幕》对事件的曝光似为不妥，极为不妥。既然当初选择了"收声"，事后就没有必要把实况交代得淋漓尽致；既然当初选择了"给足面子",事后就没有必要把盖头重新扯将下来。

换言之,无论用怎样的语言描述反败为胜或抑恶扬善,其实读起来、看起来都有说不尽的苍凉。因此,于小门小户无从谈起的思虑对蒙牛这样的企业来讲,无论是硬道理的顾此失彼,还是软实力的捉襟见肘,似乎有很多的地方有待反思与检讨……

大概 2004 年对内蒙乳业来说是个多事之秋,先是蒙牛遭受暗算,后是伊利高管东窗事发,听起来,想起来,真让人有些不寒而栗。

这年 12 月 20 日,老郑及若干伊利高管因涉嫌经济犯罪锒铛入狱,事情出现得很突然,出乎所有人意料,作为曾经的顾问与朋友,面对于此,不知该说啥,更不知该想啥。阴错阳差,老郑的辩护律师李京生先生是我的老朋友,谈及此事,心情格外沉重。

就在我试图绕开晦涩之际,心情同样复杂的牛根生向我道出一桩似在意料外却在情理中的事,原来老郑落难之时他给郑家送去数万元。此情此景,此情此义,让我从心里而不仅仅是眼里高看这位小老弟。

对此根生同样"不想公开说明",亦如前番事件的网开一面。善本无痕,爱本无痕,日后任由他人披露,但自己绝不可主动声张,否则事变味儿,人变态,无量功德大缩水。

时隔不久,2005 年 1 月 12 日,媒体告知"老牛专项基金"成立,作为蒙牛最大的自然人股东,根生将自己的股份全部捐出。一时"癌症说"、"弃股说"、"作秀说"甚嚣尘上,加之"牛群裸捐"同姓亦同"裸",因此无所适从的社会公众对此各说不一。

友人打来电话,问我"赶在老郑出事不久出台此事妥否"。因为会做的不如会说的,会说的不如会听的,两件事相连过近,容易让人误以为"破财免灾"。对此我做了客观回应,告诉对方,据我所知,此事根生早有准备,只是阴错阳差两件无关之事最终却赶成了前后脚。

话虽这样讲,但理却不能这样论,作为公众公司,作为公众人物,作为公众话题,但凡有可能有条件,既要考虑前因后果,也要顾及左右逢源,所谓谋全局,所谓谋万世,最低限度应该涵括此一时彼一时。

当年，麦克阿瑟将军在总结朝鲜战争成败得失时曾讲过，"在错误的时间、错误的地点和错误的对象打了一场错误的战争"，事过境迁，将此话古为今用，洋为中用，似乎可得出"事物的正确性含括了正确的时间、正确的地点、正确的对象"。由此看来，正确的时间对那些"无意与天奋斗"的人来说，是根，是本，是基点。

心中有话，不吐不快。2005 年 1 月 30 日，我给根生写去一信，信不长，挺难写，虽说交情挺深，关系挺好，但在蒙牛一日千里迅猛发展的档期对其主帅说三道四，心理障碍确实不小——

> 看到你捐出股份的消息很高兴，只是高兴之余又难免有些想法，写去，供参考。
>
> 对于此事，尽管传媒从不同的视角各抒己见，但似乎还没有一家把老弟"早在一年之前"就有此考虑作为文章重点。
>
> 恕我直言，虽然此前你曾向我透露过上述构想，虽然我深知蒙牛在备受恶狼打压之时你曾表现出怎样的仁义与大度，但此事与老郑东窗事发毕竟相隔太近，虽说两者之间毫无关联，却还是容易让人产生歧义且浮想联翩。
>
> 人的思维往往会沿着最浅显的思路走，因此，越是深刻的人，越是深刻的事，似乎就越应该让自身的思想起点与社会的思维惯性在同一层面上首先接轨……

尽管在信函上这样讲，但在各种可以谈及此事的场合，我均会以知情人的身份声情并茂地讲述"牛其人"与"牛之道"，虽说这样的载体很局限，虽说这样的传播也很局限，但对于"善行、善举"的宣扬，似乎还没有哪种方式比口碑更具穿透力和折服力。

还是前番讲过的道理，对于更多的善人和更多的善事，的确没有太大的必要舍近求远深不可及，因此无论是荧屏上的"感动中国"还是大卖场的"感动上帝"，各行其道且互有所长，只是对于"百年老店"的追梦者，对于"百年大计"的持有人，"独善其身"的排它性似乎张力无限。

过去经常提倡"要设身处地为别人着想"，缘何提倡，缘何经常提倡，想来"设身处地为他人着想"是件善事但又绝非易事，需要不断面壁，需要反复参禅，需要周而复始地提升自我、超越自我。

由于世界观改造是个慢功，所以调整方法论似可退而求其次，我的实践感悟是"从疏远学着豁达心境同样豁然开朗，从装傻学着包容胸怀亦可包罗万象"。凭借于此，我学会了即便一时做不到"设身处地为他人着想"，也一定要"设身处地从对方的位置替自己考量"。

从这样的层面看，以身相许"非常"，人注定不能再过正常人的生活；从这样的角度说，以事相许"非常"，事注定不能再走正常态的老路。也许是我孤陋寡闻，在中国经济编年史上，我期盼中国企业界多几把"长命锁"，我渴望中国企业家多几个"偏执狂"……

时隔半年，友人相聚，聊来聊去，话题最终由不得转到了牛根生。友人所言不仅把"老牛给老郑送钱"说得有鼻子有眼，同时关于"蒙牛高管集体资助郑妻"更描述得有声有色，起初以为是野史杜撰，但听来听去听到最后方知事出有因，话出有据，一切皆为《蒙牛内幕》广而告之也。

在该书题为《雪中送炭》的章节里，也不知道作者哪来的那么多按捺不住，着急忙慌把个好不容易修来的善事讲成了随便听来的故事，把个好不容易得来的正果变成了随意而来的结果——

> 2004 年 12 月 20 日，郑怀俊被检察机关带走。牛根生辗转打听，得知郑被关在包头看守所里，他当即托人给老郑捎去一万块钱，并给老郑 90 岁的母亲一万元，给老郑妻子一万元。
>
> 郑怀俊被抓后，媒体的普遍评论是：牛根生没有落井下石。

无独有偶，《蒙牛内幕》不仅将上述隐情详详细细地公之于众，同时接下来又把与之相关的另一桩秘闻也一并抖搂了出来——

> 事实上，不仅没有"落井下石"，而是一再雪中送炭。
>
> 2005 年 2 月的一天，郑怀俊的妻子向牛根生求助：女儿留学学费不足，想借 20 多万元。按理说，老郑家缺钱，最不可能的求助对象就是牛根生。在蒙牛发展的 6 年中伊利制造过一个又一个难题，郑牛相争简

直到了水火不容的地步。然而，郑妻（原名隐去）已经求了一圈人，据说过去那些曾经"亲切地摸过孩子头"的叔叔们个个退之犹恐不及；万般无奈，才把视线转到了"那时没摸过孩子头"的牛根生身上。

牛根生当即与同样来自伊利的几位蒙牛高管人员商量，结果牛根生、卢俊、邓九强、杨文俊、孙玉斌等人一共凑了30万元。

当把这些钱送到郑妻（原名隐去）手中时，这个在老郑出事后一直坚强支撑的女人，强忍了几个月的情感阀门一下子被掀开了，出声痛哭，令在场的人无不动容。末了，郑妻执意为每个人打了借条。

此文让我有些失望，尤其括号里面特别强调的"牛总出了10万元"更让我感伤不已。大概是和郑、牛曾有交情曾有往来，所以看了这样的内容心里很不是滋味，既为身陷囹圄无言以对的老郑难过，同时更为由此被推到台前的根生备感难堪。

其实，会说的永远不如会听的。我相信，所有的人在第一时间读到上述消息时无不为之动容，无不为之亢奋，只是一旦静下心来重新回味，何为情，何为义，似乎又很快有了新解。

老北京讲老理儿，所谓老理儿其实就是言行举止尽量别让人挑毛病。且不说老郑会不会在里面待一辈子，且不说郑妻会不会在外面欠一辈子，仅一个郑女还在成长中，强势者的自我标榜似应讲究分寸。

其实，仅仅伤了一个郑女似乎还不可怕，可怕的是联想，可怕的是互动，面对强者，弱势群体的本能既有积极的欣赏也有消极的观望，而在复杂成象的观望中，弱者的一呼百应，强者的积重难返，"人心向背"有时候不以风向观风力，"人心不古"有时候不以对错论古今……

闲话至此，突然发现，惹出上述一连串想法的几档子事儿竟然同出一处，于是寻根溯源，于是刨根问底，于是开始对《蒙牛内幕》保持了关注。不知为什么，这本听起来很有些味道的企业书，书衣给人的感觉却有些杂乱，尤其腰封上那句"他是一头牛，却跑出了火箭的速度"，看了不仅没能产生快感，反而让我很为跑道上的活人揪心。

该书有两位作者，一位是孙先红，另一位据说是蒙牛的笔杆子。在书的前勒口，分别有二人照片与业绩，头衔很多，影响各异，合力披露一件事，似乎应该游刃有余。

也许是古今中外内幕曝光一类的故事看多了，所以对此种"自己捣鼓自己"的形式有些不解 —— 如果是外姓人揭秘另当别论，如果是自家人叙写，既要讲究"不到火候不揭锅"，又要设置保密期，虽说的确"5 年增长了 200 倍"，虽说的确"6 年销售了 200 亿"，虽说业绩骄人的确需要和公众好好表一表，但表什么，怎么表，何时表，谁来表，对于既有现实也有梦、既有规模也有品的蒙牛似乎大有说道。

此前十数年，我曾写过一本《亚都公关 AA 级绝密》，也有玄机，也有玄妙，据说首开现代企业"晒密"之先河。事过境迁，尘封不再，对比两书，一薄一厚，前者为外脑顾问有声有色说故事，后者为自家高管有板有眼话春秋，尽管"绝密"和"内幕"有一拼，但平心而论，前者究竟能"绝"到哪一步，后者究竟能"内"到哪一层，还是相信会说的不如会听的。

如此而来，透过厚而不重的轻型纸，我似乎窥到了内幕之后的幕，内情之外的情，于是，不再追风，不再追捧，不再花费时间，不再投入心力，虽然有必要阅读"蒙牛内幕"，但还是等根生腾出空来听他自己说为好。

第 13 章　　多少算够

做人难，难就难在太把自己当个人
挣钱难，难就难在只把钞票看成钱

2006 年 8 月根生打来电话，"啤酒利润不及矿泉水、奶价比水还便宜"让他食不甘味。话题极其沉重，虽然不知最终有何解，但我清楚那是来自一线的困惑，底线的困惑。

曾几何时，哲人向俗人发问"多少算够"，穷人向富人发问"多少算够"，面对人世间的取之不尽，设问者似乎只强调了"挣多少算够"，而忘记了在此之外还有一个"学多少算够"。

无意挑战"学无止境"，更无心质疑精英教育，回到"多少算够"的话题上，如同鞋与脚，虽然合适与否只有脚知道，但"穿新鞋走老路"有时候另有所图，"脚底没鞋穷半截"有时候并非是想存心现眼……

时隔一年，2006 年 8 月 3 日，有段时间没有联系的根生突然打来电话，语速语调均不似以往，细细听来，原来是"竞争过激"、"利润过低"引发的忧虑让他食不甘味，夜不能寐。那天我俩聊了很长时间，有就事论事，也有由此及彼，感觉得到，踏踏实实做实业的牛根生近来郁闷得很。

我似乎预感到事情有些特殊，加之根生关心的事情比较偏，唯恐日后复述起来会走板，于是按下免提键并请秘书做了记录，其中说道——

我好像发现了一个问题，中国研究经济的人应该往前看。现在啤酒的利润比矿泉水还低，奶价比水价还便宜，我的同学都是知名企业，大家互相转了一圈，发现每个行业都不赚钱。主要原因是竞争过剩，生产过剩所带来的麻烦有点像 20 世纪 20—30 年代的资本主义危机。咱们搞市场经济也有二十年了，我在想，我们会不会也同样……

我那些同学都是顶级企业，顶级的都这样，就别说一般的企业了。我就觉得好像有点什么事情，有点什么麻烦……

不知道您在不在国内，不知道中国有没有研究这个经济学规律，这个危机规律的老师，好的老师，咱们好好坐下来讨论讨论，研究研究会发生什么，出了事咱该怎么办。我想其他发达国家的资本主义百年老店全是从危机过来的。这些从危机中活下来的该准备点什么？关键是危机到来之前如何规避，我觉得应该做点什么，脑子里爱乱想……

您肯定不是研究这方面的人，但是你至少能知道在这方面国内谁行，千万别找经常在领导面前讲话的人，要找些另类的，脑筋怪的……

您在写书闲暇之余，帮我琢磨一下，我也说不清楚理由，就是感觉到周围这么好的朋友都变成一样的想法了，这就有点问题了。谁也不敢说，谁也不好说，我就想，到了危机出现的时候会不会也是这样。

话题沉重，让我着实消化了很长时间。虽然不清楚根生讨教的问题最终会有何解，但我知道那是来自一线的困惑和底线的困惑。为什么根生对此极为敏感，极为上心，话里话外其实还是"百年老店"的情结在起作用。同样是责任心，以往人们多以民营老板"拿事当事"说故事，而放在长治久安的平台上，似乎只有百年情结才会有这等的庸人自扰。

其后一段时间曾试着找过一些有学问有想法的人，但围绕牛氏"危机论"却没有发现哪位比根生想得更多更细。此事一直在进行却一直没有结果，既不好向根生交代，也无法向自己交差。

慢慢的，我似乎不那么责备自己了，因为"理论联系实际"才是真学问，因为"实践出真知"才是真本事，为什么高瞻远瞩的邓小平反复坚持"初级阶段一百年不动摇"，看来在这个漫长的过程中，无论是取向还是走向，一切还是要以实践者感悟为主，旁观者感言为辅……

那天电话还聊了不少其他内容，有几段好像无意言之又好像有意言之，无论怎样言之，其实都是王力在那个阶段里最想讲给"牛根生们"的肺腑之言，其中说道——

很多企业家在成功以后开始变了样，总觉得没有说法不合适，没有头衔不合适，没有理论不合适，没有感觉不合适。

不知为什么，人成功后都会"倒叙心路历程"，真事儿一般告知"我是通过一个六、九个七、三个八的工程走到今天"。那不是扯吗？不是成计划经济了吗？

"人才"一旦变成"人物"很容易假装疯魔，最大的弊端是无形之中阻碍了年轻人发展，让他们备感创业无助，错以为闯出来的都是活神仙。拜托老弟用本色影响年轻人，让他们敢于往上走。当年咱俩认识的时候，如果我对你也假装疯魔，你心里肯定不好受，彼此没那样，所以才能尿到一壶里。

　　其实这些年我一直在研究你。按照你的成功系数来说，可能会和教科书有许多对不上号，要说老牛有多智慧不敢说，但事实证明，你脑子里的知识足以应对所谓的市场……

　　上述有些想法其实前后想了 20 年。1986 年我在报社工作，采访温州，近水楼台先得月，零距离接触到一些与采访无关的"纽扣商"、"低压电器商"。由于当时自己身在三界外不在五行中，所以对这些未来的"商之骄子"并未过多关注。只是，慢慢的，温州的"馄饨挑"、"购房团"横扫世俗如卷席，温州的"皮鞋佬"、"裁缝佬"挺进欧洲如平蹓，我才开始当回事地研究起新派浙商，才开始当回事地琢磨起这些人"钱染的风采"。

　　此外，1989 年，通过与"国美"黄氏兄弟的工作接触，除了温州又涉足了潮州，除了浙商又领教了粤商。同样的"没文化"，同样的"胎里带"，同样的势在必得，同样的舍我其谁，让我不得不面对一个极为尴尬的现实 ——"商人的基因是否与书卷同宗同属"？

　　曾几何时，哲人向俗人发问"多少算够"，进而穷人向富人发问"多少算够"，不知是哲人糊涂还是穷人糊涂，面对人世间方方面面的取之不尽与贪得无厌，设问者似乎只强调了"挣多少算够"，而忘记了在此之外还有一个"学多少算够"。于此，我虽然坚信"知识就是力量"，但力量与财富的换算却让我有些恍惚，有些惶惑。

　　相声不仅讲究"说学逗唱"，同时亦有逗哏与捧哏之分，回到市场经济的舞台上，谁是逗哏的，谁是捧哏的，似乎满台满眼的说学逗唱不仅没有确切的细分，同时角色互换也是随意得很。为此我常想，倘若让学者下嫁企业当老板，倘若让老板入主学府当老师，我们的生活似乎别样年华。

　　我敬重学者敬畏学者，但有一事却始终不明，在改革开放初期，在中国企业最需要指点迷津之际，却几乎看不到学者的身影，听不到学者的声音，所以那个时候只有"实践出真知"发自肺腑且响彻云霄。

　　慢慢的，老板有了钱，学者有了闲，于是"钱闲互换"渐入佳境。尤其对于那些一次创业的成功者，明明循序渐进路在脚下，但不知怎的却百般痴迷"路在何方"，最终原本挺本分、挺本真的生存路数，竟然变异成众口一词、千人一面的机械唯物论。

君不见，在"峰会漫天飘、论坛满地跑、学院满处炒、教授满兜捞"的昨天，面对早有前兆的金融海啸，面对早有前车的经济危机，我们的学者，我们的师者，我们的长者，我们的尊者，却无从道出指导学员实践的理论；君不见，在"荧屏常玩飘、电台常神聊、报章常爆料、书店常点卯"的昨天，面对"乐极生悲"的千古定论，我们的能人，我们的高人，我们的超人，我们的富人，又有哪一位未雨绸缪"饱拿干粮热带衣"？

面对于此，我欲无言，回到本章话题上，尤其撇开常在荧屏上露脸的那几位，尤其遍访富可敌他的名不见经传，虽说后者形象不尽光鲜言语不见华彩，但在现代企业的经营管理中，他们近乎与生俱来、近乎无师自通的"现代企业思维"，不仅让"现代企业制度"不再唱独角戏，同时也严肃设问名头一等一的管理学院商学院 ——"到底教多少算够？到底学多少算够？"

面对于此，我欲无言，回到本章话题上，尤其撇开常在荧屏上露脸的那几位，尤其遍访富可敌他的名不见经传，虽说后者形象不尽光鲜言语不见华彩，但在现代企业的经营管理中，他们近乎与生俱来、近乎无师自通的"现代企业思维"，不仅让"现代企业制度"不再唱独角戏，同时也严肃设问名头一等一的管理学院商学院 ——"到底教多少算够？到底学多少算够？"

哲人称"知识就是力量"。听了很多年，说了很多年，突然有一年，突发奇想下了海，自以为是，自以为美，原以为"咨询"二字笔画不多，原以为"智业"内涵不过如此，万万没有料到，一位资产不大可"嘎劲儿"不小的乡镇企业家给我上了堂生动活泼的案例教学课，让我重新认清了"知识"的本义。

说来话长，笑来话短，对方先是拿着我的名片细端详，接着又对着我上下细打量，最终提出要向我"呲寻呲寻"究竟什么是"知识分子"。既然自以为是，回应这等小儿科发问自然也就张口就来，于是告知——"知识分子无非就是有知识的人"。

此话一出，不想惹得此公仰天长笑，连说差矣，连说错矣。不仅如此，您越是问，他越是笑，笑出了眼泪珠儿，笑出了鼻涕泡儿，最终一把鼻涕一把泪地提醒我，说了半天其实也只是围绕“何为分子”在瞎咧咧。见我止住笑，见我不再说，于是斩钉截铁告诉我——“知归知，识为识，有知无识不可枉称知识分子。”

一笑了之。一笑又不能了之。早年间看苏联老电影，始知“农民有农民的真理”，听着可笑，学着可笑，只是活到准备顶天立地时，才算真正弄明白，为什么城里人需要不断扪心自问“谁人祖上不务农”。

在五颜六色的现实生活中，不反对“理论是灰色的”；在参差不齐的历史进程中，不排除“理论有时候会走在实践前面”。问题在于，无论有怎样的思无定式和怎样的语无伦次，由于“知归知”，由于“识归识”，所以由此而来我们的“知识”，我们的“知识分子”，我们的“知识就是力量”，似乎在司空见惯的解读中又有了新的内涵与外延。

这年头写书的很多但原创很少，这年头教书的很多但育人的很少，说起来其实都是些老掉牙，但“态势”念起来比“势态”显着有学问，“修为”听起来比“修养”透着上档次，于是“没钱有闲的”和“有钱没品的”集体变声，齐心协力，人心不古，捧红了绘声绘色的，抬高了装模作样的，玩转了千古奇怪的，搞掂了冥顽不化的，美其名曰“谁在说”，其实细想起来纯属“又在扯”。

无意挑战“学无止境”，无心质疑“精英教育”，只是身边的大活人未必都遵循教科书编排生活，只是身边的大活物未必全按照大讲堂安排自我。回到“多少算够”的话题上，如同鞋与脚，虽然合适与否只有脚知道，但“穿新鞋走老路”有时候的确另有所图，“脚底没鞋穷半截”有时候并非是想存心现眼……

第 14 章　如何算妥

寸有所长，外国的月亮显着圆
尺有所短，自家的细节瞅着糙

借移居海外之便，历时六七年，儿子和我，我和儿子，他山攻玉巧取豪夺，行万里路写一卷书，取名《天大的小事》，副题"眯起眼睛看西方"，意在不卑不亢，志在后来居上。

该书至少有两种读法，一种是"对号入座，就事论事，身在其中，困在其中，软肋在软肋之中"，另一种则是"对酒当歌，触类旁通，诗在诗外，戏在戏外，功夫在功夫之外"。

出于对读者负责，该书出版之前曾邀敬一丹、方宏进、金越等友人一读，其中根生所言"大国崛起，小处着眼"、"举国慎小，文明乃大"可谓一语中的，可谓掷地有声……

借移居海外之便，2007 年，历时六七年，儿子和我，我和儿子，他山攻玉，巧取豪夺，行万里路，写一卷书，取名《天大的小事》，副题"眯起眼睛看西方"，意在不卑不亢，志在后来者居上。

该书用镜头和杂文精准聚焦"以人为本"和"宜居特质"，以小见大，小题大做，不仅以"民族细节"界定之，同时道出"打造民族细节刻不容缓"、"提升民族细节匹夫有责"的创作初衷。

出于对社会和广大读者负责，《天大的小事》在撰写过程中曾力邀近百位心目中的大明白人进行"一读"，在众人提携之下，该书最终体现了"浮躁之年的静心之作，视觉阅读的创新之作，宜居建设的扣题之作，民族细节的开篇之作"的基本特征。

由于篇幅所限，该书只精选了四例"一读感言"，从不同角度不同层面阐述了各自的读后感。

算起来，那时候和敬一丹已经相识相知了十几年，出于记者的敏锐和女性的细腻，一丹结合自己的亲身感受讲了下面一番话，没有了威严，不见了犀利，但落地有声且余音绕梁 ——

　　我曾在一个世界知名银行的柜台前，看到职员诚恳由衷的笑容，她后面的墙上并没有"顾客是上帝"这样的大标语；我曾经在一个滑雪场，看到工人细心擦去缆车椅子上的雪花并填平雪地上的坑洼，他旁边也没有人督着他：安全第一！安全第一啊！

这似乎都是小事，可我总忘不了，一想起来就觉得温暖舒服。而在我们身边，小事、小处、小节，往往被忽略。在目标大、口号大、阵势大的时候，那些看起来微小的东西就更容易被忽略。

然而令人感动的是，《天大的小事》的两位作者却没有忽略，而是睁大眼睛捕捉它们，用照片用文字记录它们，放大它们。这使得它们离我们更近了。噢，文明，看来不是个需要仰望的大词儿，它不就在我们身边吗？一举手、一投足、一个表情、一个念头，都能让我们感悟……

司马南先生一向快人快语，彼此虽然走动得不是很勤，但心灵沟通却极为到位。在他的"一读感言"中，强调了"碎看西洋"，突出了"见微知著"，言简意赅，提纲挈领——

《天大的小事》碎看西洋，整观东史，见微知著，雄握大势。说句肉麻吹捧的话，既有益又有趣，不仅值得读，甚至还值得收藏。为什么，因为这类"敢对自己说我"的原创作品，一有针对性，二有建设性，三有启迪性。

王力先生过去给了我们很多重要启示，我觉得他一直处在思想前沿里，用心于国家建设。比起某些只会骂娘、只会发牢骚、只会假装有什么思想体系的所谓的大文化人更可亲、更可敬……

主持过多档《读书》节目的阿忆先生机敏但不失持重，请这样的行家点评，想来别具一格，想来语惊四座。果不其然，阿忆坚称这一切其实用不着上升到文化高度，因为它只是一种习惯——

一个民族的塑造，更多的时候并非一定仰仗宏大而深远的文化，它需要的只是点点滴滴，只是从细琐小事做起。我们中华民族不缺文化，缺的只是琐事上的道德和意识，而这一切似乎都不用上升到文化高度，它只是一种习惯。

是否有人已经注意到这一点？我想告诉我的朋友，我们可以从《天大的小事》看起、做起，经由这本书察看域外传奇，而这些社区传奇和文明传奇，其实全是一些小事情，但它们会改变我们的民族，朝着更好的方向。

我们只需做两件事情就可以完成它，一是从合上这本书开始，注重小事中的道德和文化；二是绝不气馁，在未来的岁月中，一边做着合理的小事，一边耐心地等待……

也许是风头正劲，也许是关系特殊，在所有的"一读"里，牛根生会说点什么、能说点什么大家很是关注。2006 年 12 月 13 日，离新书发布还有一段时间，我给根生打去了电话，向他通报了新作近况，同时也一并提出请他担纲"一读"的想法。根生表示，给他点时间，他要细读，他要细品，然后他要把真实感悟细细道来。

在征求了出版社意见之后，我把书稿最大限度发给了他，时隔数日，根生发来了深思熟虑的"一读感言"——

大国崛起，小处着眼。在文明的天平上小事即大事；小事不成，大事必败；举国慎小，文明乃大。

中华民族想要后来居上，第一步奉行"拿来主义"，效仿文明先驱实现相对创新；第二步弘扬"创造主义"，自做文明先驱实现绝对创新。只有完成从"自学到自主"的惊险一跳，文明的嬗变才算真正成功、真正胜利、真正的根深叶茂来日方长。

没有第一步哪里来的第二步，该书"西方微镜头＋中国大思考"式的民族解剖图，是迈好第一步可资借鉴的一个范本……

在后来召开的新作发表会上，根生原计划出席，电话里和我讲了两个一定要到场的原因，一是《天大的小事》强调的是"以人为本"，着眼的是"民族细节"，如此天大的善事他有话要说；二是一男贤侄第一次出书，长辈理当到场祝贺。可惜得很，阴错阳差，一桩突如其来的事情让根生分身乏术，会前他打来电话，请我务必向与会者和孩子表示歉意。

正是通过如此精细打磨，该书不仅引起大百科、三联乃至央视"百家讲坛"等重量级出版宣传机构的高度重视，同时《狼图腾》等畅销书出品人金丽红、黎波，《富爸爸穷爸爸》、《谁动了我的奶酪》出品人汤小明等出版家也打破行业壁垒给予无私帮助。

顺天应人，这本最终由中国大百科全书出版社出版的"中西方比较文化研究"专著，在 2007 年全国图书订货会上被评为"最值得推荐的一本书"，不仅《人民日报》、《光明日报》、《工人日报》、《农民日报》、央视新闻联播等主流媒体均有宣传，同时《南方周末》还围绕《为什么外国的月亮显着圆》做了整版报道。

更令人难忘的是，不仅中共中央政治局委员、北京市委书记刘淇在北京市党代会上大力推介，同时中共中央政治局委员、原重庆市委书记汪洋还将其推荐给该市领导并特意邀请作者赴渝讲学……

除官方及官方传媒褒奖以外，广大网民也见仁见智发表了不少见解，一篇题为《学者与商人的差距，柏杨与王力的区别》的文章言简意赅。之所以"追捧"，并非是借机与柏杨先生做比较，而是在规避"民族弱点"、提升"民族细节"的问题上遇到知音。文章写道——

> 《天大的小事》作者是个商人，"商人"虽不在我所最敬重的三个职业之内，也非我所热爱，却是我寻辟另类的乐趣所在。我最欣赏该书作者有三——
>
> 一、眼光独到，见微知著。甚至"微"到平常人注意不到，甚至即使注意到也会擦肩而过；
>
> 二、重视分析"目标市场"，从"客户"需求着手，创新取胜，故能写出畅销之作；
>
> 三、观点实际不空泛，很易理解。说白了，就是利字当先，但是此利非彼利，包含着像乔致庸等深明大义之名利观。譬如，谈到市政的建设，不光是从城市的环境美化或市民的便利，更多也从跟货币挂钩的实惠实利上来说明。
>
> 如此三点，该书作者才不同于作家的注重辞藻，才不同于思想家的惯性深掘，才不同于人文学家的口号式倡导（当然全是指泛泛之辈，也更针对的是全民阅读作品，而非专业学术）；正因如此，读者在权衡利弊后，很容易接受作者的观点并感到由衷的认同。

该书在语言上可谓妙语连珠，且会意的多少、深浅的拿捏则与个人的阅历、见解成正比。因为归属于全民阅读类，加之图文并茂，内容之间并不具有连贯性（可一页一页看），所以适合任何人闲暇时候阅读。

仅此而言，即可完全比对出《丑陋的中国人》一书在叙述手法上，或是思维方式上的差距。这是学者与商人的差距。

除此之外也听到些其他说法，传闻大多来自不明就里者，在他们"猜"来，请牛总说点什么似乎要付不少的"润笔费"。当然，也有个别对王、牛交往略知一二的读者与众不同，他们的所见所闻、所思所想虽看似深入，但与事实却有天壤之别，譬如一位网友在其博客里说道——

老牛经常倡导一个观点，《蒙牛内幕》也提到"不谋全局者不足以谋一域，不谋万世者不足以谋一时"。其实这话最早是在 20 世纪 90 年代《恩波智业》中看到的，当时王力到处演讲，这句话是经常提及的招牌语。

据我了解，期间的趣事是这样，老牛在早期就知道智力投资，找到王力，王对这个"小老板"没怎么重视，但老牛用诚意打动了他，最后王力答应请求，和老牛发散性聊天，收费 20 万，聊了两天，老牛印象最深的就是这句话，但老牛认为特值，至少牛根生的大局观和眼光是非同一般。

好像前段时间退出智业的王力出了本新书还是牛根生给作的序呢。英雄惜英雄，再次印证企业家学习的速度决定公司成长的速度。

非常感谢这位网友的一番热情，尤其感谢曾为《恩波智业》老读者。只是，博文中关于"聊两天，收 20 万"纯属传遍社会的以讹传讹。讹出何处，传自何人，一般说来"耸人听闻"和"故弄玄虚"多会与所谓的"内幕"扯到一起。

不想说造谣者存心生事，不想说生事者存心造谣，不管怎样讲，如果"聊两天收 20 万"是善意的谎言，一切另当别论，遗憾的是，相关的铺垫、配套的说明竟是那样的别有用心。

俗人自有俗念，一念之差同样"失之毫厘，差之千里"。譬如，我的俗念我做主，譬如在看了"莫须有"的胡编乱造的所谓"内幕"之后，也曾不悦，也曾不爽，也曾用了一个章节拨乱反正。只是，做人的尺度不同，做事的标准亦不同，最终写了，说了，但到头来又将其统统扫进"回收站"抑或垃圾桶，至于此后讲不讲，一切听其自然……

大概是情有独钟，大概是自恋过度，《天大的小事》从 2006 年秋季进入亢奋状态以后，我至少有一年半的时间沉在里面走出不来。说来也许不信，该书文字量不过 6 万左右，而在其后走火入魔的时间里，我给有关方面有关人士写去的信函，加在一起足足有十几万字。

信写得很艰苦，因为不想将其变为千篇一律的印刷品，于是因人而易，于是费尽心机，别无选择，面对"加速提升民族细节"之大业，作者的力量微乎其微，只能动员社会极具影响力的人，请他们关注，让他们上心，其中，在写给物美总裁朱幼农先生的信里曾这样说道——

> 致函老友，一是叙旧，二是期盼在"提升民族细节"想法上友人所见略同。可能的话，先抽时间看看书，方便的时候一起好好聊聊，恕我直言，"如何加速提升民族细节"的大话题，需要您这样的大明白人鼎力相助！
>
> 需要和您特别解释的是，该书至少有两种读法，一是"对号入座，就事论事，身在其中，困在其中，软肋在软肋之中"；二是"对酒当歌，触类旁通，诗在诗外，戏在戏外，功夫在功夫之外"。
>
> 换言之，第一类读者多为官人差人，而其他读者则看似与之无关。然则，大道空空，软肋无痕，欲要在今后各项工作中明察秋毫、防微杜渐，举凡看过该书的"闲士"，大多会对细枝末节中的关键所在，有所了解，有所察觉，有所规避，有所掌控。

在百余封函中，2007 年 6 月给根生的信写得最长扯得最远，谈了相随心生，也谈了风从云起，谈了打虎亲兄弟，也谈了众人拾柴火焰高，总之，面对新事物、新概念，我期盼根生领衔主演、能者多劳——

《天大的小事》出版至今已四月有余，期间未曾走动的是两位与之关联甚密的知己，一位是最先赞同"政府读本"概念的金丽红金大姐，另一位则是最先将其与《大国崛起》合并同类项的牛根生牛老弟。未曾走动的原因很直白，该书走势与《大国崛起》的"国家读本"一度若即若离。

近来出现了一些既在意料之中也在意料之外的新情况，所谓意料之中，是说水到渠成功夫不负有心人；所谓意料之外，是讲风从云起说不准哪块儿云彩会下雨。刚刚向金大姐通报了这一情况，接下来马上致函你处。

最早关注该书的国家机构是全国政协和北京奥组委，最先关注此书的政府部门是北京地税局，该局不仅为数百名副处以上干部配书，同时王纪平局长还写下令人心热的留言，告知"这是一本读了还想读的好书，我一定尽其所能，带领我的部属学好用好，争取为纳税人做几件天大的小事。"

在一些地方领导对该书陆续产生兴趣的同时，重庆市委汪洋书记向该市热情推荐阅读。他认为该书囊括的西方发达国家 在城市管理中的人性化设置和精细化管理是该市学习、借鉴和提升管理理念的好教材。

5 月 17 日，北京市委刘淇书记在党代会上向与会者热情介绍了这本书，他讲"该书收集了城市管理细节化和人性化的种种做法，非常得体，官员都应该学习其中的做法，对居民提供尽可能人性化、贴近性服务，而这应该成为管理者的自觉意识"。

国内如此国外亦可贺。先是北美多所大学多家图书馆在第一时间予以收藏，再是温哥华市长等题词祝贺，接下来多元媒体相继发表评论。颇有意思的是鬼佬的关注点与我等不同，既欣赏"文化交流"这一块，同时更看好该书第一次细化、量化了"世界宜居城市"……

如你所知，如你所讲，提升打磨"民族细节"是一个大话题，是一场大革命，需要一些人够胆提出，需要几代人不断跟进，如此才能告别"拿来主义"，才能实现"创新主义"，才能完成"从自学到自主"的"文明嬗变"。基于此，鉴于此，还算深谙事理的我在书中别有用心地写道——

> 本书不仅有两种读法，同时还有两种想法，谁让《天大的小事》不
> 是一般的书，谁让"天大的小事"不是一般的事。第一种想法为常情所
> 致，即作者从此将其据为己有，并以"小处着眼"专业户自居，自命不
> 凡，自鸣得意，长此以往且乐此不疲。第二种想法系忘情所致，即本书
> 作者只为本册书作者，前期投入皆为抛砖引玉，以期全球华人共出手，
> 风从云起，众人抬柴火焰高。
>
> 换言之，本书"形式服从形势"，如果大势所趋，作者甘愿为有心
> 聚焦民族细节之同道中人让贤，退居幕后为"集体创作"做嫁衣。
>
> 致函牛老弟，一是通报情况，分享愉悦；二是希望尽快聚首促膝、
> 从长计议。兄以为，尽管民族细节可用"天大的小事"概括之，但"提
> 升民族细节"却绝非天大的小事，需要打虎亲兄弟，需要上阵父子兵，
> 需要我等合力为之。
>
> 其二，奥运在即，百年不遇本该百无一失。有些事风从云起，有些
> 事云随风去，总之李逵上山、张顺下水，总之兵来将挡、水来土屯，一
> 些蒙牛关注事亦可一并谈……

众所周知，对国人来说，2007 和 2008 年的每一时每一刻都极其珍贵，现
实与现世交织在一起，速度与力度捆绑在一起，人们似乎没有太多的时间想
象其他，没有太多的空间接纳其他。于是，上述话题自然而然被放了下来，
上述梦想理所当然出现了诗化的雾状。

对此我很理解，尤其"提升民族细节"这类的大事，需要静心，需要内
敛，需要从长计议。因此，尽管上述信函未见下文，但我始终期待着围绕根
生所言的"小事不成，大事必败"和"举国慎小，文明乃大"交换意见。

万万没有料到，时隔一年，本不在人们视线之内、本不在相关《标准》
之内的小小三聚氰胺竟把乳业闹翻了天，竟和食品安全叫上了板。痛定思痛，
算不算"小事不成，大事必败"，是不是"举国慎小，文明乃大"，虽说解铃
仍须系铃人，但人安在，铃安在，绳又安在……

根生的一读感言，除了"小事不成，大事必败"，除了"举国慎小，文
明乃大"，同时还有一句话说得非常到位、非常得体，即"没有第一步哪里来

的第二步，该书'西方微镜头 + 中国大思考'式的民族解剖图，是迈好第一步可资借鉴的范本"。

何为"西方微镜头"，一言难尽，借《南方周末》的文章作说明，"该书讲的都是西方式和谐社会的'鸡零狗碎'，不积跬步无以至千里，原来文明这个大得不得了的东西，实际上就是一些'鸡零狗碎'搭建起来的。"

在听够了、看够了"英雄所见略同"之后，我突然从实际情况中感悟到，有些英雄之间的互动似乎只有开头，没有收尾，只有宣言，没有行动。缘何如此，有说英雄皆为大人物，大人物一般对小事不屑一顾；有说英雄皆为大手笔，大手笔一般对细节忽略不计。

呜呼。哀哉。由于"天大的小事"毕竟还是小事，所以在这件事情上的"所见略同"有可能只是说说而已。基于此，源于此，该书的"一读"虽然近水楼台，但未必会将书中的"黄金屋"和书中的"颜如玉"，有板有眼、有始有终地运用到日常生活中。

联想"细节决定一切"，联想"细节决定成败"，按理说，在英雄圈儿里，在名人堆儿里，这点学问，这点口号，不该一天到晚喊得山响，车轱辘话缘何没完没了，刨根问底症结似乎就在于"细节决定不了一切只能决定一半"，"细节决定不了成败只能决定成色"—— 由于"一半"也是50%，由于"成色"也能设法遮掩，所以专家、作家反复用"一切"和"成败"加以提示，自然也就有了特殊的意义。

该书出版发行之后，不少地方将其列为城市宜居建设的"最佳教辅"，八仙过海，各显其能。与那些大动静、大手笔比较而言，我似乎更钟爱北京市东城区在"导厕牌"上标注实际距离的做法。客观而言，此举为中国"厕所文明"迈出了可资借鉴的一步。

比对高开高走的"英雄所见略同"，我由不得想到了"俗人所见略同"，由不得敬重起"俗人所见略同"，英雄失去一半少说还有50%，而俗人失去50%则有可能所剩无几……

第15章 生无定式

大胆设想，小路也能通罗马
小心求证，大家也有走眼时

　　不仅我对蒙牛如何"以迂为直"贴近奥运有些想法，同时儿子也对非赞助企业如何与奥运互动有些考量。牛叔很重视，事主很认真，但最终谋事在人，成事在天。

　　自古伯乐无数，只是围绕马在说；自古贤达无数，可惜多为居高者。因此，一旦谈及"老马识途"，老马绝对不是马；一旦涉及"后生可畏"后生指定暂且不如老人家。

　　仰望"月光族"，遍访"宅男女"，活法儿万千，玩法儿千万，唯一的共同点则是生无定式。因此，尽管"人老奸，马老猾"不无道理，但在"阳谋至上"的和谐社会，生机、生路已然开始眷顾生面孔……

如您所见，在信的最后，我有意往“蒙牛未能成为奥运赞助商”上面扯了扯，话题有些敏感，有些心照不宣。然而，信息社会似乎没有那么多的“自古华山一条路”，就像《天大的小事》的“后记”所言：“曾几何时，一曲《山不转水转》把世间万物转了个遍，原来山不转水转，原来水不转云转，原来云不转风转，原来风不转心转。”

从这个角度讲，其实围绕奥运可做的事情还有很多很多。自 1990 年用心帮衬“北京亚运会”以来，我与这类特殊的体育赛事便有着千丝万缕的密切联系，无论是 1993 年深度介入“2000 申奥”，还是同年建言“全国七运会”紧急调整开幕式，无论是 1996 年出任“亚洲冬运会”唯一指定咨询顾问机构，还是“2008 奥运”与北京市委、北京奥组委领导真情互动，我对奥运的感觉似应别具一格。因此，企业在奥运框架内还能有哪些动能，资金在奥运原则中还有哪些热能，此间似乎有许许多多的想法常想常新。

事过境迁，虽然不好用事后演绎的故事与当事人当时的作为做比较，但就事论事，倘若有缘在“李逵上山、张顺下水”的舞台上风从云起相随心生，我会建议蒙牛围绕其既定方针至少再做两件事——

其一，在大张旗鼓推进群众体育运动的同时，深刻道出“体育强身，力塑民魂”的时代强音，借鲁迅先生“惟有民魂最可宝贵”与时俱进，借“重在参与”与竞争者同行。

其二，承前启后，继往开来，在奥运圣火熄灭之时率先道出“燃起心中圣火"。相信由此而来，"更快、更高、更强"的奥运精神一定从此平添"更广"二字；坚信由此而来，我们的精神家园一定满园春色关不住。

试想，设想，凭空想，倘若在蒙牛塑造的那个"奶孩子"体内注入了最可宝贵的"民魂"，倘若人去楼空的瞬间"精神圣火"再现精神家园，我们的民众会怎样看，我们的舆论会怎样说，我们的商品会怎样卖，我们的官人会怎么夸，相信无论怎样叙写均不为过。

此外，百年奥运已将国际奥委会练就为百折不挠、百战不殆之"百变金刚"，面对奥运场馆之外奥运精神的发扬光大，相信这些职业人士不仅会为"计划内亮点"怡然自得，同时也一定会对舍我其谁的"计划外亮点"怦然心动……

无独有偶。不仅当老子的对"蒙牛如何切入奥运"有些胡思乱想，同时热衷于"中西方比较文化研究"的儿子也对相同话题有自己的考量。2008 年 4 月，一男和我讲述了一个带有悬念的故事，尽管不知具体何指，但听上去挺好，想起来很妙，既有对自我的肯定，也有对蒙牛的尊重。

4 月底，一男给他牛叔叔发去了短信，告知近来在国外发现了一款特殊用品，与奥运极其贴近但又不受任何清规戒律束缚，在他看来，既是目前最佳奥运互动产品，也是对蒙牛无缘导入奥运的最佳转机，同时更是特殊时期影响国人的特别手段。

起初，"不知具体何物"让我有些不解，爷儿俩之间还留一手似乎大可不必。后来一男告诉我，如果只是单一物品，他会直截了当送给牛叔叔，由于附加在硬件之外还有较为复杂的配套思路一时难以讲透，所以无法将其简化，更无法用普通商业模式进行互动。

短信发出之后，连一男也没有想到，平时走动并不很勤的牛叔很快打来电话，告知事已安排妥当并由集团副总赵远花负责落实。喜出望外，一男给根生写去一信，其中说道——

> 您的重视让我非常开心，别看物品不沉，可负担挺重，既要迈过家父这道坎，又要通过叔叔这道梁。

出于"亲情与事理"的双重考虑，此事既想到了力挺蒙牛搭乘奥运快车，同时也想到了凭此创意获取应有价值。一男以为，这样的想法，无论从做人还是做事的角度考量，既符合家父"益人益己"的长期教诲，同时也符合叔叔"财散人聚"的一贯倡导。

虽然创意不是我的专业，但我很想以此与"老牛基金"做一次特殊互动，您用创意收效造福蒙牛，我用创意所得回报社会，若能如愿以偿，一男愿将计划中开展的"宜居推介"、"关注农民工"等选题全部冠以"蒙牛全案资助"并在您处监管下专款专用……

远花热情接待了一男，由于不知年轻人底细，所以只能从常规角度谈及看法。具体谈了哪些，没有向我透露，但我感觉得到，企业无可厚非的处世原则与孩子的纯情流露似有不同。

一男有些困惑，虽然从骨子里不想和蒙牛做生意，但现实中却必须要和牛叔谈条件，何去，何从，最终无所适从的一男准备跳出怪圈，将相关物品与关联创意无偿交送蒙牛。

非常遗憾的是，计划跟不上变化。"5·12"大地震掀翻了国人的按部就班，包括可人的愿景，包括可能的互动，包括可取的真诚，最终同样在高度忙乱中化为乌有……

奥运临近，一男约我"游车河"，孩子告诉我，那个神秘的物品其实就是带车窗支架的"车载旗帜"。

闻此一怔，指着周边景象问他，这类物品已然有人捷足先登，重复他人有何意义？一男告诉我 —— 事先与蒙牛难以沟通即在于此。他的创意，他的立意，虽然同样是以国旗为依托，但此旗帜非完全彼旗帜，与众不同的构思恰恰在于，作为全球盛会，北京奥运不仅要有东道主的国旗随处可见，同时更要有各个参赛国的旗帜随处飘扬。

面对于此，我不得不对孩子的视野与情怀心悦诚服，毕竟在国外生活学习工作了七八年，毕竟对"中西方比较文化研究"有些实践也有些感悟，虽说在本土"理念变现"、"创意变钱"的环节上确实有点脑子不够使，但在观察大世相的思维方式上却真的后来居上。

　　说起来我对孩子管束也算是严格的，虽然不比根生，但也算比较另类，比较苛刻，有时候甚至就连孩子的母亲也认为当爹的实在有些过分。为什么，说不大清楚，从表象看，似乎和天下父亲的做派如出一辙，然而，细细一想不对了，严了半天，狠了半天，究竟一切为了啥，难道就为了望子成龙？难道就为了出人头地？答案似是而非。

　　闲来无事认真想了想，其实我对孩子的期望既高也低，长话短说无非也就是希望将门之后、名门之后最好能活得"不俗、不穷、不累"而已。所谓"不俗"，是说精神世界有自我；所谓"不穷"，是指物质世界有闲钱；所谓"不累"，是说一生尽量量力而行、量入为出风物长宜放眼量。于此有人说难，有人说易，有人说实，有人说虚，最终轮到一男自己说，"力争奥运参赛国国旗在北京随处可见"让我这个当爹的于无声处听惊雷。

　　由此想到了"青出于蓝不是蓝"，想到了"红得发紫不靠谱"，不想说世界是平的，所以谁经常游走世界谁就会由此及彼；不想说地球是圆的，所以谁能放眼全球谁就能左右逢源。"一男视线"之所以能够触及天外天，其实最根本的原因是他提前在磨炼与磨难中领悟了天外本来还有天。

　　孩子是职业摄影师，在国外还有过一段记者经历，由于提前感知了天外有天，所以在走什么路、做什么人的选择中，既没有止步于新闻题材的时效性，也没有满足于艺术摄影的唯美性，而是期盼能在视听领域用思想一锤定音，在思想范畴用艺术集中表述。

　　正是出于此种考量，一男才权衡再三最终将"宜居推介"、"关注农民工"等重头戏纳入近期工作范畴，由于相对说来属于大制作，所以相对而言需要大投入，于是，有些特质、有些自信、有些人脉、有些冲动的当事人，才就有了欲与蒙牛互动互利的如是说……

　　因故未果让孩子反思了许多，如果没有与蒙牛的渊源，或许把"企业行为"直接转换为"政府行为"效果会更好，虽然与后者互动不存在讨价还价，但至少会让似是而非的"双赢"由期盼转化为"想起一出是一出"。

　　需要反思的的确有很多，所谓历练，所谓锤炼，讲的大概就是如何适应这类"好事多磨"。后来我告诉一男，倘若当事人换成了我，或许我会在第一时间径直前往呼和浩特与牛叔当面锣对面鼓，说得清楚听得明白继续往下谈，说不清楚听不明白掉头径自前往北京奥组委。

奥运前夕，大概觉得上述构想最终无声无息有点冤，一男于 2008 年 7 月底向有关方面送交了《关于奥运期间"向外国观众赠送对方国国旗"的紧急建议》，透过字里行间，不难看到当初与蒙牛互动的基本思绪——

> 奥运在即，车身悬挂的中国国旗已形成一道靓丽的风景，相信在开闭幕式以及各比赛现场，将会出现更为激动人心、更为壮美无比的热烈场景。
>
> 兴奋之余想到，奥运会是极为重大极为特殊的国际活动，尽管举办国将浓烈的爱国激情融入其中在情在理，尽管举办国国旗无所不在无可厚非，但是，作为第一次以"人文"主题面众的北京奥运，欲要借此促进人类社会的和谐与共荣，人文的内涵似应更加宽泛，爱国的意义似应更加深远。
>
> 建议紧急生产一批纸质奥运参赛国国旗，在奥运场馆分送国外观众或任其自取，同时不排除赠送中国观众。尽管此举史无前例，但有理由相信，赠旗一事将开奥运历史先河，将为北京奥运无限加分，将为今后世界奥运奉送一份空前绝后的宝贵文化遗产。

由于时间紧迫，上述想法最终未能付诸实施，作为职业人士，跳出遗憾，绕开缺憾，我还是看到了内中的成功与成熟。

2008 年 8 月 1 日，新华社通稿告知，胡锦涛主席在接受 25 家外国媒体联合采访时指出，"北京奥运属于中国人民，更属于世界各国人民"。时隔数日，新华社继而刊发了题为《理性爱国，我们要让世界肃然起敬》的奥运特稿，其中三个小标题看了让人怦然心动——

"爱国主义是全人类共有的高贵品格"；

"北京奥运会展现的是一种轻松的世界主义"；

"理性爱国是我们的责任"。

视此，至此，除了为"一男视线"暗自叫好，同时由不得想，孩子在与蒙牛接触的过程中，倘若有能力坦陈"世界主义"和"理性爱国"的硬指标，倘若有胆力昭示"让世界肃然起敬"的软道理，相信用不着大费周章，根生，远花，一定会采取另外一种非商业模式规避"好事多磨"……

儿子作为本书"一读"成员，从其独到的视角对全书提出了许多建议与忠告，其中首当其冲就包括了对本章的质疑，在他看来，此事与"生根者"无关，最好将其从中删去。其实，"看似无关"并非无关，且不说副题"闲话我与牛根生"包罗万象，仅一个"生根者"根系错综复杂，就很难随意确定哪块儿云彩下雨，哪块儿云彩不下雨。

本章标题既然为"生无定式"，想来主旨思路会围绕"无"字展开，谁让天下事或"无中生有"，或"有中生无"。又道是，仁者见仁，智者见智，作为五十大几的中老年，跳出作者局限，我从中获益匪浅的就包括"后生可畏"这个理儿。缘何有关"代沟"的界定已被年轻人压缩到"两三年"，赞成与否，逆反与否，反正这类规律早晚是由岁数小的说了算。

从传统因子说，"姜是老的辣，醋是陈的酸"，从时代元素讲，"辣的不一定就是姜"，"酸的不一定就是醋"。因此，尽管"饱拿干粮热带衣"一类的教诲还不能被笼统认定为是"教条"，但我们的师者与长者，却非常有必要按照"未来学的指向"和"生力军的动向"眼观六路耳听八方。

在市场经济的大潮中，为了整齐划一、以求一逞，企业中人常会将自己置身于准军事化的状态中。然则，时过境迁，由时代青年构成的野战军早已不完全是单一面孔，如何带好用好为数众多的国防中坚，适之爽，背之僵，所以新华社告知：《沈阳军区对80后90后官兵提倡欣赏包容》。

从我给根生的一封信到孩子给蒙牛的"半成品"，从代沟"窄"到两三年到"醋不一定就代表酸"；从"未来学指向"到"生力军动向"；从拓展训练的从难从严，到80后、90后官兵喜获欣赏与包容，本章所叙内容似乎扯得有点远也有点偏。

其实，一切只是信马由缰。关于"生无定式"的理解与揣测，既有混乱之中问自己，也有惶惑之时问根生，诸如一男不是我儿，我会怎样视之？诸如一男不是小辈，长尊又会怎样待之？

绕开剪不断理还乱，其实我更想探究的是，倘若一男是个陌生客，倘若此人够胆坦陈"世界主义"、"理性爱国"的硬指标，也够胆昭示"让世界肃然起敬"的软道理，身在至少"10 个代沟开外"的我等审视者，会不会耐心听其叙述之，会不会潜心观其用心之，结论同样似是而非。

自古伯乐无数，只是围绕马在说；自古贤达无数，可惜多为居高者；因此，一旦谈及"老马识途"老马绝对不是马，一旦涉及"后生可畏"后生指定不如老人家。由此说开去，凭此撩开来，只见荧屏热播《谁在说》，但说来说去却从未有人设问"谁在听"。

仰望"月光族"，遍访"宅男女"，活法儿万千，玩法儿千万，大千世界无奇不有，但唯一的共同点则是"生无定式"。因此，尽管"人老了奸，马老了猾"不无道理，但在崇尚"阳谋"的和谐社会，生机已然开始眷顾生面孔，生路已然开始看好生力军。

第 16 章　死有趋同

在各种假话中"假如"最有魅力
在各类假货中"假设"最有市场

山西"襄汾溃坝"给世人许多提示，无论是父母官还是企业家，责任和官品对应，责任和产品对接，只要您高高在上，只要您信誓旦旦，"对人民负责"绝不会自圆其说自己说了算。

商场不同官场，国法有别家规，怎样才算是现代企业的问责制，怎样才算是上市高管的功德碑，三聚氰胺以精细化工固有的特质，给企业，给乳业，给所有关联产业，上了堂活生生却又死一般沉寂的课。

政府抓安全生产存在"骂与哭"，企业搞安全生产同样存在"荣与辱"，关于其中的辩证法，根生似乎比谁都悟得早也悟得透，虽然"听不到奉承很幸运"离题远了点，但"听不到批评很危险"却绝非空穴来风……

正如开篇所述，2008 年夏秋之交，百年一遇的奥运会完满落幕，如痴如醉的同胞欣喜若狂，天各一方的国际社会刮目相看，然而，就在这无限和谐无限美好的日子里，几度"不和谐音"的相继出现，给国家，给国人，给国法，给国务，带来了意想不到的麻烦与慌乱。

身在其中，心在其中，尤其其中不少的人和事，或多或少、或远或近、或深或浅、或虚或实与我有些特殊的关联，故而，面对山西的"襄汾溃坝"、国家质检体系的"电子监管"以及危害人类食品安全的"三聚氰胺"，原本没有预留的思维空间被一股脑儿塞得满满的。

在这几桩危机事件里，"襄汾溃坝"似乎离我最远，虽然来自晋东南的哭声振聋发聩，虽然出自报章电视的场景触目惊心，但我等俗人毕竟相隔千余里生死两重天，难以设身处地，难以情景交融，难以用痛失亲人的状态面对之。大概正是出于这样一种原因，所以思绪才会游离，目光才会从晋南到晋北，从县府到省府，最终落到引咎辞职的孟学农省长身上。

与学农先生相识于 1984 年，由于我在摸着石头过河的年代里阴错阳差做了几件实事，有幸被团中央格外看中，不仅中国青年报副总编辑李海燕老师亲自撰写《在皇帝祭天的地方》，不仅中国青年杂志总编室主任袁建民老师亲自撰写《惰性环境中的活跃因子》，同时，北京团市委也将目光锁定了我这位还算是"敢想、敢干、敢当"的时代青年。1985 年元旦，我成为《北京青年报》头版头条的新闻人物，而学农先生则是当时北京团市委副书记。

说来也巧，时任团市委书记的林炎志是我中学学长，学生时代其固有的坚毅与执著早令我肃然起敬，改革开放让校友重新遇到一起，顿时，激情燃烧的岁月又平添了些许的少年风华。

光阴荏苒，25年过去，但与团市委领导密切接触的情景仍历历在目，不起眼的红砖小楼，房门大开的另类开放式办公环境，坐在硬板床上端着搪瓷缸子的促膝谈心……也许，今天看起来"团市委"、"团省委"算不得什么令人仰视仰慕的大单位，但对当时青工出身的王力总经理来说，似乎已经摸到了天，似乎已经触到了云。

事过境迁，历史不再，但青年时代至纯至真的感悟却深深印入自己的灵魂。人是有感情的动物，我是有感觉的人，尽管其后职业发生了变化，尽管其后社会影响力也发生了变化，但在"希望工程"、"跨世纪人才工程"、"青年志愿者"等诸多团系统的工作需要从旁相助之际，我都义无反顾地提供了纯义务、纯优质的外脑服务……

在"闲话我与牛根生"的过程中扯出上述闲篇似嫌扯淡，扯好了，兴许还能往"好汉不提当年勇"上靠一靠；扯不好，整个一个"拉大旗做虎皮"，裹着自己忽悠别人。

其实不然。本人、本书对"三聚氰胺"与"三鹿事件"的特别关注前有车后有辙，倘若与牛根生素不相识，一切另当别论；倘若未能从"襄汾溃坝"事件中感知到"安全法度大于官"，一切另当别论；包括下一章将谈及的"电子监管码"，倘若该码、该网与"食品安全"没有承上启下、承前启后的密切关联，一切也将另当别论。

即便回到当年为什么对名不见经传的牛根生另眼高看，其实也与来自团口的影响不无关系。我的办公室环境极佳但面积不是很大，不多的"摆设"都与我有着极为密切的历史渊源，其中北京团市委授予的"首都关心青少年工作奖"始终放在案头。长年与之相依相伴，一是对当年"扶我上路、助我升华"者铭记在心；二是时刻提醒自己，无论做人还是做事，要尽量多为那些看似无华、看似无为的"发展中的人"提前着想。

冰冻三尺非一日之寒，入木三分非一时之功，与牛根生的师生情分兄弟情谊不敢说十数年如一日，但如果最初相互对视的那一瞬间，少了"发展观"，多了"钱途观"，彼此擦肩而过在所难免。之所以观人有术，多与"观其定力"不无关系。换言之，有过"发展中被人重视的经历"，才会"重视发展中的人"；有过"发展中被人重视的经历"，才会对当年看似无华、看似无为、看似无成、看似无钱的牛根生另眼相看且十数年如一日……

此外，扯到"襄汾溃坝"还有另外一层考量，那便是"责任"二字。无论是父母官还是企业家，责任和官品对应，责任和产品对接，只要你高高在上，只要你信誓旦旦，说"为人民服务"的时候似乎还可以口不对心，但"对人民负责"却绝不会自圆其说自己说了算。

有句新派哲言叫做"谁比谁也傻不了几秒"，又道是"会说的不如会听的"。面对道歉不能复活的生命，面对道歉不能安抚的生灵，"引咎"和"辞职"终于实打实地连在了一起。

在"引咎辞职"的关键词里，学农先生的名字再度记录其中，尽管历史有恩于我，尽管现实有功于众，但一是一，二是二，包括本不该记述于本书、本文，却还是被我请来为"职责"现身说法。

学农先生引咎辞职既悲哀又悲壮，同时更令我肃然起敬。"从襄汾到太原"路途有多远不很清楚，"从乡长到省长"官阶有多少不得而知，所谓肃然起敬，一是对当事人的勇于担当感慨不已，另是对"人民政府爱人民"的力度与成熟度刮目相看。

把离任的省长请出来，说到底其实是想昭示，共产党人能做到的事情，我们同样高举"为人民服务"大旗的工商企业也应做得到。换言之，尽管"对人民负责"和"对人民币负责"是两种境界两回事，但"人民"的内涵无论外延到任何地方含义似乎都一样。

然则，商场不同官场，国法有别家规，怎样才算是现代企业的问责制，怎样才算是上市高管的功德碑，三聚氰胺以精细化工固有的特质，给企业，给乳业，给所有关联产业，上了堂活生生却又死一般沉寂的大课。

可怕的是，社会上盛行的各类"高班大课"虽然也在传授经营之道，也在颂扬精英之魂，但对上述内容却无人问津。甚至，就连不甘示弱的"荧屏讲堂"，似乎也没有跳出"君子爱财"的前半段儿，只是一味猎奇财富故事的聚富过程，只是一味炫耀财富英雄的快马加鞭。

十数年前我曾说过，"一旦素质驾驭不了财富悲剧将即刻上演"。有人说这是智者的预言，有人说这是强者的断言，当然也有人说这是衰人的哀叹，更有人说这是穷人的哀鸣。

浮躁年华浮躁事，浮躁年华浮躁人，在我们还弄不懂"素质"的真正含义时"素质教育"已然开课，在我们还看不透"修养"的真正寓意时"修为"一类的新词已然开坛，配之以音效，辅之以舞美，我们的企业家，我们的英之杰，似乎又在高尔夫、雪茄烟之外悟到了全新的修为之路⋯⋯

接替孟学农省长职务的是原国家安监局局长王君先生，据说新上任的王君省长在"贯彻国务院安全生产的电视电话会议精神大会"的讲话落地有声，据说落地有声的话语被《人民日报》作为专版的头条标题，据说专版头条的第二天再度成为该报社《人民论坛》的大标题 ——《抓安全生产，宁听骂不听哭》。

政府抓安全生产存在"骂与哭"，企业搞安全生产同样存在"荣与辱"，关于其中的辩证法，根生似乎比谁都悟得早也悟得透，早在 2002 年走访蒙牛之际，我俩就在一块语录牌前合过影。翻出老照片，但见左右两人亲密无间，但见上下两段相辅相成，虽然"听不到奉承很幸运"离题远了点，但"听不到批评很危险"却绝非空穴来风。

尽管根生很谦虚很仁义，然而，时处"分明是一头牛却能跑出火箭速度"的欢乐时光，神话还神不够，谁还会闲聊牛根生？谁还敢闲话牛根生？说句拿自己不当外人的话，其时其刻，其情其景，可天下挤奶的，产奶的，卖奶的，喝奶的，有一个算一个，有谁会想起"欲速则不达"的古人云，有谁会记住"捧杀皆精英"的现世报呢？

虽然"现世报"不是媒体不是报，但内中的说道却不胫而走口口相传，诸如欲速不达，诸如言多语失，诸如乐极生悲，诸如否极泰来，无论分别表现的是哪一段，其中的共性则是结果与起因相距不远。

上一个章节题为"生无定式"，讲的是"将相本无种，男儿当自强"。与之呼应，本章主述内容"死有雷同"，扯的虽然是衰法很多，败法很多，但概括而言，举凡穷途，举凡末路，通常情况多会行色匆匆，多会两眼空空，多会高处不胜寒，多会低处不常顾。

虽然不清楚"从乡长到省长"有多少官阶，但"从真理到谬误"只差一步，故而，与时俱进，养牛者逐渐认可"对牛弹琴"为放牛哲学之上上策，驯马人开始推举"养马比君子"为另类人生之上上签，在其中，在其间，试着为理由找理由，试着为客观拉客观，盖因于此，本章才南辕北辙东一榔头西一棒槌，才由此及彼想起一出是一出……

第 17 章　　与食俱进

"字面上"越浅白的概念越难解
"街面上"越简单的事理越难缠

国家质检总局被诉"强推产品质量电子监管网有悖《反垄断法》"和"《食品安全法草案》删除监管码内容"来得快也去得快，但恍惚之间却引起我高度关注，甚至付出大量精力为之谋与断，与之拿与捏。

就在决计向"电子监管网"和"电子监管码"提供外脑服务的当口，三鹿东窗事发，乳业面临崩盘。我担心心高气傲的牛根生是否能够挺过这一关，夜不能寐，第一时间通了电话。

实践出真知。实践出真智。倘若"三鹿事件"发生在电子监管风波之前，倘若"三聚氰胺"曝光于食安立法听证之前，相信媒体关注或许另有切入点，相信专家评说或许另有着眼点……

除了"襄汾溃坝"，在其他关注的事件中，国家质检总局被诉"强推产品质量电子监管网有悖《反垄断法》"和"《食品安全法草案》删除监管码内容"来得快也去得快，快得本该擦肩而过，但恍惚之间却引起我高度关注，甚至付出大量精力，为之谋与断，与之拿与捏。

虽然"相关企业强烈抵制电子监管码"的影响也非同寻常，但与随即发生的"三鹿事件"比起来却相去甚远，为使不明就里的看官看个明白，恕我引用报章所言将事件进程如实道来。

2008 年 8 月 26 日，"食品安全法草案删除监管码内容"终于成为诸多报章的热门话题，《新京报》所做《质检电子监管将难入法》的开篇引言最言简意赅——"在食品企业多次呼吁并上书后，有关监管码的内容，已经从《食品安全法》中删除。监管码当前的主管单位为国家质检总局，按照历次质检总局推行监管码的表态，监管码是'坚持从源头抓质量'的重要措施，是运用电子手段，提高食品安全的重要措施。"

8 月 27 日，对此事高度警觉的《新京报》又以《电子监管码 2000 亿利益背后》为题跟进做了三个整版的专题报道，其中谈道——

　　8 月 1 日，《反垄断法》正式实施首日，第一个成为被告的是国家行政机关国家质检总局，4 家防伪企业将涉嫌强制推行监管码的国家质检总局告上了法庭。

2005 年起，质检总局强制要求一些企业在产品上粘贴或印制"电子监管码"。消费者根据监管码，可通过电话网络等向"电子监管网"查询产品类型、厂家、生产日期等信息，以此辨别真伪，政府部门也可对企业实时动态监控。

按照质检总局的说法，"电子监管网是政府质量监管的工作网"。实际上，公开资料显示，该网是由一家名为"中信国检"的企业经营管理的。在防伪企业看来，质检总局的做法有违公平。

在防伪企业看来，质检总局是借保护食品安全之名牟取私利，公开资料显示，质检总局信息中心正是电子监管网的"运营商"中信国检的第二大股东，拥有 30% 的股本比例。

文章叙述至此，不仅根据中信国检董事局王军主席对"监管网公共信息平台将会创造 2000 亿价值空间"的愿景得出"质检总局每年至少分得 600 亿收益"的推测，同时透露娃哈哈、可口可乐等众多下游企业对此提出严重质疑。

相关企业提出的质疑与后来防伪企业的质疑不尽相同，发生的时间也早了许多，2008 年 3 月，京华时报记者出于新闻敏感，就"电子监管码加重了企业负担"的话题奋笔疾书，尽管在舆论上没有引起太大的波澜，但还是将有关电子监管码的另一种说法传播开去。

相比之下，篇幅不大的《北京晚报》杂文《"无意"的辩白无力的辩白》似乎更具穿透力，作者苏文洋先生是我的老朋友，这位地道的杂文家在备受公众青睐的"北京论语"中，似乎不费吹灰之力就把一些严重困扰读者的啰唆事倒腾得清清楚楚、利利索索——

根据质检总局的要求，我国食品、家用电器等 9 大类 69 种重点产品必须全部纳入中国产品质量电子监管网，接受赋码电子监管。我不知道质检总局在全国指定了几家印刷厂干这桩印刷电子码的生意，是公开招标还是私下交易，即便 3 分钱/枚很便宜了，企业恐怕仍然会认为这里面有很大的"偷手"。

质检工作本来适宜政府行为，交给自己有股份的香港上市公司去打理，再怎么为自己作出"无意增加企业的负担"的辩解，也是苍白无力的，无法取信于民。还是那句老话："若想人不知，除非己莫为。"

这年头谁比谁也傻不了几秒钟。你干干净净地做事情，兴许还怀疑你动机不纯呢。把政府部门工作搞到香港上市公司里去，政商混搭，纵然有一万张嘴，也说不清道不白。

此外，围绕电子监管码，文洋先生还发表了《邬司长倒在新法之前》。何为"新法"，不言自明，何为"邬司长"，文章告知，就在防伪企业将涉嫌强制推行电子监管码的国家质检总局告上法庭的同一天，专责全国食品生产加工环节和日常安全卫生监管的质监总局邬建平司长，在接受反贪部门约见后竟然"不慎坠楼身亡"。

这边厢有这等的檄文，那边厢有那样的巧合，应该说，关于《反垄断法》实施后第一例诉讼案，在媒体的助推之下，至少让京城百姓家喻户晓。

人们议论纷纷，甚至凭着历史的经验去合并同类项。于是，曾经冠冕堂皇的"全国牙防组"在淡出公众视线一段时间以后又被拽了回来，对此，《燕赵都市报》在《电子监管网又是一个牙防组》一文中说道 ——

> 电子监管网之于国家质检局的关系，像极了当年的"全国牙防组织"之于卫生部的关系。当年的牙防组由于违规认证十余年，所得金额和用途成谜而广为公众诟病，最终在媒体与公众的联合压力之下轰然倒下，见证了一个挂靠于政府机构的半民半官组织非法牟利的真相。
>
> 《反垄断法》刚刚实施，有关方面接下第一起与之有关的案例，就直指国家权力机构的垄断行为，这无疑让这起"首例"官司更充满了判例意义。

作为一名自诩的社会工作者，我极其认真地关注着这件非同一般的公众事件，期间，我从《新京报》的文章中了解到，在 2008 年 7 月 25 日召开的一次《食品安全法》立法听证会上，一位与会法学专家指出 ——"在一部大法之中，如此细节地确定一个技术操作性问题，是非常不合适的。"

也许是《天大的小事》让我对细节格外敏感，也许是"魔鬼藏在细节中"让我不寒而栗，总之，不知为什么，对于那位法学专家所言"如此细节地确定一个技术操作性问题"产生了莫名的兴趣。

面对以上情况，毫无疑问，如果不是阴错阳差事先与电子监管网、电子监管码有些接触，无论是从情理上说还是从法理上论，我都会毫不犹豫、毫无保留地认同以上所有说法和做法。尤其扯出了惹公愤、引众怒臭名昭著的"牙防组"，就更让人气不打一处来，怒不打一处生。

然而，气归气，怒归怒，事归事，理归理，在围绕监管网、监管码的生死对决中，两种阵营旗鼓相当，彼此观点互不相让，虽然从头到尾我哪个派别也不是，但操心上火却绝不比任何一方少，甚至皇上不急太监急，甚至不自量力忘乎所以……

也许是我信息闭塞孤陋寡闻，关注此事之时，总感觉无论是正方还是反方，双方在谈及电子监管码、电子监管网的时候，似乎都对全称当中"中国产品质量"那句定语忽略不计，而一味辨别"电子含量"究竟有多大，一味甄别"监管权限"究竟该多宽。

与之相比，由于我是"电子盲"，所以对"含量"的确说不出所以然；由于我是平民布衣，所以对"官场权限"知之甚少。只是觉得树林子大了什么鸟都有，只是晓得鱼龙混杂一定会泥沙俱下。所以，在道德还有"道德底线"一说，法制还有"人治"陪绑之际，我只是出于做人的本能，才对自己想不到也做不到的监管网和监管码产生了浓厚的兴趣。

因为充满好奇，加之阴错阳差，早在一年以前，我办公室的文件柜里就已经建立了"中国电子监管网"档案，其中卷宗夹里那张国家质检总局印制的"中国产品质量电子监管网"宣传页，红底白字，格外醒目。

阅读内文，"加强产品质量和食品安全工作"的政府态度令我为之一振，志在"跟踪追溯"且"一件一码"的技术特征令我眼前一亮，而二者合并同类项的组合优势则更令人兴奋不已。道理很简单，尽管此前政府对产品质量监控监管的力度与日俱增，但"追溯"技术不到位，在您面前走动的究竟是孙行者还是"者行孙"，在您面前要板斧的究竟是真李逵还是假李鬼，只要穷本溯源追不到根儿，再大的投入也有点飘飘然。

这等好事如何与我挂上钩，说来话长。看官也许不信，我对"产品质量"和"食品安全"的关注已有多时，从20年前建议客户"创优"，到13年前指导委托人"打假"，从鼎力相助"3·15晚会"，到身体力行"食以安为先"，说句托大的话，从个人、个体、个案的规制来讲，围绕"产品质量"和"食品安全"，强者该做的我似乎都尝试着做了，智者该想的我似乎也都尽可能想到了。

然而，想得再多、做得再早也毕竟是过眼烟云，期间的沿革与脉络，如果不细化，如果不细分，鬼才相信这年头还有这等的云遮雾罩……

1988 年，下海创业的第二年，有幸承接了一项地处王府井的商业委托，审时度势向委托人提出了"创建中国特色希尔斯商店"的构想，同时策动了《经济日报》、《北京日报》联袂推出轰动一时的"王府井·创优之路"。

希尔斯曾是北美家喻户晓的大型百货公司，强项如林故而才不怵强手如林。在诸多可人疼的举措中，"二次质检"是其光彩耀人的镇店之宝，凭此扶摇直上，由此好评如潮。据说，当年无论哪家产品进店，无论你自吹自擂得如何天花乱坠，希尔斯都会在尊重原"检验报告"的基础上重新二次把关，久而久之，"希尔斯"成了"质量保证"的代名词，成了消费者趋之若鹜的淘宝网。

除此之外，希尔斯刻意追求"名牌效应"但不走"名牌路线"，专给那些名不见经传之"民牌"产品大开方便之门，设身处地助其一臂之力，使之顺利完成"从商品到货币的惊险跳跃"。

比翼双飞，齐头并进，凭借上述组合优势，在特定的年代里，希尔斯商誉铺天盖地，不仅自家受益消费者受益，甚至，生产厂家一句仅"本品希尔斯有售"即可涵盖一切。

改革开放初期，"时间就是金钱、效益就是生命"，我的委托人和两大报社能认同上述中西合璧的梦幻组合实属幸事。尽管在当时历史条件下我实在是想不出来也喊不出来"质量就是生命"，尽管我极力推崇"二次质检"也不乏借势不乏造势，但"商品质量不仅与消费者息息相关"这一也深也浅、也雅也俗的道理却让我牢记在心……

此后，魂牵梦萦的"二次质检"成了愿景，成了念想。在其后的日子里，我有幸与时任国家商业部部长胡平先生倡导的"商业文化学"结缘，在这一全新理念的辅佐下，先后策划催发了震惊国人震撼商界的"亚细亚现象"、"中原商战"被媒体誉为"当代中国商业革命的典范"。

其后若干年，在国内商界颇有影响力的恩波智业继往开来更上一层楼，大概是艺高人胆大，胆大人艺高，最终依托商业文化学向深刻探究"商业科学"迈出了可喜一步。

在那段时间，国内商界无论是业态在向多元发展，还是业界在向成熟迈进，日新月异，今非昔比，人们想都没想到，刚刚还在为商业网点不足而着急打转，一眨眼竟然出现了"大商场过剩"的行业危机。

与此同时，打击抑制"假冒伪劣"逐渐成为商界关注的要点，尤其中宣部联合几大部委共同推出了"百城万店无假货"的超级大行动，更让消费者权益受到前所未有的重视与保护。

1995 年，我承接了一项艰苦卓绝的课题委托，委托人是一家上规模上档次的大型商业企业，由于个案深刻关联"大型商场何处去"的共性，由于个案理念首度拷问此间提出的"商业科学"，因此，我不得不向当年共和国的新老商业部部长发出了《关于官产学联袂开发探究商业科学的恳请函》，不得不请出包括当年央视经济部主任汪文斌先生、中国商报副总编范识宇先生以及时任北京市委商贸工委副书记的鲁勇先生在内的个中高手鼎力相助。

该项课题前后运行了整整两年，《决策方针》、《架构规划》、《实施方案》等课题文件合在一起约计 10 万余字。时至今日，尽管我对内中理念个案仍然"自恋"有加，但最让我叫好不迭的则是其中一个重磅选项，那就是在此前推行"二次质检"的基础上组建归属企业自身的"质检中心"，并将其破天荒纳入企业党委工作范畴。课题《架构规划》对此明确如下——

> 作为大型零售企业，信誉的最基本标准是"货真价实"。然而，在目前国内市场上，"假冒伪劣"成了困扰商家和消费者的大问题，打假成了一场全民参与的社会运动。
>
> 目前，消费者迫不得已自己充当起识假打假的角色，造成商家特别是大型零售商场的全国性被动局面。要变被动为主动，只有用科学手段严格监督控制进货关口，对商品商标、质量、安全性、卫生标准、计量、材料成分等进行主动有效的"二次质检"。

鉴于此项工作的严肃性和持续性，建议商场党委建立后由一名党委副书记出任质检中心主任。可以预料，由企业党组织抓质量管理在全国尚属首创，无疑将会起到很好的示范作用和传播作用。

在建议创建"质检中心"并由党委分管打假的同时，此间还别出心裁地建议委托人首创"拒卖商店"，进而把社会上一般化的"识假"上升到科学应对的高度。

从 1988 年百般热衷的"创优之路"到 1995 年无比投入的"党委打假"，从一开始的"二次质检"到后来的"拒卖商店"，八年时间，说长不长，说短不短，由于太过用心太过动情，以至不知不觉演变成无法磨灭的基因，受此编排与撩拨，开始对尔后越演越烈的"3·15"产生了浓厚的兴趣。

1993 年，我有幸被中央电视台经济部两度请去举行专题讲座，与敬一丹、王晓真、赵赫、张政等一批名士有了像模像样的交往，其中交往最多当属不显山不露水的韩青女士。那时《开心词典》、《幸运 52》、《非常 6+1》等新锐产品尚未问世，韩青主抓的大活儿包括极度震撼人心的"中央电视台 3·15 晚会"。

从 1994 年开始，受韩青之邀，开始断断续续为晚会提供些咨询建议。2000 年，大概是为了感谢王力对"3·15 晚会"做的那些贡献，我被央视请去担任晚会嘉宾，与敬一丹、李咏、周孝正教授同台出镜，就相关话题进行互动。据说，当时的那个 20 分钟是当年为数不多的真正直播，面对无形的压力，甚至就连李咏都不免有些紧张，生生把个"小偷"说成了"老偷"，好在很快又改口为"老小偷"……

在其后五年中，"3·15"的定义出现了新的指向，假冒伪劣的成分也出现了意想不到的裂变，从最初有人花钱买假货成了"冤大头"，到后来有人花钱买罪受成了"冤死鬼"，其中一般化、技术性的"食品卫生问题"，不知不觉演化为不一般、原则性的"食品安全问题"。

2004 年，经过为时 4 年的前期磨合，我承接了国内粤菜大佬"顺峰公司"的课题委托，正式出任这家顶级餐饮集团的首席决策顾问。这一年我 53 岁，按照智慧产业的特殊状态，正是足智多谋且不失活力的大好年华。

此前16年的职业生涯，阴错阳差也曾接过几单餐饮业的委托，或许是大小年赶得不错，或许是用心所致、用情所致，所以每项个案最终结果都有板有眼、有声有色。在对此种情况全面了解的基础上，顺峰总经理林锐钧先生提出了"超越恩波历史、超越业界现状"的期望值底线。

应该说，身兼中国烹饪协会副会长的林先生不仅"借菜发财"一门灵，同时"借脑出彩"也不含糊，通过长期接触，彼此已建立了许多共同语言。尽管如此，友人仍提醒，餐饮业发展至今，不仅在"煎炒烹炸"和"色香味型"上下足气力，同时博大精深的"饮食文化"也推波助澜、比翼双飞，欲要超越之，欲要提升之，从某种程度上讲简直比登天还难。

我喜欢有刺激的委托课题，更喜欢"会较真、爱较真"的委托人，举凡遇到这等买卖这等事，不仅兴奋不已，不仅从容不迫，同时还一定会创些"守正出奇"令世人拍案叫绝。

举凡遇有重大谋断，我崇尚在条件允许的情况下尽量多"务虚"，因为历史的经验告诉我，往往务虚的时间越长务实的时间才有可能越短。这段时间，有关"食品安全"的话题逐渐多了起来，其中包括2005年4月13日《法制晚报》告知《食品安全写进人权白皮书》。

无论是此前"吉林豆奶中毒"，还是至死忘不了的"阜阳劣质奶粉"，无论是居心叵测的"苏丹红"，还是找死拦不住的"负营养"，一番审时度势，一番另类思维，一番人无我有，一番舍我其谁，最终建议顺峰以"烹小鲜如治大国"的超凡气度，"挑战煎炒烹炸，超越色香味型"，率先开创国内外业界绝无仅有的专业科研机构"餐厅食品安全研究所"和"餐厅营养学研究所"，将"食以安为先"推到台前。

顺峰此举赢得社会满堂喝彩，《人民日报》、《经济日报》、《光明日报》、《科技日报》乃至《解放军报》都从相应的高度和角度给予了客观评价，而权威人士则更加认定，餐饮业由此从"好吃求口味"向"吃好保安康"迈出历史性一步……

借顺峰课题有缘步入识假、拒假新境界，同时零距离接触到"电子监管码"和"电子监管网"，从而真实深刻地了解到，"产品追溯"绝非天方夜谭，

"产品追溯"大有可为。

2008 年"3·15",在北京市工商、质监系统的扶助下,顺峰成为国内第一家布设以"一品一码为特征"的"产品质量电子监管查询终端"的餐饮企业。大概是"二次质检"基因使然,大概是"企业党委抓打假"创意使然,大概是"3·15"晚会责任使然,大概是"餐食安全研究所"选项使然,我对"中国产品电子监管体系"表现出极大兴趣。

出于职业习惯,我发现了其中的过人之处,同时也发现了其中不尽如人意的瑕疵,尽管瑕不掩瑜,但我还是在接触到监管网和监管码的第一时间发现了其中的硬伤,概括起来四句话 ——"政策太过强势,策略似嫌稚嫩;官道堪称典范,商道略显牵强。"

2008 年 4 月 16 日,上述电子监管网的运营商、中信国检掌门人约我共进晚餐,有点无话不说,有点所见略同。对方谈了对电子监管的投入与过程,我讲了对电子监管的认知与态度,彼此相约,"在王先生很忙的时候尽量多关注,在王先生不忙的时候一定多帮忙。"

其后适逢出国考察。在对欧美"宜居城市"何以宜居的研判中,加拿大通过"产品追溯机制"迅速甄别出患有肝炎的超市营业员、美国产蛋鸡上架前必须停服抗生素、德国鸡蛋每枚均有追溯码等西洋景让我浮想联翩,想到了天上的云,想到了地上的草,甚至也曾莫名其妙地想到了"蓝蓝的天空白云飘、白云下面马儿跑"的内蒙长调……

回国不久,2008 年 8 月 24 日,中信国检掌门人打来电话,告知有要事相商。出于职业本能我迅速调阅相关资讯,始知在这段时间里不仅防伪企业以"反垄断"为由与国家质检总局对簿公堂,同时因食品企业反对,"电子监管"能否顺利写入《食品安全法》则饱受争议。

时隔两天,8 月 26 日,彼此再度会晤。这一天,不少媒体围绕"《食品安全法》二审监管码制度删除"、"《食品安全法》草案删除监管码内容"、"质检电子监管将难入法"、"食企抵制监管码初见成效"等话题展开评说,不管被告官多大,照说不误,着实为近年少见。

尽管不在被告席,但中信国检的日子开始有些不好过,为扭转不利局面,对方第一时间想起了"王老师"。在这次开诚布公的会晤中，中信国检向我正式提出了"介入危机事件、提供外脑支援"的委托意愿。

从"王府井创优之路"、"商场党委领衔打假"、"央视3·15晚会"、"顺峰食品安全研究所"，到电子监管网、电子监管码，前后整整经过了20年。期间，无论自觉与否，无论老到与否，摸着石头过河的心路历程毕竟有了深一脚浅一脚的感觉，有了经一事长一智的感悟。

尽管上述相关经历多为此间"商业个案"，但铜钱散发的不仅仅是铜臭。故而，明知此行免不了要"趟浑水"，明知此事弄不好会"千夫指"，明知国家质检总局肯定不知情，明知委托人指定不见兔子不撒鹰，但最终我还是主动自觉自愿冒舆论之大不韪涉足其中，原因很直白 —— 不管委托人怎样想，不管相关人如何看，甚至不管现实中的电子监管网、监管码和我心中那方"中国产品质量监管"净土差异有多大，我还是热切期盼能把握住这个千载难逢的好机会，在为委托人解困的同时，运用实践检验过后的实际影响力，将自己对"产品质量监管"的感觉与感悟适时适度地导入委托事项之中……

此外，有意介入的原因除了"舍我其谁逞逞能"，再有就是"一并偿还感情债"。说来话长，1994年，中信国检董事局主席王军先生时任保利集团董事长，那年10月，保利送来一纸"邀请函"，其中写道 —— "您对企业发展的研究和谋略策划深受保利集团系统领导层和职能管理人员的欢迎，为此，诚请您在百忙中为我们做一次在新的历史条件下，怎样结合现代企业制度搞好企业发展的报告，我们将不胜感激！"

不想说当时的保利由何许人组成何许事构成，不想讲当年保利的邀请函如何真诚如何谦恭，只想讲讲自己"心从何处热，情从何处生"。要知道，在同期邀请讲学的单位里，中宣部、全国总工会、海军司令部、航空工业总公司等单位的名头与来头，似乎哪家也不在保利之下，缘何情有独钟，缘何受宠若惊，一切盖因其中的"没想到"。

当年，发来讲学邀请的单位可是不老少，其中，除了给讲课人发邀请同时对听课人提前也有"要求"的似不多见，保利即如此。在向我正式发出邀请之前，集团已提前50天向其下属各部门各单位发出"为了组织好这次讲座，保证听课效果，做到教学相长，使双方都达到满意，特发通知征询意见并报出确实能参加的人数"的《关于举办企业发展谋略讲座的报名通知》。

更让人没有想到的是，上述通知发出后，保利集团下属各部门各公司的老总纷纷行动起来，不长时间，一厚叠反馈函及报名表就集中到位，最终与"邀请函"一并交到讲课人手中。

人是有感情的动物，我是有感觉的人。创业 20 年，不想说"早来一步赶上穷"，也不能说"晚来一步穷赶上"，我只想讲，由于自己压根就不是商人，所以尽管也曾商机无限商情无限，但到头来却没有"发大财、住大宅"，原因众多，其中"分神的事太多、动情的事太多、感慨的事太多、义务的事太多"似乎与之不无关系。

其实，从接触电子监管网和监管码的第一时间说起，历史的感激之情似乎就大过了事理本事，尽管对其"政策太过强势，策略似嫌苍白"、"计划太过刚性，策划似嫌直白"等弊端颇有想法，但看在王军先生当年虚怀若谷、礼贤名士的情分上，我才修正了冷眼旁观的心态，才有了积极促成"顺峰电子查询终端"落成，才有了与中信国检掌门人的推心置腹……

王军先生当年的盛情还没谢完，对方首席法律顾问傅洋先生又让我再度感慨良多。傅大律师是我小学学长，不仅在我创业之初就高度认同多方相助，同时还是我多部著述的法律顾问，无论是 10 年前排行字词典之后的畅销书《匪夷所思》、《不成咋办》，还是被评为 2007 年最值得推荐的一本书《天大的小事》，傅洋老哥都责无旁贷友情担纲。

说来也巧，数年前，在傅洋先生担任全国律协副会长期间，曾协调全国律协邀我为"第四届中国律师论坛"作专题报告，邀请函里那句"谨代表我国 13 万名执业律师发出诚挚邀请"让我热血沸腾且经久不息。

为此，在最初的时间，尽管彼此关系尚未确定，但根据多年练就的直觉思维提前给予对方若干特别提示，诸如"在高度警觉中静观其变"、诸如"在高度客观中梳理思路"、诸如"在高度宽容中网开一面"、诸如"在高度低调中危机反弹"。

除此之外，面对曾经以诚相待的王老板，面对一向友情相助的傅老兄，尽管八字才只有一撇，但我已经将情与义完完全全融入其中，并一改我行我素的王氏风范，提前在未来课题合作和双边关系上作出了破天荒的礼数与礼让，诸如"研判咨询意见正确与否最终王军说了算"，诸如"万一彼此不欢而散费用结算傅洋看着办"……

人算不如天算，就在决计向电子监管网和电子监管码提供外脑服务的当口，伤天害理的"三鹿事件"东窗事发，万万没有料到，一石激起千层浪，几乎整个乳业都面临崩盘。面对于此，百感交集，无论是历史上的客户关系还是现实中的交往过从，我与中国乳业龙头老大伊利、蒙牛的特殊情缘均无法割舍。换言之，在最后梳理电子监管风波思路的过程中，我开始关注"三鹿事件"，随着企业危机沦为"行业危机"，此间责任与良知的天平上，三聚氰胺的分量似乎越来越重。

面对千夫指，我开始担心心高气傲的根生是否能够挺过这一关。夜不能寐，9月22日与他通了电话，24日只身飞赴呼市。

有关过程，稍后章节会有详实记述。长话短说，尽管中信国检预约在先，但"监管风波"和"乳业危机"这两桩无从关联的事件最终还是被我搅到了一起。剪不断，理还乱，何去何从，似乎只能两事相权取其重。

蒙牛归来，虽说对"监管风波"已做大量投入，虽说相关考量已胸有成竹，虽说专项课题组已组建到位，但权衡再三，最终还是决定放弃益人益己且名利兼收的委托课题，将自身工作重心转向无利可图且有可能"费力不讨好、里外不是人"的乳业危机。事不宜迟，我在致中信国检掌门人的信函中写道——

> 前日致函，就相关事宜阐述了个人意见，包括适时签署合作文件，包括跟进招募关键人选，等等。此外，我还通报了当晚赴呼市与牛根生会晤一事，除乳业危机，还准备将我对监管码的态度一并告知，以期理解，以望合力。
>
> 此前另信我曾告知，"天有不测风云，连日三鹿事件殃及此间老客户、老朋友伊利和蒙牛。于国于民，于公于私，我均无法袖手旁观"。

当初以为只是说说而已，不想此番内蒙之行竟然当真且不能自拔。尤其奶农怨声载道，尤其乳业一落千丈，作为历史的当事人，我真的无法无动于衷。

前后两事孰轻孰重让我左右为难，无法分身，只能二选一，经过再三考量，最终决定心力先向乳业危机倾斜，由此，近期似无缘正式介入监管码风波，好在事态不断变化，已不像当初急急火火。合作未果，抱歉。电子监管事我仍会用心关注，遇有问题，还将一如既往。

关于"电子监管风波"的话题终于打住了，用如此之多的篇幅谈及其实也完全出乎作者意料，好在由此及彼多是心路与历程，好在由表及里多是实践与真知。在其中，在其间，无论是"产品创优"、"商品防伪"抑或"食品安全"，皆可用"中国产品质量"笼而统之，从这个角度讲，不仅和作者关注的事物保持了一致，其实更和读者关注的内情密不可分。

且不说在产品质量的框架里"创优与食安"八九不离十，且不说在合法权益的呵护下"食安与人权"同宗一脉承，仅一个"倘若'三鹿事件'发生在电子监管风波之前"，仅一个"倘若三聚氰胺曝光于食安立法听政之前"，相信媒体关注或许另有切入点，相信专家评说或许另有着眼点。

总之，一切亦如本章前述，在 2008 年 7 月 25 日召开的《中华人民共和国食品安全法》立法听证会上，对于电子监管码的争议，一位与会法学专家指出的"在一部大法之中，如此细节地确定一个技术操作性问题，是非常不合适的"那类有待实践出真知、有待实践出真智的表态，或许应该换成一种更具科学发展观的口吻……

无独有偶，在 2008 年举办的"顺峰电子监管查询终端向公众免费开放"的新闻发布会上，我结识了对此项工作颇为重视的国家质检总局食品生产监管司鲍俊凯副司长，会上会下围绕食品安全问题曾有很好的沟通。

时隔一年，2009 年 3 月 22 日，新华社告知《有关部委多名官员因三鹿被问责》，万万没有想到，鲍俊凯先生榜上有名。

第18章　物极必反

夫子曰"有一种动物叫作人"

票子曰"有一种人叫作动物"

2008年9月上旬，友人聊起家乡畜牧业，不知是"站"多人变味，还是钱多"站"变形，在利益驱使下不少奶站站主说一不二，想收购谁就收购谁，想收拾谁就收拾谁，最终奶是啥品质，天知地知唯有喝奶的不知。

9月18日，我给根生发去短信："三鹿事件既在意料之外也在意料之中，因为高举'为人民服务'大旗的企业如果做不到对'人民币'负责，那么，'对人民负责'肯定是一句空话。"

继而与根生通话，对方一句话让我忧心忡忡。我是男人，深知男人的软肋；我是要强的男人，深知要强男人的死穴。放心不下，只身飞赴呼市。期间蒙牛接待了不少有头有脸探访人，但自费探班只有王力一个……

对我来说，从"监管风波"到"乳业危机"两者之间似乎是通过无极变速实现渐变的，既没有太大的硬弯儿，也没有太多的拐点，不知不觉、不声不响就完成了由此及彼的眼球飘移。

在与中信国检的接触中，第一次谈及蒙牛是 2008 年 9 月 2 日。在那次交谈中，谈到了伊利，谈到了蒙牛，也谈到了不少和我有历史渊源的知名企业，尽管他们行业不同产品不同，但话题却绝对和监管码不无关系。在了解到蒙牛产品尚未"赋码"之时，我主动提出，在方便的时候由我出面约根生到中信国检的"模拟演示厅"现场观摩。

世界之小小得出奇，人生之妙妙得离谱，刚刚撂下电话，一个和乳业和蒙牛和牛根生相关的电话打了过来。原来，大勇与三元公司原老总有些生意上的往来，隔日聚会请我务必作陪。

应酬的事情我不在行也没有兴致，但听说这位未曾谋面之人在当年根生被伊利除名的困境中曾经伸出援手，于是，与王勇沟通后免费提供了京城上上乘的私家会所。是日，前海北沿 15 号，宾主一见如故，谈古论今，由远及近，据说直至数日前，此公还在和林格尔与根生举杯话当年。

无独有偶。又是时隔数日，东北某部驻军邀我共度中秋，期间，一位家在当地农村的部队基层干部无意中和我聊起了家乡的畜牧业，聊到了奶牛，也自然而然聊到了蒙牛。他十分痛心地告诉我，起初，企业和农民的双赢局面可谓"两好加一好"，但时间一久，许多问题显现了出来，先是不尽如人意，慢慢的，情形开始向反面发展。

原来问题集中出在"挤奶站"或"收奶站"，不知是"站"多了人变味儿，还是钱多了"站"变形，在利益驱使下，不少奶站站主成了说一不二的土皇上，想收购谁就收购谁，想收拾谁就收拾谁，最终收上来的奶究竟是个啥品质，天知，地知，唯有花钱喝奶的丝毫不知。

前后两档子事，感觉冰火两重天，对我来说有点乐极生悲，而对众人关注的蒙牛来讲，不该说也不能说乐极生悲，但内中或多或少有那么点"手大捂不过天"和"萝卜快了不洗泥"的味道。

乐归乐，愁归愁，其实乳业危机的"危机四伏期"恰恰就出现在那段时间，如同地震前，天还是那个天，地还是那个地，人还是那个人，只是须臾恍惚间，天在变，地在变，人在变，一切都在变……

虽然在此次危机的生成过程中无缘先知先觉，但我还是在所谓的第一时间对中国乳业现状保持了高度关注。我相信，除去政府相关机构和严重涉案企业，有关"三鹿事件"和"三聚氰胺"的相关资讯，我一定收集得最多也最认真。其中，不仅有我20年养成的职业习惯，同时更有我对中国乳业和"中国乳都"的特殊情缘。

尽管是高度关注，但案头资讯毕竟有限，自从有了网络，平日虽然也订些报纸，但数量不多，几大几小外带几张文摘，大有《人民日报》，小有《北京晚报》，不很解渴，但认真读来还是受益良多。

2008年9月11日，从网上获悉，《东方早报》以半版篇幅刊登了《甘肃14婴儿同患肾病疑因喝"三鹿"奶粉所致》。由此，关于"问题奶粉"的报道目不暇接。将相关资讯援引至此实属迫不得已，正如列位看官所知，再大的"事"也会事过境迁，再大的"痛"也顶多痛不欲生，如何痛定思痛，只有"前事不忘"。有鉴于此，为能引起互动与共鸣，现将自己曾经热切关注的信息重新请了回来，其中包括——

2008年9月12日，《北京晚报》"今日要闻"提示百万读者《全市下架三鹿问题奶粉》。

同一天，《新华每日电讯》在显著位置刊发新华社通稿《肾结石婴儿事件责任人将受严处》。

2008 年 9 月 13 日,《北京日报》刊登《不法分子在原奶中添加三聚氰胺导致三鹿问题奶粉》。

同一天,《北京晚报》同样用一个整版的篇幅告知《根据现有调查研究结果和流行病学资料认定,受污染奶粉致婴幼儿结石》。

同一天,新华通讯社电告《中央部署严处三鹿奶粉事件》。

2008 年 9 月 14 日,《北京青年报》头版头条宣布《国家启动食品安全事故一级响应》,并称"三鹿集团长时间未向政府报告实情"。

同一天,《人民日报》在"三鹿问题奶粉追踪"专栏透露"三鹿集团停产整顿召回产品 8218 吨"。

2008 年 9 月 15 日,《北京日报》在"关注三鹿奶粉事件"专栏披露《三鹿奶粉安全事故中 19 人被刑事拘留》。

同一天,《北京晚报》在头版头条告知《河北省委上午召开新闻发布会,三鹿事件两嫌犯被捕》。

2008 年 9 月 16 日,《法制晚报》透露"全国筛查近万名婴幼儿",《万余吨三鹿问题奶粉将被销毁》。

2008 年 9 月 17 日,《新华每日电讯》告知《三鹿奶粉事故:石家庄一批官员被问责》。

同一天,《新华每日电讯》的"新闻焦点"头条新闻《22 家企业婴幼儿奶粉检出三聚氰胺》,《北京晚报》"今日聚焦"头条则明确告知《蒙牛伊利均上黑榜》。

同一天,《北京晚报》透露《伊利嘴硬坚称奶粉没问题》,"蒙牛承诺赔偿消费者"。

同一天,《法制晚报》头版新闻《5000 监管员进驻奶粉企业》。

2008 年 9 月 18 日,《人民日报》刊登《温家宝主持国务院常务会议,决定全面检查奶制品》,要闻版头条《紧急行动追查问题奶粉》,《新京报》"特别报道"头条标题《国务院:彻查奶粉事件向人民交代》。

同一天,《北京晨报》披露《质检总局发布公告,食品类企业停止国家免检》、《法制晚报》在"问题奶粉"专版告知《三鹿砸了食品企业"免检"牌》。

同一天，《京华时报》告知《石家庄市委书记被免职》，《法制晚报》告知《石家庄市长冀纯堂辞职》，《北京娱乐信报》跟进宣布《三鹿原董事长被刑拘》。

同一天，《法制晚报》刊发了新华社记者署名文章《事先监管防范，何来事后被动》。

同一天，新华通讯社通稿《蒙牛伊利光明有液态奶被检出三聚氰胺》……

这一天，9月18日，有些坐不住的我给根生发去短信——"三鹿事件既在意料之外也在意料之中，因为高举'为人民服务'大旗的企业如果做不到对'人民币'负责，那么，'对人民负责'肯定是一句空话。危机当头，很想就自己20年职业心得和蒙牛聊一聊，或许有助思路拓宽。"

根生没有立即回复，我知道他一定很忙。"问题企业"扩大为"问题乳业"，作为当事人，情绪一定会很紧张，状况一定会很糟糕。

也许是旁观者清，也许是拿自己不当外人，抛开短信内容不说，此时此刻其实我更急于见到根生。从常情常理来讲，危机多有危机处置一说，公关自有公关宣传一说，无论作为朋友还是专家，尽力而为都是做人的底线。

短信发出之后，看到当天《新京报》关于《卖问题大米，日企业主自杀》的消息，不免心中一惊，不由心头一紧，不知怎的，善于联想的我突然把两事、两人莫名其妙地联在一起，有些后悔，有些后怕，因为根生是有责任心的人，因为乳业危机是要负责任的事……

2008年9月19日，《北京晚报》"今日聚焦"告知读者《蒙牛伊利光明液态奶再上黑榜》。

同一天，《北京日报》新闻版头条为《监督员驻厂把关39家奶企，6部门联手清理不合格奶粉8131.1公斤》。

2008年9月20日，《北京日报》披露《国务院办公厅发出通知，要求进一步做好婴幼儿奶粉事件处置工作》。

同一天，国内各大媒体均在头版头条位置刊登"胡锦涛在全党深入学习实践科学发展观活动动员大会上发表重要讲话"，标题为《牢记今年安全事故教训》，其中讲道——

"今年以来，一些地方发生重大生产安全事故和食品安全事故给人民群众生命财产造成重大损失。从这些事件中反映出，一些干部缺乏宗旨意识、大局意识、忧患意识、责任意识，作风飘浮、管理松弛、工作不扎实，有的甚至对群众呼声和疾苦置若罔闻，对关系群众生命安全这样的重大问题麻木不仁。我们对这些事件及其后果的严重性必须充分估计，对其中的惨痛教训必须牢牢记取。"

同一天，《新华每日电讯》刊发温家宝总理关于"绝不能以损害人民生命健康来换取企业发展和经济增长"的重要讲话，文章标题为《食品安全出问题必须严格问责》。

2008 年 9 月 21 日，《北京日报》告知"李克强在河北考察医院患儿家庭和商场时强调：全力精心救治奶粉事件患病婴幼儿，切实保障人民健康、维护群众根本利益"。

同一天，《法制晚报》头版头条披露《代言蒙牛丁俊晖道歉》，同时披露"刘国梁表示愿意退回伊利代言费"；次日，《京华时报》再谈《丁俊晖就代言蒙牛道歉》，丁表示"愿捐出部分费用给患儿治病"。

至此，在有关蒙牛的报道中，让我为之一怔的是球星丁俊晖的"反戈一击"，尽管不清楚台球与蒙牛的内在联系，但每每电视转播却总能看到这位冷面巨星披挂"蒙牛"上阵。

无意指摘小丁，有心质疑代言，在没有法度约束的前提下，周瑜打黄盖也好，不知者不为过也罢，总之，让你欢喜让你愁的明星效应总会让关注者奈何不得。

这一夜想了许多，由"小丁反戈"想开去，不由自主联想起有些媒体奇怪的"排名顺序"，举凡抑恶，标题排序多为"蒙牛在前伊利在后"，反之，举凡扬善，标题排序则立即变为"伊利在前蒙牛在后"。

无意惹事，有意生非，只是无论"伊利蒙牛"还是"蒙牛伊利"，对我来说听了都很刺耳，尽管后来一段时间与根生走得较勤感觉较亲，可一旦把二者列入黑名单，不分主次，不分先后，看在眼里都会痛在心里……

2008年9月22日清晨，再也坐不住的我给根生打去电话，时间过早，无人接听。6点51分，我给赵远花发去短信，两分钟后，远花那边有了回应。其后，与根生通了个长长的电话，谈到了企业危机也谈到了乳业危机，谈到了公关危机也谈到了信誉危机，感觉得到，一向胸有成竹的牛根生对这场突如其来的突发事件颇感惶惑与无助。谈话中，根生的语调时而低沉时而亢奋，尤其谈到企业与个人私利的时候，他由不得说到曾经的"裸捐"，我由不得想起蒙牛曾经的善举。

在谈到"企业自救"和"产业自救"的话题时，我似乎有点咬文嚼字吹毛求疵，并且刻意提出，无论怎样的自救，也一定要把"救助奶农"的问题放在头等位置考虑，如有可能，最好企业公开出面，把砸在奶农手里的、一时说不清是否有问题的原奶收回来，宁可自己倒，也不能让奶农倒，宁可自己亏，也不能让奶农哭！

在谈及这个话题时，有两个概念变成了车轱辘话，一是从国家利益和政治层面出发，此举谁走在前面谁主动；另是从企业利益和企业形象考量，越是大张旗鼓，越是"吃亏是福"。

尽管有些道理没有深说，但根生对"自救"的深层含义所见略同，事后有哪些跟进不尽全知，但我相信，这等也浅显也深刻的普通事理，在国难当头的危机时刻，任何有良知的企业家肯定都应该心知肚明。

此外，作为诸多重大危机事件的职业处置者，我结合自身20年实践感悟和根生简述了其中心得，告知，此事绝非单一乳品事件或食品安全事件，关乎经济兴衰，必须客观看待，审慎回应，少说多做，否则企业将会一蹶不振，行业将会一塌糊涂。

交谈中，我没有具体方案或具体设想送给根生，同样，一向高度自信的根生似乎也没有此类需求，尽管如此，通过交谈，我还是真切感觉到根生需要我尽快过去，虽然没有特别明确的议题，但需要深谈的肯定有许多许多。

通话中，根生有句不经意说出的话让我忧心忡忡，震惊之中原话记不太清，大致的意思是"如泯灭天良，当以死谢罪"。言者无意，听者有心，本来不稳定的思绪又多了几分恍恍然。

如果换了别人，此类硬话也许听听而已，但出言者为曾经一言九鼎的牛根生，再是言者无意，听者也要格外用心。我是男人，我知道男人的软肋；我是要强的男人，我知道要强男人的死穴。说心里话，在与根生的接触中，无论他表现出怎样的刚强，那种生怕他出现闪失、出现不测的担忧时隐时现，毕竟皎皎者易污，毕竟峣峣者易折。

挂上电话，我与原呼市市委白音书记和原市委宣传部巴特尔部长分别通了电话，通报了情况，请他们关键时刻鼎力相助。13 年前没有他们的理解信任与抬爱，我既无缘为伊利效力，也无缘与根生成为挚交⋯⋯

2008 年 9 月 22 日，尽管此前也在天天读报，也在深切关注三聚氰胺，但在阅读当日报章之际，心情与感受却大不相同。我知道这与清晨那通电话不无关系，虽说早先也是带着问题看，但此一时彼一时。

同一天，《人民日报》刊登了关于温总理在北京看望奶粉事件患病儿童并考察奶制品市场的文章，题为《我们要对人民负责》。

同一天，《京华时报》在头版头条披露《温总理看望奶粉事件患儿》时"称一些企业没良心"，《北京晨报》头版头条透露温总理在京看望患病儿童时表示，"我们对奶粉事件很内疚，我们要对人民负责"。

同一天，《北京日报》告知《质检总局撤销蒙牛伊利光明液态奶中国名牌称号》，同时记者获悉，"国家质检总局今后将不再直接办理与企业和产品有关的名牌评选活动"。

同一天，《新华每日电讯》刊发《没有什么比生命安全更重要》，其中谈道："显而易见，我们若要取得可持续的受人尊重的进步，必有赖于尊重'公民生命安全高于一切'这一基本事实，必有赖于承认尊重公民的生命安全是获取一切社会共识的底线。"

同一天，《新华每日电讯》刊发《以细节修补伤害，以改变换取人心》，其中写道 ——"面对日益深入的职业分工和市场细分，事实上已经没有人能幸免于食品安全的梦魇。因此，食品安全所唤起的社会焦虑与公众义愤，将是其他社会问题所无法企及的。"

同一天，《北京晚报》的"世界新闻"专版用了一个整版的篇幅只谈了一个内容，通栏标题为《民以食品安全为天》。

同一天，《人民日报》在《农业部：五大措施力避"杀牛倒奶"》的文章中谈道——"针对目前一些企业停收限收鲜牛奶，部分地区出现奶农倒奶现象，并呈扩大蔓延趋势的情况，农业部今天进一步紧急部署，要求各级农业和畜牧兽医部门采取更加有效的措施，维护奶农合法权益、保护奶农生产积极性，确保少倒奶、坚决不杀牛。"

事过境迁，历史不再，现在回想起来，阴错阳差，数日前能与这等大义产生同步共识与共鸣，实乃祖上积德之幸事也……

2008 年 9 月 23 日，《新华每日电讯》头版头条告知《中央严处三鹿事件责任人》，"质检总局局长李长江引咎辞职，石家庄市委书记吴显国被免"。

同一天，《新华每日电讯》用一个整版的篇幅刊登了一组报道，包括《承担对生命的责任拿出诚意与勇气》、《每个生命都重于泰山》、《食品工业是一个良心工业》等文章，其中《直面灾祸是催动新生的开端》说道——

> 这个刚过去的周末，安全生产监察和质检部门的官员恐怕都忙碌不堪。这也让我们再一次看到违背科学发展观而遭灾惹祸的沉痛教训。安全事故带给我们的，除了为无辜逝去的生命而难过和对渎职无良的愤慨，还应该有一份坚定积极的信念：敢于直面灾祸，是催动新生的开端。
>
> 不论是食品安全还是高危产业的安全生产，都是近几年来的老生常谈了。每一桩都触目惊心、轰动一时，似乎也都曾为各个不同区域、大小企业带来震动和整改，但对于整个国家尚远未形成足够的钳制力，许多产业、地区依然不改经济效益至上的初衷，心照不宣地按"潜规则"行事，泥沙俱下已浑然不以污浊为耻。
>
> 物极必反，"三鹿"事件让我们看到，沿着不安全生产的道路前行，一个几乎必然出现的恶例，足有毁灭整个产业链条的力量。

文章最后讲道，胡锦涛总书记和温家宝总理在全党深入学习实践科学发展观活动动员大会暨省部级主要领导干部专题研讨班上，论及最近连续发生的食品安全事件生产安全事故，强调**"绝不能以损害人民生命健康来换取企业发展和经济增长"**，从而将建立诚信守法环境和建立科学发展的体制机制放在了"迫切需要"的突出位置。

实事求是地讲，尽管应允根生"尽快过去"，尽管担心根生"节外生枝"，但真正找到动身依据的却是上述这篇文章。应该说《直面灾祸是催动新生的开端》话也讲得好，理也论得透，就我职业感悟而言，"沿着不安全生产的道路前行，一个几乎必然出现的恶例"的确是"足有毁灭整个产业链条的力量"！

所谓"职业感悟"其实就是 20 年职业生涯的另类人生观感，数百个委托人，数百例受托事，除了一路高歌与一路胜算，我还零距离看着委托人的风风雨雨，零距离看着委托人的起起落落，零距离看着委托人的无可奈何，零距离看着委托人的仰天长叹。于此，实践出真知，实践出真智，我似乎有着太多太多的想当初，我似乎有着太多太多的想当然。

上述报章让我由不得想起了 2003 年就"吸管"一事写给根生的信，虽然是小事一桩，虽然还谈不上是什么"恶例"，但从防微杜渐的角度或深度解读，当年的"一管之见"似乎也算得上"一管窥天"。

其实，上述文章的关键词是"直面"二字。直面，写起来挺简单，念起来很顺口，甚至在一般的词典里几乎都找不到确切解释。然而，字面上越浅白的概念越难解，街面上越简单的事理越难缠，说开了，有点像风韵犹存的半老徐娘在强光下面照镜子，烛光掩去的褶，柔光虚掉的皱，一时间，一股脑，全部物归原主，全部无遮无拦。

第19章　欲速不达

说一千道一万，打头的还得是 "一"
剋七个打八个，见到岳父仍叫 "爹"

2008年9月24日，只身飞赴呼市，但见 "蒙牛研发中心" 大书特书 "民以食为天，食以奶为先"。按照哺乳动物的本能来说，此话当真，此话不假，只是，动物世界生存的不仅是动物，人类社会存活的不仅是人。

故而，"天" 为何指，"先" 为何物，似乎就不该以先来后到论短长。从这个高度讲，"食以奶为先" 虽然是人间写照，可一旦进入活生生、乱糟糟的大卖场，一切就绝对不如 "食以安为先" 来得现实，来得踏实。

不较真，不抬杠，不该说超人落马多是速度设的卡，不想说能人落寞多是气度惹的祸，经过20多年实践与观察，尽管 "欲速不达" 憨态多多，窘态多多，但以身试 "速" 却不乏其人……

事不宜迟。2008 年 9 月 24 日，只身飞赴呼和浩特，走得有点仓促，飞得有点茫然，说什么，怎么说，一切都是未知数。行前，和朋友就此也聊了不少，从情感上说，大家支持"千里送鹅毛"，从理性上讲，反对意见主要集中在"此时此刻无论说什么怎么说，老牛未必听得进去"。

于此，尽管一时 不知所云，不知所措，但我的态度还算比较明确，如有需要，我会拿出年底以前的 3 个月时间，倾全情，尽全力，争取能为根生早日走出困境做些实实在在的事情。正是出于这样一种考虑，所以事先才与白音书记和巴特尔部长等呼市老领导进行了沟通，因为乳业危机既是产业危机也是区域危机，作为"中国乳都"，呼市理当作出表率。

对于我的到访，根生再三表示感谢，用他的话讲，"王哥关键时刻的出现，说明彼此交情不一般，没有白认老哥，没有白认先生。"

作为褒奖对象理当谦虚才是，但根生所言的确不无道理，虽说蒙牛高朋无数，虽说牛总好友良多，虽说企业危机也引来诸多深切关注者，但此时打着"飞的"自费造访，估计全世界只有王力一人。

关于日程安排，根生提出了"先看后聊"的建议，告知，蒙牛总部科研生产机构的大门全部向我敞开，想看哪就看哪，想问啥就问啥，所到之处全都由部门负责人亲自接待。

根生此种安排可谓用心良苦，尽管我不是专案组也不是专家团，但"用事实说话"的道理似乎通行古今中外。遗憾的是，时间关系，一切很难面面俱到，更难深入了解，尤其作为外行，即便有大把时间沉下来，其实也只能是浮在表面知其然而不知其所以然。

话虽这样讲，但根生的坦诚与自信还是深深感动了我。我很清楚，上述直白的道理他牛总裁何尝不知何尝不晓，之所以如此这般，与其说主动敞开企业大门，不如说是向老哥敞开心扉。

这样的联想让我心情十分沉重，作为公众心目中曾经无往不胜的大将军，竟然也会无可奈何花落去，无论从哪个角度看，似乎都是件感伤不已的事情。

其实，相对而言我更关心的是职工状况，因为"内忧"与"外患"比起来前者似乎更具导致整体垮塌的离心力。正是由于此种内心世界的波动，所以在考察中有些心不在焉，有些顾左右而言他。

毫无疑问，受到如此之大的冲击，蒙牛生产状况肯定大不如前，看着偌大的车间一些生产线已然停工，不管原因何在，心里都痛得很。

尽管如此，我还是真切感受到了蒙牛员工的精神风貌，包括管理人员，包括科研人员，包括生产人员，包括勤杂人员，甚至包括外专人员，面对危机，整体状态还算稳

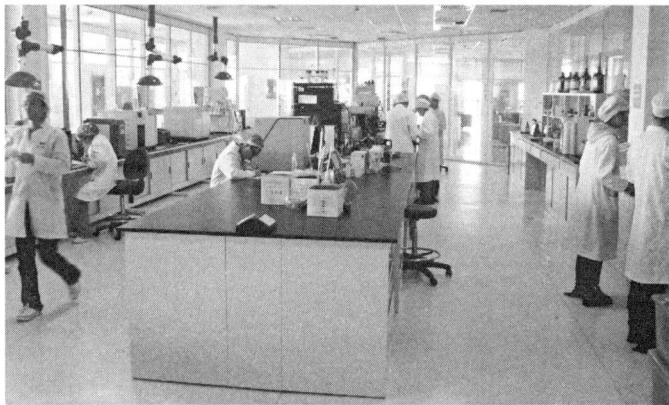

◎ 来自各方的科研人员紧张而有秩序地工作着。

◎ 不同工种的员工依旧在规定路线上行走。

◎ 车辆清洗车间的工作状态令人浮想联翩。

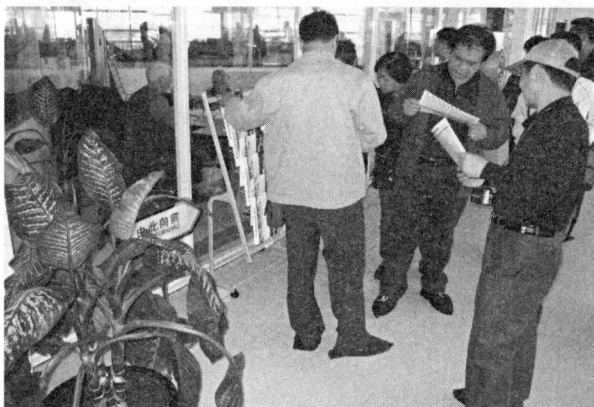

定，如果套用"紧张而有秩序"似不为过……

没有想到的是，即便就是在当时那种情况下，前来参观的仍大有人在，恍如天外来客，恍若不食烟火，来自何方？缘何前往？凑过身去问个究竟，不想对方反问"你来作甚？"

不知道天底下哪位仙人发明了"企业观光游"，深层发酵，借树开花，真真正正是个"搂草打兔子"的典范之举，举凡有条件供人

参观游览的企业，多是精英类，多是年轻态，多会"看在眼睛里剥不出来"，多会记到脑子里想忘也忘不掉。由此而来，人不再是单纯的人，事不再是单纯的事，"来访者休闲学习两不误"，受访者工作表演一锅端。

相隔数年，蒙牛的生产规模确实今非昔比，不仅生产线扩大了许多，同时专供参观的通道也百尺竿头更进一步，在回型通道外侧独出心裁地增设了办公区，一道多用，来访者左盼右顾哪头儿也不闲着，既可参观生产线，又可窥视办公区，一目了然。

早年间，参观要走路，今非昔比，鸟枪换炮，专用电瓶车于无声处高开高走。不知为什么，尽管人在车上坐，脚在路上飘，但我对此等代步工具却有点不以为然，虽说走着有点累，腿儿着有点乏，但情景易于交融，宾主易于沟通，不似现代化的排排坐，屁股决定脑袋，脑勺影响前瞻……

不仅交通工具今非昔比，同时相关景致也大为改观，其中感触最深的是公共空间某些特殊物件。2002 年约王勇、大勇等人前来蒙牛参观访问时，印象最深的是便于随时清洗更换的布制暖气罩。

此罩非彼罩，不仅立照存念，同时走到哪夸到哪，走到哪谝到哪，倾倒了无数人，颠倒了无数理，包括官人，包括学人，包括商人，包括洋人，无不对此叹为观止。

事过境迁，历史不在，同是楼梯间，旧貌变新颜，但见一片青青草，但见一处人造绿，不能不说匠心独具，不能不夸别有洞天，只是草中自有尘埃落，盘根错节难清除，由"布罩"到"不罩"，感慨万千。

我在想，当年暖气外面那个"白布衫"一定是根生所为，身为汉民的他为了净化自身气息竟然不吃猪肉，自然也就有了这等的由此及彼；而那片青青草抑或人造绿绝非蒙牛主帅所为，且不说创意一般观感一般，仅无视"手段服从目的"，就不太像想当初，就有点像想当然……

走访生产区与办公区，有一个小摆件却至少6年不曾变，那就是每位科室人员面前挂放的小镜子。同样，此镜非彼镜，此物非静物，虽然大不过一张A4纸，但刻在上面的那句话却无声胜有声。话很简短，"你的表情代表你的工作态度"，既折射了相如其人，也阐释了"脸是心境的产物"。

此前造访蒙牛曾向根生索要了几面小镜子，有的分送他人，有的留作教具，由此扯开去，闲篇正题不相上下，七嘴八舌各有千秋，有说照来照去还是千人一面，有说攘外安内尊重他人必先目中有己，总之，人一旦有了不只一个的"面面观"，镜中缘也好，雾里空也罢，原本不起眼的小人物，立时就变成了必须要有所顾忌的公众人物。

正是出于此种考量，我才对多少有点形式主义的"镜中秀"举双手赞成，不仅赞成千篇一律，同时赞美持之以恒。如果谈点美中不足，此类举措似应讲究一点、兼顾一点"亦庄亦谐"。如果方便的话，希望对说着有点严肃、听着有点僵硬的原话做些适当修改，譬如改为"相随心生，表情折射心态；皱从嗔起，笑容好过美容"。

问题在于，无论是"你的表情代表你的工作态度"，还是"相随心生、皱从嗔起"，这样的谆谆善诱似乎主要面对一般管理层，由此而来，我们的企业高管，我们的企业高官，往往和者盖寡只能选择"以史为镜"……

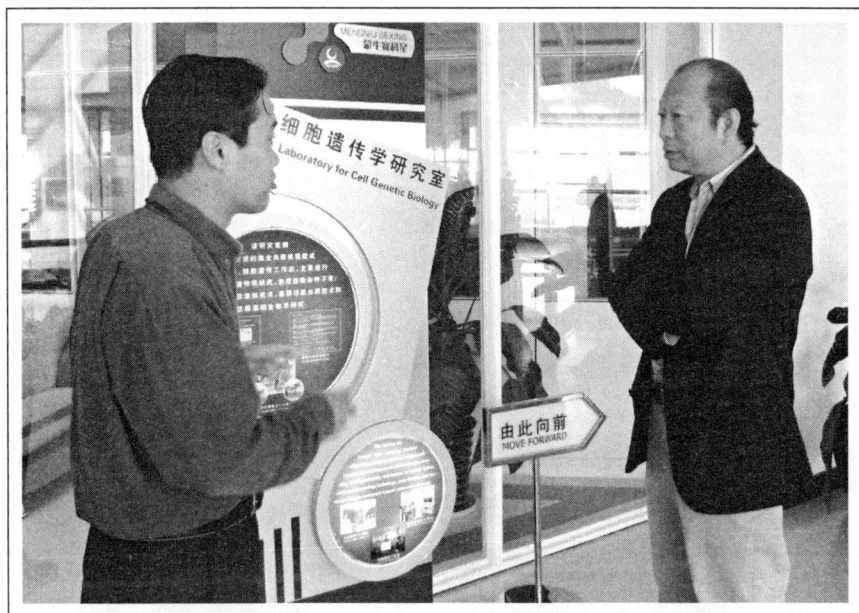

走出厂区，来到蒙牛"乳品研发中心"，楼盘很大也很高，基本一层一个科研机构，不仅铭牌公示着合作者为何方神圣，同时所在国国旗一字排开好不威风。陪同参观的小卢助理告诉我，牛总对研发这块儿极为重视，不惜花重金，不惜请名家，学科领头人基本都是对应领域的权威人士。

首先负责接待我的是集团首席科技专家李喜和博士，这位平易近人的学者看上去有点像布衣，有点像草根，其貌不扬，谈吐不洋，但肚子里的学问却好生了得。

应该说李博士负责的研发领域很前瞻，极具战略眼光，极具战略高度，尽管我听不大懂性别该如何控制，但控制牛性别的重要性对乳业来说不言自明。就事论事，应该说根生对"不谋万世不足谋一时"已烂熟于心。

与李博士聊天是一种乐趣，不慌不忙，不咸不淡，尽管学问高精尖，但养马比君子，无论是"种"，还是"性"，三言两语就能把大活人的联想力提升到学术高度。

在《精子分离原理及模式图》展板面前，要不是时逢严肃期、身处是非地，上面标注的"生公生母蒙牛定"一定会让我笑出声来。原话为两句，头一句"强乳兴农百年梦",气势大,涵盖广,百年老店的世界观尽在其中;第二句"生公生母蒙牛定",能耐很大,学问很深,百年老店的方法论尽在其中。

话虽这样讲,但"生公生母"的说法似乎与科研大楼的整体氛围不符。尤其那个"母"字,不知家乡话将其用在打油诗抑或顺口溜中如何发音,在北京,一是很难在类似的场合看到类似的话;二是即便有,其中的"母"字无论如何也会发出有点调侃的"儿化音"……

无巧不成书,李博士当年的导师 Hunter 教授也在蒙牛供职,此公毕业于英国剑桥大学,主要从事动物生殖生理学研究,发表学术论文 200 余篇,著书 8 部,为该领域国际知名学者。

告别李博士,继续在小卢助理陪同下逐一参观各个科研机构。在"国家乳制品及肉类产品质量监督检测中心科研实验室",我看到了门类齐全的检测设备,据说价格昂贵,据说出身望族,和十数年前走访伊利时所见所闻比起来,简直是换了人间。

在其中几间面积很大的检测室里,来自北京和其他相关地方的质检人员正在为三聚氰胺忙碌着,越是悄无声息,越是给人以压迫感。不知怎的,恍惚之中,我联想起那些在医院抢救的结石娃娃。

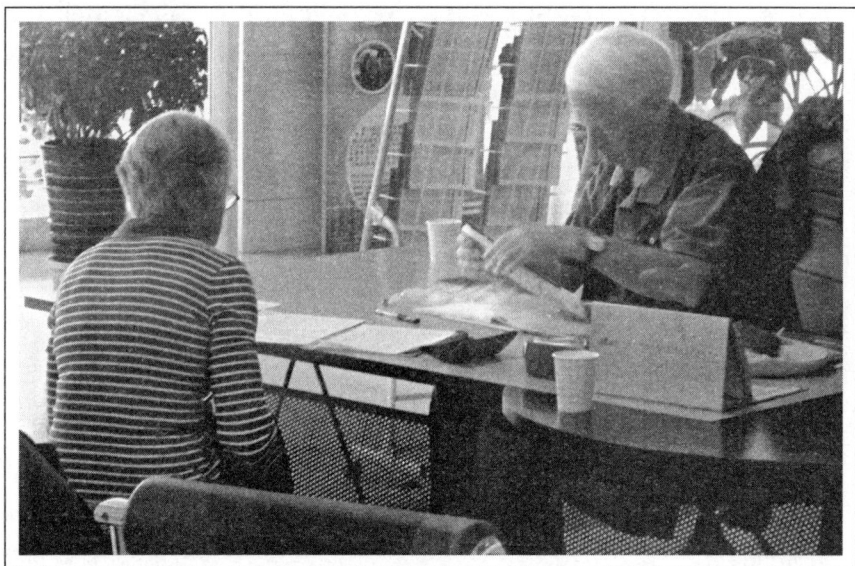

在这个规模庞大的实验室里，不仅有数不胜数的检测设备和分析仪器，同时还有一系列的专业科室，五花八门，别具特色，诸如"色谱分析工作室"、"光谱分析工作室"、"微生物工作室"、"生物工程工作室"、"包材料科学工作室"、"香精科学工作室"、"牛乳科学工作室"、"益生菌科学工作室"、"品香科学工作室"、"原料科学工作室"等。透过通透的玻璃门窗，不难看到里面的工作人员都在按部就班地忙碌着。

相对而言，"品香科学工作室"似乎与我的技术层面比较接近，尽管一时搞不懂"品香"的技术含量与技术要求，但见过品茗的，见过品酒的，似乎听起来想起来还不算太过玄妙。

其实不然。面积不大的"品香室"设有不少暗道机关，有点像桥牌比赛的十字隔板，彼此之间该看的看，不该看的休想看。此情此景，虽然让人一时想不起来"钢铁是怎样炼成的"，但至少想到了物有所比和物有所值。

实验室入口有一精巧的"急救台"，专为第一时间向眼部不慎受伤的工作人员提供紧急救助。因为是外行，偌大的实验室我仅对此物有亲和感，尤其是将其安放的便利位置，更让长于关注"小事"的我由衷佩服。

然则，我还是感到了美中不足，因为这样的实验室，这样的实验员，按道理本该随时配戴防护眼镜，亡羊补牢虽然精神可嘉行为可贺，但居安思危未雨绸缪似乎才是人间正道……

坦率而言，走访上述机构心情既兴奋又沉重，所谓兴奋，是指今非昔比乳业科技含量与时俱进；所谓沉重，是讲如此高科技，如此高保真，也会祸起萧墙让人痛心疾首。

无论是与李博士的沟通还是与其他专业人员的接触，再是认真听，再是仔细看，脑子还是由不得会随时开起小差，想到了强大的科技阵容，想到了巨大的科技投入，同时也想到了与此相论本不该存在的三聚氰胺。

按照身边的说法和看法，非法添加三聚氰胺，无非是为了往奶里兑水时有恃无恐，无非是为了瞒天过海时人模狗样，总而言之，无非是为了不择手段降低成本，无非是为了不择手段获取利润最大化。

民以食为天　食以奶为先
Food is the first necessity of the people;
milk is the first option among food

从这样的角度讲或从这样的层面看，别的企业不清楚，像蒙牛这样，这边厢不惜重金搞生产搞建设，那边厢不择手段掘坟墓挖墙角，如此而来，亦正亦反？亦好亦坏？亦善亦恶？亦人亦鬼？思绪究竟该怎样理，情理究竟该怎样顺，盘根错节，扑朔迷离，绝非常人常态常情常理所了得。

据说，像李喜和博士那样的学人蒙牛有的是，据说像 Hunter 教授那样的高参蒙牛也有的是，通过零距离接触，面对这样的人，面对这样的事，面对这样的人和事，无论今后三聚氰胺最终怎样盖棺定论，我相信，我遇到的那些学者，绝对与邪恶无关，绝对与罪恶无关……

乳品研发中心有一面完整的墙，在这面完整的墙上大书特书着一段儿完整的话，前后两句，"民以食为天，食以奶为先"，不仅对仗工整，同时古为今用舍我其谁。

如果按照哺乳动物呱呱坠地闭着眼找奶吃的本能出发，此话当真，此话不假，只是，动物世界生存的不仅仅是动物，人类社会生活的不仅仅是人类，因此，尽管"民以食为天"，尽管"食以奶为先"，但在"有一种动物叫作人，有一种人叫作动物"的复杂背景下，"天"为何指，"先"为何物，似乎就不该以先来后到、先入为主论短长了。

由此，我发现了疏忽，发现了疏漏，发现了弊端，发现了弊病，发现了在蒙牛林林总总的科研机构中，似乎缺少一个"食品安全"抑或"乳品安全"的专门研究机构。

诚然，上述诸多科研单位在一定程度上可能都或多或少担负着"食安"职责，只可惜丁是丁，卯是卯，倘若在研发中心那面大墙上，倘若在公司迎门影壁上，倘若在遍布厂区的语录牌上，倘若在总裁办公室的大班台上，大书特书、大树特树"食以安为先"，别说三聚氰胺，即便就是"六聚氰胺"、"八聚氰胺"也照样百毒不侵。

从这个高度讲，"食以奶为先"虽是人生写真，虽是人间写照，可一旦进入活生生、乱糟糟的大卖场，一切就不如"食以安为先"来得现实，来得真实，来得瓷实，来得踏实。

从那面整墙想开去，由不得想起了通道一侧的语录牌，诸如"听不到奉承是幸运，听不到批评是危险"、"骄傲的后面是毁灭，狂妄的后面是堕落"、"只为成功找方法，不为失败找理由"等均为蒙牛文化的经典篇章。

在这些似曾熟悉的话语中，我发现了一款过去好像没有注意到过的语录，话挺长字挺多，乍看似是而非，细看不无道理 —— "超乎常人想象的关怀是明智，超乎常人想象的冒险是安全，超乎常人想象的梦想是务实，超乎常人想象的期望是可能。"

俗话说"听话听声儿，锣鼓听音儿"，谢天谢地，在上述四句话里我终于看到了"安全"二字。只是，此安全非彼安全，尽管言之切切，但其阐述的却多是大千世界缘何"灯下黑"。

尽管如此，倘若不算那行看上去和"安全"沾点边的话语，其他三句话稍加改动，其实都与"奶以安为先"抑或"乳品安全"、"食品安全"密切相关，诸如"食品安全是超乎常人想象的关怀"，诸如"食品安全是超乎常人想象的梦想"，诸如"食品安全是超乎常人想象的期望"……

和根生几次长谈都安排在用餐时间，而用餐又都在员工餐厅，我喜欢这样的安排，因为那个地方我更能融入现实。时隔多年，员工餐厅未见太大变化，环境还是那样的整洁，菜品还是那样的丰富，其中一顿吃的是四块钱一碗又加了两块钱肉的面片，很香，很辣，很顺口，两碗下肚，爽透全身。

因为禁止喧哗，就餐员工多在专心进食，看得出来，情绪没有明显的变化，见到牛总依旧是点头示意老样子，既看不到目光躲闪，也看不到目光茫然，尤其喝着自家生产的乳制品，神态依旧。

和根生聊了许多，大概是想聊的该聊的实在是太多太多，所以一旦聊起来不免有些东一榔头西一棒子。通过交谈，总的感觉，面对突如其来的突发事件，根生有话想说却又无以言表。

如果没有记错，根生有两段自言自语耐人寻味，一是"做那么多善事捐那么多善款怎么还会缺大德"，二是"截至目前'奶协'还没有表态"。前者无论是扪心自问还是凭心反问，内中矛盾的确难解难分，后者虽然听着有点云里雾里，但话里有话。

同样，尽管我想问的有很多，但概括起来也无非就是两句话，一是"往奶里兑药到底知不知"，另是"往奶里兑药到底许不许"，前者人人皆想问，后者有因必有果。

不知怎的，如此简简单单的两句话到了嘴边却竟然说不出来，也许是平日情感太深，也许是此行观感太多，总之，比较难得、比较稀缺的"话语权"最终让我莫名其妙地放弃掉。的确，无论是研发中心所见所闻，还是"老牛基金"所作所为，你中有我我中有你的胶着状真的让人无所适从。

其实，即便能舍下脸问，我也许还是不会去问，因为有些话需要当面锣对面鼓，而有些话则注定云里来雾里去避实就虚。我不是看官，我不是判官，实践出真知，我只晓得，天下事有些事眼见为虚，有些事眼见为实，面对"眼见不为虚"实中自有实中虚，面对"眼见不为实"虚中也有虚中实。

我所面对的一切，让我由不得想起那句"一个人做点好事并不难，难的是一辈子做好事而不做坏事"的领袖语录。立足高境界，理是这么个理，论也该这样论，只是，面对无所不包的大千世界和无所不能的芸芸众生，一个人做点好事并不难，一个人做点坏事也不难，难的是无论心地如何心肠如何，人一辈子注定要与好坏频繁交互，注定要与是非长期共生。

就事论事，我不仅无法想象这桩不是投毒案类似投毒案的公案最终该怎样研判，同时更无法想象这段不是亲兄弟类似亲兄弟的私情最终该如何了结。作为公众一分子，公众义愤填膺我亦义愤填膺；作为亲朋一成员，亲朋矛盾万状我亦矛盾万状。

然则，公众一分子也好，亲朋一成员也罢，面对同样的事实必须要有一致的回应，盐为什么咸，醋为什么酸，走到哪，扯到哪，内中的是非结构绝不会因人而易，因事而异。

心如乱麻，由此及彼想了许多许多。怎样面对"结石娃"又怎样看待当事人，怎样跳出三界外又怎样固守五行中，尽管是非分明，善恶分明，但身处特殊位置，当说的很多，不当说的也很多。

有感于此，有鉴于此，除了"加大救助奶农力度"其余我没有给根生支什么招，一是我行我素的牛根生不需要，另是面对危情，面对良知，当事人除了做老实事、打老实牌似乎别无选择……

交谈中有时也出现死一般的沉寂，在难以描摹的静默中，我想起了2006年8月3日根生打来的那通电话。从那以后，根生接下来的所作所为无非有两条，其中一条是继续吃亏，继续"把自己当傻子卖"，另一条是不想再继续吃亏，于是铤而走险打起歪主意。如果按照这条歪门邪道走下去，兑了水的牛奶绝对不是味儿，变了味儿的牛奶绝对不能喝。

三鹿事件曝光后，人们对问题奶粉议论纷纷，有人说是行业由来已久的潜规则，有人说是奶源环节闹的妖，总之，作为曾经的乳业相关人，我的感受似乎比常人复杂得多。

不能说2006年8月3日是什么真耶伪耶的分水岭，只是"存在决定意识，屁股决定脑袋"。如果我是三聚氰胺的公诉人或当事人，也许我会咬定青山不放松，逮着蛤蟆攥出尿。

透过当年"啤酒利润不及矿泉水、奶价比水还便宜"的表层含义，我突然发现了一个多少能证明"问题不在生产环节"的重要依据抑或证据 —— 按照严格的逻辑推理，至少牛根生在电话里抱怨"奶价比水还便宜"的2006年

8月3日还不知道"蛋白精"的功效，还不知道三聚氰胺的威力，还不知道"加了水再加药"的牛奶绝对比卖水更划算。

从2006年8月到2007年11月"浙江消费者王远萍的女儿首度喝出三鹿奶粉有问题"，前后总共15个月，如果狠着点说，牛根生8月3日刚通完电话就从第二天开始丧尽天良研制"蛋白精"，期间，从无到有，从小到大，在一年多的时间里大致有如下坏事需要一环扣一环——

一、物色帮凶，阴谋密室；对钱盟誓，歃血画押；

二、秘密研发，秘密引进，秘密生产，秘密投放；

三、或"不慎泄密"，导致同行竞相效法当李鬼；

四、或"秘密转让"，造福自己同时也帮衬同行；

五、周而复始，密不透风，进而形成行业潜规则。

我不是制造商，既不知道其中工作量有多大，也不清楚里面的门道有多多，试着大致算了算，从有这样的心，到有这样的人，从有这样的坏，到有这样的灾，耗时是一方面，耗资是一方面，能在众目睽睽之下挑出一批死心塌地的以身试法者，似乎比做假还难，比做鬼还难……

想到这些，我感觉心脏在剧烈跳动，有点像发现了新大陆般的狂乱不已。没有当即讲给根生的原因很简单，如果上述依据成立，其中还能勉强作为"物证"的就是当时此间的《恩波日志》，尽管一家之言较起真儿来屁事儿不管，但毕竟自己讲话的时候能够挺直腰板。遗憾的是，时间长了，脑子慢了，究竟记了多少，记了哪些，一时绝对想不起来。有鉴于此，于是溜到嘴边的话又咽了回去，想着等回北京看了日记再通报不迟。

也许是庸人自扰，也许是杞人忧天，有些事不想则已，想了就只能硬着头皮想下去。借"06.8.3"佐证清白或旁证清白即如此，虽说"测算15个月究竟能干多少坏事"不算难，但跟进的说明谁来做开场白，怎样做开场白，却是个十分棘手的现实问题。且不说牛根生是否愿意如此这般"标榜"自我，即便就是求之不得，话该怎样说，相该怎样亮，我独自想了很多，但最终没有一个方式方法适合他。

别无选择，如果"电话感言"多少还于事有补，那么出面讲述实情也只有我最合适。只是即便如此会说的还是不如会听的，面对扑朔迷离的现实，再是客观，再是求是，平白无故又有谁信，突如其来又有谁听。

看来，要让讲出的话能够收到预期效果，彼此过从甚密似应做些必要的交代，虽不至于面面俱到，但缘何相识，缘何相知，缘何相惜，缘何相助，还是要一一讲清的。想到此，由不得又多了层遗憾，倘若此前相关著述已然面众，事到临头似乎就用不着做太多的铺垫，只要开门见山跟进道出《是耶非耶牛根生》或《真耶伪耶牛根生》即可。

由此我想到了借新的著述开道。最初构想的叙写体例是报告文学，三四万字，卯足了劲儿写，估计十天半月差不多。对于文章的出路我并不担心，相信任何一家杂志都会接纳。退一万步说，这样的话题放在网上，相信会很快传播开来。

斟酌再三，我向根生透露了准备公开个人观点的想法。并且告知，要想可读，要想可信，要想可人，无论作者与主人公相互之间感情有多铁，有些事当批则批，当贬则贬，不可用"小骂大帮忙"的态度框定之。

遗憾的是，话虽讲得比较到位，但由于有意避开了尚不确定的"06.8.3"那条主线，所以底气显得有点不足，中气显得有点不畅。尽管如此，根生还是表现出极大的兴致，或许是节骨眼上"王哥倾情相助"让他感动，或许是"先生文笔还算了得"让他期待，总之，尽管并不清楚此举借助的"支点"为何物，但他坚信此情此景绝无戏言。

大概正是出于对上述命理、事理的理解，根生不仅告知，无论王哥从怎样的视角切入，从怎样的层面发散，哪怕是骂，哪怕是扁，他老牛都会充分尊重充分认可，同时讲道，"非常时期，人多嘴杂，肯定有人认为王哥拿了蒙牛的钱，您要有心理准备"。

此话不无情，此话不无理。坦率而言，此前的确只惦着打"电话感言"的如意算盘，既没有考虑斜下里人言是否可畏，也没有顾及反向中危言是否耸听，经根生这一提示，心里还真转开了磨。

的确，非常时期叙写非常事件确实要过两道关，一道是公众关，另一道是蒙牛关，不说狠话，读者可能不买账，不讲好话，事主可能不认账。总之，一旦偏离需求，写得再真实也难脱"受雇于牛"的干系，写得再真情也难脱"不够意思"的责备。

从某种意义说，亲哥俩明算账也好，老哥俩不算账也罢，来自根生的说辞似可忽略不计。只是，无论从哪层意义上讲，来自公众的说辞却不能不当回事。那是一把剑，那是一把火，自古以来，与剑相关的多是正义之剑扬眉剑出鞘，与火相伴的常是自作聪明玩火者必自焚。

无利早起，鬼才相信。我试着将自己放到了普通读者的位置，去看，去想，去品，最终发现，尽管身正不怕影子斜，但面对世俗的"有偿"通则，我的确无法为作品做"没拿银子"的免俗公证……

在粗略构想文章结构的时候，也许是该文特质产生的联想，我由不得想到了一则第二次世界大战时期极为著名的"美军征兵广告"。面对适龄青年贪生怕死不愿当兵的难题，一组平淡无奇却丝丝入扣的文字最终逆转了局面扭转了乾坤，从而实现了心悦诚服的大事化小、小事化无 ——

报名参军有应征的可能也有未应征的可能，未应征者不必担心；
应征者有上前线的可能也有留后方的可能，留后方者不必担心；
上前线者有参战的可能也有未参战的可能，未参战者不必担心；
参战者既有负伤的可能也有未负伤的可能，未负伤者不必担心；
负伤者有负轻伤的可能也有负重伤的可能，负轻伤者不必担心；
负重伤者有治愈的可能也有未治愈的可能，可治愈者不必担心；
未能治愈者由此去见仁慈的上帝，见了上帝，其实更不必担心。

我把这则广告讲给了根生听，由于同样回避了"08.6.3电话感言"这条主线，所以挺有说道儿的如是说显得有点云里雾里。

尽管如此我还是谈了一些对"大事化小、小事化无"的心得与看法。严格而论，内中的"化"其实不是"变化"的化而是"转化"的化，就像再大的医疗事故，无论最初如何大最终也会"大化无"，在其中，在其间，并非责任由大变小，而是"责任转化为责任人"。

问题在于，"由责任转化为责任人继而承担责任"是有说道有讲究的，只要不是故意为之，有的责任人责任重大但最终公众网开一面，而有的责任人责任不大却打了罚了依旧让人不依不饶。在其中，在其间，人该怎样做，事该怎样平，既看"世界观"招人待见不待见，也看"方法论"让人讨厌不讨厌，一般说来做人做事两分法，不一般说来人事人做一肩担……

离开蒙牛的头天晚上，电视台实况转播"神七"升空，因为与航空航天有过太多的接触，所以事再多，话再多，还是准时回到住所收看电视节目。分别之前，我将随身带来的一摞相关剪报留给了根生。

火箭升空的场面激动人心，由不得想起办公室案头的"长 2 捆"模型，由不得想起 16 年前与"中国运载火箭研究院"及"101 研究所"的密切接触，由不得想起 13 年前与航空工业总公司的高端往来，由不得想起 6 年前推荐给央视春晚的特别节目与"神 4"的亲密互动，由不得想起钱学森钱老和杨利伟先生在"神州飞船首次载人飞行成功首日封"上的亲笔签名……

说来话长。经有关方面安排，我于 1992 年前后分别向中国运载火箭研究院及 101 所提供了讲学报告。大概是讲得用心，大概是讲得动情，主办单位不仅给予很高评价，不仅安排参观了高度绝密，同时还向我赠送了含金量极高的"长 2 捆"火箭模型，十数年过去，案头物品一换再换，但这枚模型却始终如初……

1995 年，原为国家航空航天部的"中国航空工业总公司"面临国家控股公司改组，为使总公司机关干部迅速转变观念，向我发出了外脑支持的邀请。同样是完满交卷，同样是由衷感谢，同样是当时最具神秘感的参观，同样是当时最具攻击性的"歼-8"航模摆放至今……

2001 年，我有幸出任"华夏文化纽带工程"决策顾问，看上去不过是从包括台湾在内的神州大地取土制作立体华夏版图，但真正深层的寓意却是推动海峡两岸和谐发展。除大陆高层高度关注以外，连战先生、马英九先生等台湾地区领导人也极为热衷。期间，我不仅做了自己应该做的事情，同时还将中央电视台资深大导演金越先生早早推荐为高级顾问。盖因于此，在金越先生担纲 2003 年央视春晚总导演之际，由于事前有所投入，有所感悟，所以此项造福民族福祉的主题活动轻而易举成为春晚重中之重，不仅陆海空三军仪仗队现场助阵，同时取自神州大地的 100 克国土也乘"神 4"遨游太空并最终珍藏于中华世纪坛……

有幸与钱老同为实验一小隔代校友，同时"智业"二字起源也与钱老倡导的"大成智慧学"不无关系。此外，钱老的爱孙钱磊与一男又为同窗好友，不仅多次接受老人委派送来《导弹概论》、《系统科学》等签名大作，同时还特地在相关首日封签名留念……

身在异乡为异客，此情此景长相思，不仅想到了往事，想到了现实，想到了北京航天城，想到了酒泉发射场，同时也想到了与蒙牛相关的"航天员专用奶"，想到了与牛根生运程息息相关的那句话——"他是一头'牛'，却跑出了火箭的速度。"

不较真，不抬杠，其实无论此话出自谁人之口都该加上"愣是"二字，因为"他是一头'牛'，愣是跑出了火箭的速度"才够胆，才够味儿。只是，就牛与人的区别来说，牛吃的是草挤的是奶，就牛与火箭的区别来说，牛的特征多是不紧不慢。因此"从人到牛"虽然不像"从猿到人"那样漫长那样遥不可及，但能成为"牛一样的人"已然要经过无数生死轮回。

不该说超人落马多是速度设的卡，不想说能人落寞都是气度惹的祸，经过 20 年的实践与观察，尽管欲速不达层出不穷，但以身试"速"却不乏其人。君不见横空出世何壮哉，君不见飞黄腾达何妙哉，只是，"飞黄"原本为传说中"跑得飞快的神马"，可惜跑来跑去硬是被人不识庐山真面目……

下榻蒙牛"盛乐会所"至尊豪华套，昔日热闹不再，清净得很。碾转反侧，夜不能寐，想着天上飞的，踱着脚下踩的，想来想去，踱来踱去，饱暖生闲事，发现装修近乎极至的居所，竟然会有那么多的不尽如人意，似乎和我印象之中的"牛氏水准"相去甚远。

说来也巧，我的业余爱好恰恰是居室设计，虽然从来没有参过赛获过奖，但凭借"会呼吸的空间"、"会变调的房间"等作品，令业内人士坚称"王氏设计理念绝对以人为本"。正因如此，不少受益者感叹，"如果王先生当初搞设计也绝对是个中高手"。

是不是个中高手先撂一边，"眼里不揉沙子"倒是由此修来的正果，什么是好，什么是孬，什么是舒坦，什么是硌痒，总之，什么是最适合大活人居住的地方，经过40多年的本土进化和近十年的国外异化，我似乎还有些比较另类比较独到的看法。

床上闲来无眠，地上晃来晃去，几度困意来，几度返床榻，不经意间小腿骨与外露过多、棱角过硬的床框、床角发生碰撞，只可惜疼归疼，困归困，因此撞一撞二直至撞出下定决心细端详。

接下来首先发现的是"床灯开关"的位置不太符合人体结构，像我这样的成人胳臂长度一般还算说得过去，但躺在会所床上，无论是仰姿还是侧姿，无论是左胳臂还是右胳膊，折腾半天最终还是不到位。

需要特别说明的是，床灯开关的位置其实房主人也动了不少心思，为了便于使用，特地将其安装在床头柜的后墙上，从效果图上看，挺方便挺顺手，可惜的是，饱汉子不知饿汉子饥，或饿汉子不知饱汉子撑，设计者随手那么一画，验收者随眼那么一瞅，一切顺理成章交了差，却唯独忘了入住者开灯的时候黑灯瞎火，所以着急忙慌无论如何也够不着。

更有甚者，不仅设计者只管好看不管好使，验收者只管亮灯不管开灯，同时会所的管理者也只管提供服务而不管舒服不舒服，包括细心提供的小闹钟，精心放置的提示牌，一股脑全都堆在了面积不大的床头柜上，真到了夜晚，真赶上迷糊，随手伸将去，想必乱成团。

除了床头开关，还有一些地方大失牛氏水准，诸如预留的"网线插座"与写字桌相隔太远，原本可以隐蔽掉的明线最终散落在视线之内；诸如本该藏匿于柜的"熨衣板"竟然登堂入室。

房间如此，卫生间亦如此，也许是上了点岁数，也许是孤陋寡闻，总之，本想"方便"不方便，很想舒坦没舒坦 —— 先是全功能、全自动的电动马桶憋来憋去玩不转，后是多刻度、多温度的淋浴龙头拧来拧去不对路，相比之下，水温高低还好说，而全是洋码子的马桶从掀盖、冲洗到排污，有电脑管着，有程序编着，方便前现查"快译通"有点来不及，方便时一边端坐一边扭胯选钮，实在很辛苦，实在很高难。

吹毛求疵也好，吹毛求"纸"也罢，虽说"没有花钱的不是"，"没有受累的不是"，可一旦忘了"淮南橘"、"淮北枳"同宗同属不同物，花再多的钱，使再大的力，把本该用于家装的物品生要搬到公共场所，注定不伦不类，注定南辕北辙，注定得不偿失，注定乐极生厌。

我去过不少富国家，也进过不少富人家，在国外总统套里见过提绳拉链的浴缸泻水口，在国内老板家里见过歌厅固有的霓虹灯，前者让我想到元首总统也是人，后者让我想到坐台小姐也是客。

无意指责更无意贬损，只是"任由乱花钱"不是根生的一贯风格，相信会所来的都是客，相信根生也用过客房的洗手间，缘何视而不见，缘何熟视无睹，一种可能是主人熟门熟路，一种可能是客人感知过人。

其实，睁着眼瞎踅摸、闭着眼瞎琢磨远不止这些，如果往"命门失守"一类话题上靠，让我多思多想的莫过"桑拿房"、"淋浴房"挡水条下方渗水。按理说，这类物件这类材质本不怕水，明知故说，是因为无论说到哪儿这类物件这类材质本不该渗水。

说命门，扯命门，尽管"命门失守"症结多在基层，多在表层，但真正要命的却多在上层，多在深层。更为可怕的是，往来盛乐会所者多是学人，多是商人，多是能人，多是高人，说起来"中国向何处去"、"世界向何处去"无所不知无所不晓，但脚边儿这点软道理却不尽全知。

无独有偶，不仅渗水让人多虑，同时治理"淋浴房下水道返味儿"的措施更令我为根生兄弟汗颜。说起来，"下水道返味儿"实在算不得什么，无论是地沟有味儿天经地义，还是"返水弯儿"防臭世人皆知，因此因陋就简只能多闻味儿，因此多个程序绝对少闹心。遗憾的是，我们的盛乐，我们的会所，却与上述"二选一"格格不入 —— 不知何人支的招，一个塑料袋，一兜清清水，虽说严丝合缝巧夺天工，但整体品位荡然无存。

由此及彼，由表及里，围绕家大业大脑袋大想了许许多多，想到了"铁路警察各管一段"，想到了"卖凉粉儿的吃凉不管酸"，同时也想到了高高在上、遥遥领先的根生兄弟，按说这等"沙子"早先绝对揉不进他的眼睛里……

撰写本章之时，"一读"提出"盛乐感伤"大可不必。此君言之有理，本人言之有情，何去何从，犹豫再三，最终还是文责自负我行我素，谁让根生追求完美，谁让乳业讲求完善，谁让同样追求完美、讲求完善的王力的确有些资格与之熟不讲理。

其实，无论完美还是完善，一旦追求起来，讲究起来，个中滋味天知地知唯有世人不知。需要较劲，需要较真，需要不尽情理，需要持之以恒，但凡踏上这条啰里啰嗦的"事儿妈路"，人不再是讨人喜欢的人，事儿不再是招人待见的事儿，总之，尽管到头来可能落个听起来挺美挺美的美名，但投入产出实在是不成正比。

正因如此，深谙此道的企业中人多会说一套做一套，以"完美主义者"立命，以"稀松二五眼"安身。有位涉世未深的设计师不信此俗，将自己对某楼盘有待完善的建议一五一十写给某位又盖房子又演戏的地产大腕儿。对方愕然，迅速召集属下，一番感动过后，最终却以一番斩钉截铁结束了冠冕堂皇的如是说——"追求完美者绝对挣不到大钱！"

如果从普通人群里挑，完美者的概率低之又低；如果从企业中人里选，完美者更是少之又少，更何况，起步之时怀揣完美梦的逐年递减，所以真的实际算来，这年头，这年月，"存心和缺憾过不去的"纯属凤毛麟角。

平心而论，无论是人们常说的"完美"，还是我们刚说的"完美"，说开了，说穿了，看似高调重音，其实与事物常规、常态的普通标准无异。什么是"标准"，词典的解释是"衡量事物的准则"，呜呼哀哉，看来"追求完美"其实就是"理当达标"的翻版。

年轻时我学过瓦匠，从和灰递砖开始，师傅就反复告诫"活儿糙理不糙"。尽管在那个时候听不大进人话，但后来的生活感悟告诉我，此话有时候一句顶一句，而有的时候一句能顶一万句。

由此而来，似乎对不明就里的乳业危机有了新的感觉，尽管对乳制品生成过程还是一窍不通，但养马比君子，由不得，不由得，从盛乐会所亲眼目睹之不足，想到了乳品行业的缺憾……

离开和林格尔之前，我还做了一件想做该做但又有点难于启齿的事情，就是提醒根生珍惜生命、善待自己。正如前文所述，虽然我由衷期盼根生能安度难关，但隐约之中，总感觉蒙牛有可能一败涂地，牛根生有可能一蹶不振，甚至还极为痛苦地想到，为了挽救企业，为了证明自我，根生有可能用男人愚忠的方式做最终了断。

遗憾的是，上述心理我无法直言。生活就是这样，即便对于无话不说的朋友，彼此间有些话可以言传，有些话可以意会，而有些话却既不可言传，也不可意会。

我放弃了在这个问题上和根生的沟通，除了不便，还有一个原因就是我不能确定杞人忧天是否真的很有必要。于是，我把自己的担心讲给了根生的助理小卢，从 2002 年约王勇一行走访蒙牛，多少年来在我和根生之间忙前跑后都是这位既热情又不失分寸的年轻人代劳。

其实，无法直面根生的话语也同样无法直言小卢，毕竟有点大而化之，毕竟有点危言耸听，尽管如此，我还是把"表面越是没事越要格外注意"的道理讲给了他，感觉得到，小卢理解了我的用心……

在内蒙逗留期间，国内主流媒体相继披露了许多相关消息，与以往不同，拨乱反正的报道开始进入主位。

2008 年 9 月 24 日，《人民日报》发表了题为《316 家企业对奶制品作出质量诚信承诺》，当天的《北京晚报》、《法制晚报》纷纷刊登《安全奶粉标识今天启用》、《首批贴绿标牛奶今起陆续上市》。

这一天，《新华每日电讯》的"新闻观察"头条发表《奶粉遭遇信任危机，重拾人心必须多管齐下》和《保护奶农利益稳住奶业根基》的署名文章。前文用了连续三大段话解析了如何"帮市场找回信心"，后文则连续用了三大段文字归纳了如何"保护奶农利益"，其中，"面对当前的奶业困境，各级政府应从维护大局的高度果断采取措施，解决倒奶杀牛问题，避免广大奶农成为危机的直接受害者"那句话说得特别到位。

9 月 25 日，《人民日报》告知《北京奶制品市场：商家承诺质量积极促销》。同一天，《北京晚报》转载新华社文章《河北山东内蒙古采取有力措施，贴补奶农维护奶业健康发展》。

9 月 26 日，新华社通报了一个让国人极为振奋的好消息 ——《再检液态奶均未测出三聚氰胺》。

这一天，《人民日报》发表题为《诚实守信是企业发展的根本》的评论员文章，文章谈道 ——"这一事件的发生，给人们以教育：欲建立企业，先建立信誉；欲做大企业，先做好信誉；欲做强企业，先坐牢信誉。诚实守信一向被我们民族视为'立人之本'、'立政之本'、'进德修业之本'。能做大做强、久盛不衰的企业，有哪个不是恪守信誉的企业？"

这一天，《人民日报》发表《质量安全是企业首要责任》的署名文章，文章强调"民以食为先，食以安为先"，其中谈道："作为食品生产企业，为社会提供质量合格的产品应该是其生产的最低要求和第一要义。如果为了追求利润而不顾消费者的健康与生命安全，就完全背离了科学发展的要求，无异于自掘其生存的根基，也从根本上忽略了企业所应承担的社会责任。"

同样还是 2008 年 9 月 25、26 日，《北方新报》告知《江西省与蒙牛集团将合作建立乳业基地》，《东方早报》披露《伊利蒙牛损失或超过百亿，内蒙古急掏亿元救急》。

第20章　欲罢不忍

龙生龙，混不整顶多算是个四脚蛇
凤生凤，脱了毛依旧瞧不起白斩鸡

阴错阳差，尽管《是耶非耶牛根生》的报告文学半途而废，但本书立意与初衷却悄然而生。我突然觉得，原来的篇幅有点小，原来的场景有点窄，既承载不了彼此经历的一切，也涵盖不了此间想表达的一切。

换言之，围绕"问题奶粉"和"乳业危机"，其实有太多的困惑需要关注，倘若新著换个全新的体例与视角，试着跳出乳品说乳业，试着跳出乳业说企业，最终效果或许会好得多。

再换言之，虽然由此说开去一切仍与牛相关，仍与奶相关，但最终既非一味救牛也非一味救奶，既非完全就人也非完全就事，只是借机提示我们的成功者，该用怎样的心态看待自我，该用怎样的体态膨胀自我……

回到北京，陷入自找的忙乱，长年习惯于按部就班循序渐进，猛不丁把这篇文章加进来，乱了节奏，更乱了方寸。

还好，在我看来有点像救命稻草般的《恩波日志》虽然记录得不是很全面，但是"想要的"基本都在。第一时间准备将此事通报给不明就里的牛根生，可转念一想，不妨等文章有点眉目再说不迟。

临近国庆，总算有些计划外的时间。于是，放弃了出游，放弃了赏秋，独自关在办公室里日夜兼程，先不讲这类文章写起来有多辛苦有多累，仅一个检索资料就让我疲于奔命。

更为麻烦的是，原以为顺着"06.8.3"这条所谓的主线会有许多"电话感言"有感而发，然而处在实际写作中，虽然有那么多的想当初，但却没有那么多的想当然。我真的不知道，当初怎么就想起做这件事，算什么不很清楚，说什么不很清楚，管什么不很清楚，图什么不很清楚，总之，身处混沌状，思绪乱哄哄，深了不是，浅了更不是。

尽管如此，我还是沿着"06.8.3"这条亦虚亦实的路径走下去，爱算什么算什么，所以想说什么就说什么，只要什么也不图，自然什么也不怵，说得对，算是一家之言，说得不对，算是洒家之言。

就这样，从 2008 年 9 月底到国庆长假期，废寝忘食忙活了十来天，有点像写作文，有点像写征文，有点像写公文，有点像写散文，除了大量阅读相关资料，连写带改，一天至少要写上三四千字。

10月4日，就在《是耶非耶牛根生》开始进入状况之际，就在借助逻辑推理已然感知"蒙牛没有足够时间作案"之际，媒体告知，国家工信部李毅中部长断言**"奶粉问题出在收购储存环节"**。坦率而言，此番表态，对包括蒙牛在内的乳品企业恰似及时雨，恰似旱天雷。

这一天的《北京晚报》先在一版报眼告知《问题奶粉出在收购储存环节》，接下来又在专版头条详细解读了国家工信部部长为什么在实地考察了三元、蒙牛生产基地后讲出这番话。在回答关于"婴幼儿奶粉事件发生的原因何在"和"奶粉问题究竟出在哪些环节时，李部长有如下回应——

> 幼儿奶粉事件的发生，一是产品检测标准和企业质量管理存在漏洞。由于此前三聚氰胺未作为检测项目，所以生产企业无标准可依，也没有配备必要的检测设备。二是近年来乳制品行业加工能力增长过快，原料奶资源难以支撑，协调发展矛盾突出，不法分子借机违法牟取利益。
>
> 三聚氰胺是如何流向奶制品加工企业的？据初步调查，一些小企业采取委托大企业加工生产，或者直接采购大企业产品改换包装出售，销售去向很难跟踪，这是三聚氰胺流向食品市场的监管死角。
>
> 从奶站看，目前多数乳制品企业自建奶站比重小，大多数为个体奶站，相当一部分奶站证照不全。同时由于企业扩张太快，争夺奶源问题比较突出，容易出现漏洞……

视此，先是一怔，后是一晕，既庆幸"奶粉问题没有出在生产环节"，同时也为自己殚精竭虑佐证"生产环节没问题"但最终前功尽弃感到有点累有点冤。不过累归累，冤归冤，好在20多年的职业生涯对这类的事情已经习以为常，所以一切权当"重在参与"罢了……

10月6日，睡了一大觉，缓了一天神儿，原想静下心返回头看看马后炮的"是耶非耶"还有哪些残值可以用，没想到人在北京的根生打来电话，知我这些天没黑没白连轴转，连说"是我连累了王哥"。

既然有了堂而皇之的政府部长说，相形见绌，"06.8.3"的电话感言似乎已经没有从旁佐证的必要，于是告诉根生，兄弟之间谈不上连累不连累，只可惜计划跟不上变化。其实，什么是"计划"根生不清楚，什么是"变化"根生也不清楚。

当晚，我和夫人在长城饭店设宴招待心不在焉、食不甘味的蒙牛主帅，作陪的还有 13 年前共赴呼市讲学的恩波所长助理。非常时期，话题很快从"究竟该喝什么"聊起。

我带去几页文稿，因为事过境迁已无必要再从作者的角度复述"奶粉问题出在收购储存环节"，所以也就回避了"06.8.3"的相关内容。为节省时间，我将文稿逐页逐段念给大家听。

因为已是"无用功"，所以念稿的时候显得底气不足，中气不畅。尽管如此，根生还是表现出极高的兴致，他需要理解与同情，但感觉得到，时处危情时刻的当事人更需要"及时的"理解与同情。

毋庸明说，根生肯定已经感觉到这篇曾经寄予莫大希望的文章有点不赶趟，于是明确表示："按照目前的进度，看来是一时指不上了。但无论怎样，王哥能在整体情况不明朗的前提下从旁相助，不仅证明有情有义，同时更表明具有'重拾信心、全力救市'的预见性。因此，能帮上忙更好，即便帮不上，也同样感激不尽……"

根生接下来通报了国家工信部李毅中部长近日考察蒙牛的情况，尽管此事已从报章获知，但我还是认认真真听根生叙述现场观感。感觉得到，李部长的造访多少拨去一些罩在根生头上的愁云。

从某种程度讲，李部长一席谈话不仅让根生紧绷的神经稍稍松弛，同时也让我悬在半空的思绪得到一丝慰藉，在浏览上述报道时，无论是直截了当、开门见山的标题，还是有理有据、详实可信的内文，都让我对自己 10 天前的判断多少感到有点自信，有点自得。

在阅读李毅中部长重要讲话的时候，我似乎理解了 9 月下旬见根生时他讲的"奶协还没有表态"那句话的含义。话虽这样讲，但我还是从中感到了当事人的某种执著。所谓"奶协"，其实是指乳制品企业的行业协会，面对三鹿事件，即便"奶协"站出来发表与国务院主管部委领导讲话内容一致的言论，相信在特定的情况下，也没有多少人听，也没有多少人信。

还是当初曾经说过的那句话，虽然这年头君子爱财已然取之"多"道，但对于"上规模、成建制、有脸面、想成仙"的企业来讲，即便想吃，肯定怕烫，即便想坏，肯定怕羞。换言之，企业主在淘第一桶金时，死都不怕何况寒碜，而进化到一定阶段，死不见得怕，但寒碜可万万沾不得。

凭我的经验与感觉，根生应属于"不怕死，怕寒碜"那一类，人们常说"树大招风"，可惜一般只想到了树根扎得是否够深，树冠长得是否太大，而往往忘记了多大的树也是树，因此无论是"人有脸"还是"树有皮"，双重指标双保险、双重概念双重门的另类制约机制，在当事人头脑发昏不能自持的时候，偶尔还是管些用的……

虽说未见哪个机构给蒙牛松了绑，也未见哪位官人给牛总"摘了帽儿"，但根生已经为"不是黑心商人"心动不已。也难怪，是耶非耶，真耶伪耶，再沉稳的人也的确需要有个说法。

听得出来也看得出来，蒙牛近期似乎将有相应的考虑和动作，诸如在央视进行对话，诸如在凤凰卫视接受访谈，显然郁闷多时的当事人有话要说。我理解根生的想法，但不清楚其中的说法，的确，无论从怎样的心态和怎样的状态来讲，适时、适度表述企业的想法确有必要，只是，按照世俗通则，平常时期会说的不如会听的，赶上非常时期，说什么、怎么说里面的学问就更大了。

换言之，尽管乳品企业脱掉了"黑心商人"的干系，但对"收购储存环节"出现如此之大的漏洞、黑洞视而不见，最起码也要担个"粗心商人"的骂名。面对于此，无论是直接还是间接，无论是存心还是粗心，在利益受到损害、生命受到威胁的公众看来，二者虽有不同，但"同与异"似乎又不完全由相关人自己说了算。于此，相同的话该怎样说，不同的话又该怎样讲，别看平日里在大庭广众面前侃侃而谈，一旦再度出镜，局面可能失控。

"病去如抽丝，病来如山倒"，命理远远高于推理。从这个视角看，易于秋燥的时令，易于浮躁的话题，无论有怎样的城府与修为，在公众心服口服的"公论"尚未出台前，每个语句，每个语气，都需要字斟句酌。

其实，老辈子常说的"福不双降，祸不单行"讲的就是这个软道理，前者又娶媳妇又过年，人见人晕，因此好事难成双；后者黄鼠狼单咬病鸭子，人见人烦，所以烦中常出位。相比较而言，在任何人都无法预知的灾祸里，"祸从口出"绝对张口即来……

细心的读者可能已经看到，援引李部长讲话的时候，有两句话下面我加注了重点标记，一句是"近年来乳品加工能力增长过快，原料奶资源难以支撑"，另一句是"企业扩张太快，争夺奶源问题比较突出"。实事求是地讲，就个人感悟而言，这是在"问题奶粉"暴露以后我们的政府高官对"问题乳业"最一针见血的评说。

坦率而言，对于错综复杂、盘根错节的三聚氰胺事件，既没有检测手段也没有侦测手段的我，对其是与非、善与恶的判断，几乎只能凭借对最简单的事理、最直观的世相进行折射并从中获取最直接的分析数据。

从这个意义讲，尽管前番报告文学半途而废，但本书立意与初衷却悄然而生。依从物质守恒定律，人不可能跑出火箭般的速度，牛不可能涌出喷泉般的奶水，这样浅显的硬道理，其实无论哪一级官人、哪一级学人、哪一级报人、哪一级商人均不该视而不见。

遗憾的是，我们的乳业，我们的企业，尽管经历了天大的恐慌与天大的磨难，尽管从生与死、善与恶的较量中最终悔悟到了不该用幼小生命做代价，但悟得再深再妙，仍与跳出三界外、不在五行中的大彻大悟有一定距离，其中的茫然包括量力而行人在何方？量力而行力在何方？量力而行脚在何方？量力而行鞋在何方？

大概是受此影响，我突然觉得，原来的篇幅有点小，原来的场景有点窄，既承载不了经历的一切，也涵盖不了想表达的一切。换言之，围绕"问题奶粉"和"乳业危机"其实有太多的困惑需要关注，倘若未来著述换个全新的体例与视角，跳出乳品说乳业，跳出乳业说企业，效果或许会好得多。再换言之，虽然由此说开去一切仍与牛、奶相关，但最终既非一味救牛，也非一味救奶，既非完全就人，也非完全就事，只是借机提示我们的成功者，该用怎样的心态看待自我？该用怎样的体态膨胀自我？

我不是政论家也不是评论家，不具翻手为云覆手为雨的大手笔，面对上述设问，我能做到的是以小见大并从实招来，诸如大手笔多会居高临下"牛眼看人"，而我只擅长在"人眼看牛"的过程中寻寻觅觅。

既然是"人眼看牛"，就最好让我所认识的牛根生首先素面朝天跃然纸上，或是友人式的醉眼回眸，或是路人般的侧目相望，总之，一旦把视线延伸到对应的范围，客观大概随之而来。

事情虽好，概念虽好，但我还是没有把改弦易辙继续写下去的想法确定下来，因为如此而来更要彻底打乱既定部署，所以能否如愿以偿不得而知。要知道写这类专著不似前番写报告文学，全力以赴少则半年多则一年打不住。在这段时间里，原计划为了感激改革开放30年，迎接国庆60年，本应紧锣密鼓筹办亦庄亦谐、守正出奇的《恩波回顾展》，尽管规模不大但看点很高，全部是不同时期不同的事，全部是于无声处炸响的雷。

应该讲，这一切对于时年58岁的王力来说，不是收官之作近似收官之作，且不说心智散去须复还，且不说后续事项依赖之，仅一个岁数不饶人，本该筹划于2008年的事情就绝不该拖至下一年。

对于我这个岁数的人来说，即便就是再干几年干到不少人向往的65岁，期间任何一个"一年半载"对我来说都弥足珍贵，往虚里说，退之前可为的很多；往实里扯，"走之前"不可为的其实也很多。

除此之外，即便就是能够推掉所有计划中的事情，原本有关乳业、有关根生的回忆录也只是系列读物的一部分，作为从业20余年系统记录，表述顺序至关重要，听上去谁先出场、谁后出场无关痛痒，可一旦是乱了秩序，不仅前言不搭后语，同时后面的车轱辘话会没结没完。

尽管如此，我还是告诉根生有这样一种打算，既是深思熟虑，也是一时兴起，也许人走茶凉只不过想想而已，也许不用扬鞭自奋蹄一发不可收拾，总之有一搭无一搭，总之远水不解近渴。

因为是"未来时"，加之又是"恍惚事"，所以双方没有扯得太远。尽管有一搭无一搭，尽管远水不解近渴，但根生同样很感激，用他的话讲，王哥如此这般，让他于心不忍……

"十一"前后，媒体对问题奶粉的报道依旧如故。9 月 28 日，《人民日报》发表评论员文章《道德是市场经济的基石》，文章谈道 —— "民以食为天，食以安为本。食品行业事关生命安全，需要的不仅是技术和资金，更要讲道德和良心。三鹿奶粉事件所暴露的道德缺失，也向全社会发出了预警信号。道德是一切制度运行的社会土壤。在一个国家的文明框架中，道德与法律唇齿相依，缺一不可……"

9 月 29 日，新华社撰文《食品安全立法能否防止"三鹿事件"重演》，其中谈道："三鹿事件令世人震惊，也让昨日在全国人大常委会三审的食品安全法草案更受关注。人们在为三鹿事件痛心的同时不禁要问 —— 用什么才能保证我们最基本的需求：吃的安全？食品安全立法能否防止三鹿事件重演？"

9 月 30 日，《人民日报》刊登农业部孙政才部长访谈录《维护奶农利益，保障奶业健康发展，》，同一天新华社告知《河北拨 3.6 亿补助奶农》。

10 月 1 日，《新华每日电讯》提醒《20 家乳企普通奶粉检出三聚氰胺》；同一天，《法制晚报》披露《石家庄市政府迟报三鹿事件》。

10 月 2 日，新华社电文《奶制品市场咋样了？听商务部部长说》；同一天《人民日报》刊登《让城乡百姓喝上放心奶，访商务部部长陈德明》。

10 月 3 日，《人民日报》发表《内蒙古"三盯"模式确保奶制品安全》和《质检总局局长考察蒙牛等企业，要求确保乳品安全》；同一天，《北京晚报》告知《各地加大鲜奶收购力度维护奶农利益》。

10 月 4 日，《人民日报》发表《引导和规范乳制品行业持续健康发展》；同一天，新华社告知《李毅中答记者问时称：生产过程未发现人为加入三聚氰胺，奶制品问题出在收购储存环节》。

10 月 5 日，《新华每日电讯》刊登《农业部：扶持政策落实，倒奶现象有所缓解》；同一天，《北京日报》告知，《最新检测：伊利、蒙牛、光明等液态奶均未检出三聚氰胺》。

第21章　力令智昏

打老实牌，绝非摊在明面千人瞅
做老实人，并非口无遮拦啥都说

《万言书》是根生致长江商学院同学的公开信，倒退几个月，"有话讲给老同学"如同《把信交给加西亚》，只是事过境迁，在另类成相的世界里，人们对企业家的认知已然跳出光环之外。

时空不再，仍要"把信交给加西亚"是一种固执，而在企业自救的过程中强调"拯救民族品牌"则是偏执。虽说"振兴民族企业"仍为国人、国货之咏叹调，但"钱染的风采"开始让过来人不为商业说教所动容。

曾几何时，人们对"力"的解读出现异化，表述力强于角斗力，话语权狠过王八拳，综观问题乳业，根生既称不上"直接责任人"也够不上"犯罪嫌疑人"，之所以引出那么多负面说辞，"力大嘴不亏"难逃干系……

然而，时隔数日，蒙牛当家人的《万言书》还是与网民见面了。这篇文章我足足看了十几遍，其中少一半是从自己的角度反复看，而多一半则是努力从不同的角色、不同的角度、不同的层面、不同的心态，去体味相关的"人"会怎样想，相关的"事"会怎样靠。

网上有关《万言书》的议论此起彼伏，为避免他人的观点先入为主，我尽量避而不见。然而，尽管作出了鸵鸟状，但还是在看第一遍的时候就发现根生犯了一个致命的错误。

网上所谓的《万言书》，其实是根生致中国企业家俱乐部同仁和长江商学院同学的公开信，前后共六个部分，依次为"事件范围"、"祸起奶源"、"知不知情"、"大灾大救"、"大治大兴"和"民族阵线"。

在最后的段落里，"三聚氰胺事件打断了人与人的信任链，一夜之间让人们开始'倒过来看世界'"耐人寻味。应该说，无论是当时看还是现在看，无论是瞪着眼看还是眯着眼看，此话均不无道理。遗憾的是，就是这样一句公众认可的大实话，在别人都听明白以后，唯有根生似乎充耳不闻。

不管别人怎样"倒过来看世界"，反正我在看世界的时候没有反观牛根生。然则，我是我，他是他，大家是大家，如何让倒过来看世界的人能看清大头朝下的当事人，如何让当事人能认准倒挂金钟的百姓爷，说实话，不仅角度很难把握，同时尺度更难拿捏。

应该说，这是一件没有金刚钻千万别揽的精细活儿，同样是普普通通一句话，此时此刻有可能"话赶话"最终赶出二里地；同样是平平常常几个字，此时此刻有可能"字绕字"最终绕出五里雾。大概正是出于这样的潜意识，面对《万言书》，我才会在正着看了许多遍以后，又设身处地地大头朝下从"倒过来的世界"反观了无数遍。

网上传的《万言书》还真有万把字，为便于阅读，试着将其缩编成千字文，应该还算客观，还算全面，还算对得起作者与读者——

三鹿事件惊扰了每一个中国人的生活。宝宝的病痛、母亲的眼泪、消费者的责骂，都让我痛彻心肺。作为中国企业家俱乐部的轮值理事长和长江商学院同学的老大哥，出此大过，让中国品牌蒙尘，真是抱歉至极！现将事件的范围、起因、经过以及蒙牛采取的行动汇报于此，望大家赐教。

一、事件范围

有人把这比作"地震"，三鹿是震中，其他乳制品企业是余震。短短一个月三聚氰胺殃及范围已由"中国乳业"而"世界乳业"、"含乳产品"、"食品产业"。如报道所讲"世界陷入三聚氰胺恐慌中"……

二、祸起奶源

"究竟是在哪个环节加入的"众说纷纭，国家工信部李毅中部长在答记者问时说，有关方面集中展开了对奶制品三聚氰胺污染情况的调查，说明目前主要集中在原料奶的收购、储存环节。

乳品企业奶源一是自有奶源，二是社会奶源。企业最大责任就是没能把不法奶站送来的掺有三聚氰胺的原奶挡在门外，在管理上出现重大疏漏，给消费者带来严重灾难，给全社会造成极度恐慌……

三、知不知情

不仅我不知情，我们的团队也不知情。

我们管理层居住的小区有个社会超市连锁店，消费该店产品的人100%是蒙牛的管理层成员及亲人。有记者发现，事件爆发后超市蒙牛液态奶销量同样降幅明显，证明蒙牛员工和家属事前并不知情……

四、大灾大救

国家出台了一系列整顿乳业、保障食品安全、维护人民群众身心健康的重大举措。在区、市两级政府领导下，蒙牛采取了一系列自我整治行动——

善后：部分婴幼儿奶粉被检出问题后，蒙牛在第一时间作出了承担责任的承诺，并及时召开了董事会和全员大会给经营团队指明了责任和方向。对有关人员处理、撤职。

堵漏：三聚氰胺检验从零起步，集团40多个生产基地可用于检验的设备只有10台，检验能力不足，未经检验的原奶只好倒掉，总共倒了近3万吨原奶，约损失1亿元。已向奶农承诺，国家或蒙牛将全部承担。

救奶：内蒙古作为我国乳业核心区，为了保障奶农利益和奶源安全，推出了人盯牛，人盯站，人盯车，全程封闭运行的"三盯一封闭"举措，为此，蒙牛陆续派出8000多名员工投入到这场确保万无一失的战斗中……

五、大治大兴

解决奶源安全问题，一是大力推进牧场现代化建设，二是加强奶站管理，除了"三盯一封闭"，还准备给奶站安装摄像头，24小时监控，让掺假没有机会。

食品企业既要与上下游的市民、农民、股民、网民形成一个无断裂、无缝隙、无障碍的"封闭型责任体系"，又要与这四民结成一个共生、共享、共赢的均衡型利益体系，构成一对"平行轨"，食品安全的火车才能真正跑起来……

六、民族阵线

三聚氰胺事件是中国乳业的耻辱，蒙牛的耻辱，我的耻辱。它打断了人与人的信任链，一夜之间让人们开始"倒过来看世界"。

股价暴跌，导致蒙牛股份在价值上大为缩水，老牛基金会抵押给摩根的股票也面临被出售的危险。这引得境外一些资本大鳄蠢蠢欲动……能不能及时筹足资金，撤换回被质押在外国机构里的股份，关系到企业话语权的存亡。作为民族乳制品企业的蒙牛，到了最危险的时候！

得知蒙牛所处的窘境，为了防止境外机构恶意收购，90%以上的理事、同学从人力、物力、财力等方面给予支持，很大程度上已经上升为一种民族阵线的增援，让我既感动又惭愧。

在此，提醒各位一定要以蒙牛为鉴，防范类似风险。至于蒙牛（老牛控股），最后即使白送了弟兄们，也绝不愿被外国人买走。

客观而言，如果有一说一单纯就"事件的范围、起因、经过以及采取的行动"而言，上述公开信似乎没有什么太大的毛病，尤其删掉与开篇立意无关的第六段"民族阵线"，相信广大网民不会有太多的质疑。

的确，正如媒体所言，"牛根生并非最直接责任人，蒙牛出现的问题也不是最多"。换言之，在这样的前提下，说起因，讲过失，谈责任，话整改，莫说是面对局外人，即便就是面对结石娃娃及其亲人们，我相信用不着信誓旦旦，用不着声泪俱下，既然"奶粉问题出在收购储存环节"已成定论，只要把"为什么以前没将掺有三聚氰胺的原奶挡在门外"的过失说清楚并主动为之承担责任，只要把"为什么今后一定要将威胁食品安全的隐患拒之门外"的决心讲透彻并公示整改措施，相信公众自会正眼相看而不必"错向反观"。

然而，根生这次画蛇添足了，尽管《万言书》的前五段还有待说深有待说透，但基本面面俱到，基本声情并茂，因此，横向而言，在当时的时间地点和当时的事件中，根生的如是说在问题乳业中还算规格最高、感觉最好。遗憾的是，言者只顾闷头说而忘了听众已然开始"倒过来看世界"，不仅会说的不如会听的，同时会干的不如会看的。

一切正如根生所言，在倒过来的世界中"信任链"荡然无存。倒退几个月，"有话讲给老同学"似乎与《把信交给加西亚》同样无可指摘，只是，事过境迁，时过境迁，在另类成相的世界里，人们对企业、对企业家的认知已然不在荧屏里，已然跳出光环外，加之"轮值理事长和老大哥"尚如此，所以"万言书"的投递方向无形中逆反了人们的潜意识……

在《万言书》之后，媒体仁者见仁，智者见智，发表了不少看法，其中《北京晚报》的《论企业家集体"跌份儿"》很有看点。按理说"跌份儿"非一日之功，非一日之寒，可惜当事者迷，早一天也没有看出苗头——

一篇名为《2008 年牛根生、李彦宏、黄光裕等企业家集体形象崩溃的一年》的帖子出现在天涯论坛上，旋即成为网上热帖。

回顾"毒奶粉事件"，客观地说，牛根生并非最直接责任人，蒙牛在整个检查中出现问题的产品也并非最多，然而事后牛总的一系列作为和言论才使他成为"毒奶粉事件"的众矢之的。

事件刚刚曝光时，牛总的精力并非用在对受害家庭进行慰问、赔偿，反而搬出各种理由解释，乃至挥舞着保护民族企业的盾牌写下"万言书"，真可谓将自己一步步推向深渊。以至于这个在电视台教别人怎样"赢"的大企业家，却在自己的"赢"路上跌了跟斗。

中国的企业界有个奇怪的现象，那便是不少企业家还有"兼职"——博客上天天写着新评论，不管跟自己的企业有没有关系，都要发上一通感慨。企业家过了明星瘾，却忘了自己的本职工作……

如果说"时空不再"仍要"把信交给加西亚"是一种固执，那么在企业自救的过程中仍要强调"拯救民族企业"、"拯救民族品牌"则是彻头彻尾的偏执。倒退 20 年，企业主振臂一呼"民族企业"确实好使，倒退 10 年，企业家放手一搏"民族品牌"确实可贺，只是，地球是圆的，地图是扁的，单摆浮搁在上面的一切均有可能风吹草动，且不说历史典故有多少，仅个鲜活无比的"汇源品牌国际化"，就让公众瞠口呆且过目不忘。因此，在这样的"时长和时段"中，虽说"振兴民族企业"和"打造民族品牌"仍然是国人国货的咏叹调，但经一事长一智的过来人开始不为"商业说教"所动容。

其实，撰写"万言书"除了以上不能不考虑的问题，还有一个不能不注意的"情结"，此情结类似彼情节，但此情结又并非彼情节，那便是超人、富人在谈及百万、千万、亿万款项的时候最好背着点常人、穷人。尽管这年头谁和钱也没够儿，谁和钱也没仇儿，但动辄天文数字的大额资金游走，可做可说，可喜可贺，但唯独不可逮哪儿哪儿说。

凡此种种，不一而论，大概正是由于如此这般或如此那般的顾此失彼，所以原本六个段落，最终却让不少明白人只记住了最后一个……

在媒体回应中，《每日经济新闻》的《告诉牛根生 —— 三聚氰胺不相信眼泪》很是苦口很是明目，不仅告知"保护民族企业很难再被当成铁布衫"，同时强调"蒙牛悲情的眼泪只与其个体生存前景有关"，尽管看过之后心里不是滋味，但事是那么个事，理是那么个理，让人有话想说但最终又无话可说。其中写道 ——

> 牛根生的万言书，在网民中没有产生意料之中的保护民族企业的回应，使得近年来民营企业通过发起大规模"保护民族企业"的情绪来保护自己的尝试，成为一种危险的语法。这起码说明，在危害公众安全的情况下"保护民族企业"很难再被当成铁布衫穿在身上。这是中国民智开启的一个进步，应该被纳入中国社会发展的统计年鉴。从这个角度上，宗庆后和牛根生人同命不同，尽管牛根生的眼泪要多情许多。
>
> 像蒙牛这样轰轰烈烈的企业，一夜之间从云端落到草原，不光是充分说明前述游戏的巨大风险，还在于证实了，保障人的生命安全是人与国家所有关系中的最低要求。我们一切的社会关系、一切的社会运作方程，都是在这个最低要求的契约下展开的。没有这个契约，我们不能成为一个现代国家。
>
> 因此，蒙牛悲情的眼泪，只与其个体生存前景有关。至于民族利益，请将其置于产品中，而不是在这个寒冷的冬天把它顶在头上。

相比之下，那篇题为《本是外国"牛"，莫谈民族心》的文章有点打破砂锅问到底的味道，不仅对"蒙牛身份"提出质疑，同时还从纯粹消费的角度做了更另类的设问。其中说道 ——

> 因奶粉事件蒙牛陷入困境，日前牛根生写了《万言书》求援。这是一次正常的商业活动，不容易理解的是，每次并购都会引发一次关于民族企业的争论，而这些争论又往往似是而非。我们不妨问两个问题：首先，蒙牛是民族企业吗？其次，如果外资并购了蒙牛，消费者会遭受损失吗？
>
> 对于摩根士丹利并购蒙牛，说起来其实是大股东可能吞并作为小股

东的牛根生，牛根生求援只是其个人的危机，捆绑所谓的民族企业有点言过其实。相反，对于牛根生来说，将个人与民族捆绑起来的销售方式，只要有联想这样的愿意购买者，似乎也无可厚非。

那么，如果外资并购了蒙牛，消费者的权益能得到更多保障吗？答案是不得而知。而且一个品牌是不是民族品牌，跟它能不能为消费者提供好的产品是没有关系的，可口可乐就是一个很好的例子。

实际上一个公司的股权变更对于消费者而言并非最为要紧的事情，消费者需要的是安全有保障的产品。假如外资并购了蒙牛之后能引入更为严格的质量监控体系，提供更好的产品，对于消费者而言未尝不是件好事。

媒体围绕《万言书》各抒己见，说了"蒙牛不是民族品牌"，说了"老牛不必顾影自怜"，更有甚者，一篇题为《上市公司不能有"牛脾气"》的文章，竟然还对"企业家仗义疏财拔刀相助"做了分析，其中写道——

在我们为这些"见义勇为"的企业家感动的时候，我们也不能忘记他们中有好几位是不同证券市场的上市公司高管。假如这些高管动用或打算动用的是个人资产，那么还没有问题，而假如他们动用或打算动用的是上市公司的流动资金，那么这些公司的股东就会有许多个问题等待回答：资金是以借贷还是以入股的方式提供？对提供资金的上市公司究竟会带来哪些影响？

成功大企业，许多是因为能在自己所处行业制定规则而成功。问题是，不管来自哪个行业，不管行业影响多大，只要上市之后，就要接受所处证券市场的约束。这时候，牛脾气就万万要不得了。

有句老话叫做"人怕出名猪怕壮"，其实，这年头出名的不仅仅是人，怕壮的不完全是猪。在《上市公司不能有"牛脾气"》的文章发表后不久，《北京晚报》跟进披露了《七大财富"牛人"之最》，文章引言曰——"2008 年，大牛市在潮水中退去，却有这样一批财富牛人，他们或被崇拜，或被唾骂，或被景仰，或被嘲讽。无论如何，这些标志性人物的出现和围绕他们的各种财富事件，折射出资本市场的风雨变幻，记载着国人理财历程中的每一个脚印。"

在所有的评论中，《北京青年报》的《如何看待牛根生的万言书》写得更有感觉，一句是一句，一环扣一环，相信不仅当事人看了获益匪浅，同时整个乳品行业也会心平气和，心悦诚服。

天下事了犹未了。正当三聚氰胺事件逐步进入尾声的时候，蒙牛的当家人牛根生抛出的一封万言书，又引发了舆论界的激烈交锋。

"挺牛派"从万言书中看到了民族企业家的坦诚，看到了民族乳品业遭遇的空前困难，因此商议大家多喝蒙牛牛奶，甚至呼吁政府要"救救老牛"；"倒牛派"则把万言书看作蒙牛迟到的危机公关，指出牛根生所打的民族牌和悲情牌不乏诡诈的成分，于是有人在博客中呼吁大家一起抵制蒙牛，直到牛根生"不敢撒谎并受到追究。"

牛根生的万言书虽然有着严谨的公文体裁，但媒体和热心的网友还是给它找到了一些硬伤。有人还援引蒙牛2008年中报的材料说，万言书的部分事实基础和道德基础就被抽空了，只剩下了一个情感的空壳，那它就真的只是一个高明的、但并非天衣无缝的公关手段了。

牛根生的万言书所激起的意见波澜，事实上证明了国人所面临的一个情感窘境。一方面，人们痛恨乳制品行业在三聚氰胺问题上所犯下的重大过错；另一方面，许多人又对民族企业怀有敝帚自珍般的疼爱。也许正是洞悉这样的矛盾心理，牛根生在万言书中非常娴熟地打出了一副"民族牌"。

蒙牛确实需要危机公关，整个乳制品行业也都需要危机公关。但我们看来，最明智的公关策略其实是责无旁贷地承担责任，并且告诉大家你正在以何种方式承担责任。而这恰恰是牛根生的万言书所语焉不详的地方。也正是由于这个原因，万言书虽然言辞恳切，却缺乏最打动人心的力量。

没有人愿意看到蒙牛倒下或被贱卖。但如果需要人们在蒙牛倒掉与婴幼儿身心受损之间做一个选择，所有的人都会选择前者。所以，悲情与眼泪或许能唤起片刻的同情，所谓的"民族阵线"也只能缓解燃眉之急，真正能救蒙牛和老牛的只有蒙牛自己。其他乳制品企业亦然。

尽管每篇文章看了心里都不好受，但我还是尽量看了一遍又一遍，就像当初看根生的《万言书》，有些是看给自己，而有些则是看给别人。轮到此时此刻，则纯粹是边看边找根生的"读后感"。

我很清楚，那些事先想也想不到的说法与看法一定会让根生想了许多，具体想了哪些不清楚，但我期盼能想到百姓常说的"会说的不如会听的"，能想到言多语失的"聪明反被聪明误"……

作为牛根生的兄长，坦率而言，凭我对他还算深刻、还算久远的了解，"牛头"虽鬼但绝对够不上诡计多端，"牛心"虽善但绝对谈不上善莫大焉，因此，游离二者之间，是非无定论，愚智不守衡。所以揣此平常心，揣测平常态，事发之前始终将其视为纯粹的"人"，不予捧抬更不予捧杀；所以，事发之后努力将其视作典型的"商"，不予棒喝更不予棒杀。

平心而论，围绕"万言书"出现的文章虽然唇枪舌剑好生了得，但似乎没有什么惊世骇俗的大道理，有一说一，有二说二，于平淡之中见真功。正因如此我才想，如果换了事件的主人公，出事的不是蒙牛而是"猛牛"抑或"梦牛"，相信在一边旁观的牛总也照样会旁观者清。

问题在于，人生一世，有时候"利令智昏"，有时候"'力'令智昏"，根生上述境遇，似乎与后者更为贴近。遍翻"万言书"惹出的如是说，尽管角度不同围度不同，深度不同力度不同，但有一点却极为相同，就是同样围绕一个"牛"字，不同时期有不同的解释，相同时期有相同的认知，诸如"牛人"，诸如"牛脾气"，诸如挺牛挺牛的"见义勇为"，一个个都与时俱进，并最终脱离了此前对"牛"的褒扬状。

作为一种动物一款生肖，"牛"是比较容易两头说两头堵的百变金刚，往好了说，"孺子牛"、"垦荒牛"不一而论，往坏了扯，"黄牛党"、"牛X匠"不一而足。因此，故此，赶上牛年牛合适，碰上鼠年鼠为高，心情好的时候，"牛"后面加"轰轰"是个不错的常用语，事情糟的时候，甭管"牛"前"牛"后遣什么词造什么句，一般都不太好使。

其实细说起来，根生一没有和谁"耍态度"，二没有和谁"耍骨头"，如此这般，"牛"从何来，好像用不着细问用不着商量，"太牛"或"忒牛"的帽子便捂在了根生脑袋上。

曾几何时，人们对"力"的解读出现异化，表述力强于角斗力，话语权狠过王八拳，综观问题乳业，根生既称不上"直接责任人"也够不上"犯罪嫌疑人"，之所以引出那么多负面说辞，"力大嘴不亏"难逃干系。

应该说这是个值得中国企业家俱乐部深切关注的怪现象，这是个值得长江商学院深度研究的怪问题。尤其对那些平日里很会解析"做事要首先学会做人"的诸多成功者来说，究竟是做事欠妥惹的祸，还是做人欠"啥"招的扁，如果这样的基本问题搞不懂，"三十年河东，三十年河西"一类的风水轮流转想必会大转其道……

应该说很有一番经历阅历的根生这次似乎不在状态，缘何走板，缘何走调，虽说内因多多外因多多，但其中不乏"话不投机"与"物极必反"，前者说的是"有太多的话想说"往往会语无伦次，后者讲的是"有太多的扣儿想解"常常会乱作一团。

话至此，事至此，一切至此，其实根生让别人感到"有点牛"、"有点烦"的原因与"别人"不无关系。试想，断想，胡乱想，倘若老牛没当"轮值理事长"，倘若老牛没读"长江商学院"，倘若老牛压根就没有过什么好人缘儿，倘若老牛从来就没有过什么好心眼儿，总之，善有善报，恶有恶报，出了事没人搭理没人尿，恐怕想牛也牛不起来。

因此我更想说的是，在如此特殊如此敏感的情况下，根生的那些"同道中人"与"同窗好友"似乎更有必要静下心来想一想，倘若大家的解囊相助更具"大家之风"，倘若大家的好言相抚更近"大家之范"，当事人接下来的状况或许会明智许多。

换言之，根生不合时宜的言行似乎与"补不择类"有关。事理通命理，当大补时则大补，当温补时则温补，不仅好心和好药是两回事，同时好心与好钱也是两回事。由此不尽情理说开去，倘若一时间没有那么多好人和好钱，牛根生还能否成为众矢之的恐怕另当别论。

无意指摘，更无意指点，举凡成功者大多念过"商场如战场"之真经，大多拜过"挣钱如挣命"之真佛，因此无论从哪个方位讲，不一般的人更该办不一般的事，不一般的"果"更该期待不一般的"因"。

其实，在此前与根生的接触中，《万言书》大部分内容大体都和我讲述过，譬如某些媒体言过其实，譬如内部"家边店"生意同样受挫，譬如员工始终在饮用自家产品，譬如企业始终在与制假行为进行斗争。

凡此种种，不一而论，关于表述的艺术，关于表述的科学，事物相互之间的转换历来就没有太多准谱，如同"自大多一点"有人念"臭"，如同"执著过了头"有时也念"轴"。

第22章　声高盖主

市场是狼，与狼共舞切忌亦步亦趋
市场是佛，与佛同乐严防声高盖主

回顾乳业危机回顾《万言书》，回顾祸起萧墙回顾"特仑苏"，当事人该自省自责的实在太多，诸如该见外时不见外，该内敛时不内敛，何为内与外，字面上越浅白的概念越难解，街面上越简单的事理越难缠。

圣人云"己所不欲，勿施于人"，话虽这样说，但言简意赅的国语常因过分规整而顾此失彼，常因高度对仗而难免偏颇，倘若先哲在天有灵，相信"己所欲，勿施于人"同样诲人不倦。

有什么样的心灵固守，就会有什么样的故步自封；有什么样的自以为是，就会有什么样的目空一切，于此禅说"空即色"，于此佛说"色即空"，轮到钱说，轮到命说，"钱是命，命是王八蛋"也未见可说……

在问题奶粉事件中，蒙牛状况可谓层出不穷，了犹未了，这边厢《万言书》话音未落，那边厢"特仑苏"又惹出事端。一时间，偌大的问题奶粉抑或庞杂的奶粉问题竟然浓缩为两个关注点 —— 一个是"三鹿易主"，另一个则是因擅自添加"OMP"蒙牛高端产品被亮红牌。

2009 年，农历牛年。2 月 11 日，《北京晚报》告知《蒙牛特仑苏"OMP"被叫停》。"特仑苏"原本听起来就有点费解，好端端又弄出个"OMP"就更令人费猜。文章谈道 ——

> 一封标称是国家质检总局的公函今天被传到本报，该函针对"蒙牛"特仑苏牛奶提出监管意见，明确指出："特仑苏"中添加的 IGF-1 物质不是传统食品原料也未列入食品添加剂使用标准，如人为添加上述物质，不符合现有法律法规的规定。质检总局同时要求内蒙古质检局责令蒙牛公司禁止向"特仑苏"牛奶添加 OMP 物质。

次日，《北京晚报》同样在"民生新闻"专版头条告知《蒙牛特仑苏销量减半》，和"是否下架在等消息，质检总局正研究 OMP 的安全性"。

同一天，《新华每日电讯》刊发了两篇通稿，一则标题为《质检总局正研究蒙牛特仑苏 OMP 安全性》，另一则标题为《即便"有益"，蒙牛擅自添加也该查》，文章谈道 ——

与查出假冒伪劣产品不同，这次的清理整顿并非建立在产品对消费者造成伤害的基础之上，也并非各方对 OMP 是否有害存在争议，而是因为根据我国相关法律法规，凡是未列入食品添加剂使用标准的物质，一律不得添加。

也就是说，即使 OMP 真的有益无害，在未经允许的情况下，蒙牛也不应擅自将其加入产品之中。

"有益成分"也不能随意添加，有关部门的这次清理整顿可谓开了个好头。近年来，由于种种原因和目的，食品、保健品等厂家在产品中增加了形形色色的营养元素，大多数普通消费者无力识别真假，其真正功效更是难以检验和评估。

2 月 16 日，《新华每日电讯》刊登《"无害"的 OMP 为何威胁蒙牛"性命"》一文，其中有两个小标题，一个是《我想知道它到底有多少好处》，另一个是《过度宣传搬起石头砸了自己的脚》。文章谈道——

> 目前，卫生部门同多个部门的专家对添加 OMP 的蒙牛特仑苏牛奶进行研讨后认为，这一项产品没有健康危害，但 OMP 不是国家卫生标准允许使用的食品原料，蒙牛公司进口并使用 OMP 没有事先申请批准，并擅自夸大宣传产品功能，违反了《食品卫生法》的有关规定。
>
> 有关部门对蒙牛 OMP 安全性问题的表态，使公众对蒙牛特仑苏牛奶质量问题的质疑有了一个官方的结论。然而特仑苏 OMP 事件说明了什么，则值得当事者和企业界深刻反省。
>
> 对 OMP 的广告宣传曾经被市场营销人士视作经典营销案例，如今反倒威胁了蒙牛的"性命"。有关专家总结分析认为，所谓的 OMP 无外乎是蒙牛的一种市场营销策略。在食品中擅自添加未被法律允许的物质本已违法，再一次大做广告可谓是搬起石头砸了自己的脚。

2 月 17 日，《北京晚报》专版头条"蒙牛 OMP 牛奶事件追踪"告知《卫生部相关负责人透露：牛奶喂养试验未见不良反应》，其中谈道——

> 蒙牛特仑苏牛奶中 OMP 是未纳入我国食品卫生标准管理的食品原料，专家目前分析认为 OMP 牛奶尚属安全。卫生部有关部门负责人昨天

表示，虽然不会对人体造成健康危害，但是 OMP 不属于我国批准使用的添加剂，也不属于申报新资源食品的范围，而是未纳入我国现行食品卫生标准管理的食品原料。

特仑苏牛奶事件发生后，卫生部会同工业和信息化部、农业部、商务部、工商总局、质检总局共同组织召开了专家研讨会。专家对提交的有关 OMP 的来源、生产工艺、添加量、检验报告以及国际同类产品政府许可和国外使用情况进行综合分析后认为，饮用蒙牛 OMP 牛奶不会产生健康危害。

2 月 29 日，《新华每日电讯》刊发文章，告知《蒙牛特仑苏违法吗?〈食品安全法〉有答案》，文章谈道——

《食品安全法》强调，食品添加剂应当在技术上确有必要且经过风险评估证明安全可靠，方可列入允许使用的范围；不得在食品生产中使用食品添加剂以外的化学物质和其他可能危害人体健康的物质。

全国人大法工委黄薇说，按照这一法律条款，添加了食品添加剂目录以外的物质，哪怕是对人体无害，也是违法行为。

2009 年 3 月 2 日，《北京晚报》专版头条告知《卫生部认定添加 OMP 违法》，文章谈道——

今天上午国新办召开的贯彻落实《食品安全法》有关情况新闻发布会，卫生部副部长陈啸宏表示，添加 OMP 违法但不影响健康。

对于蒙牛在销售的产品中添加 OMP 一事，陈啸宏表示，蒙牛在销售的产品中添加 OMP，目前专家认为，根据企业声称的 OMP 的成分和现在质检部门查到的成分，现在来看 OMP 是安全的，不会引起健康上的影响。

不过，食品添加剂是有名单的，另外还有一定的范围，要按照规定量添加。如果是名单之外的东西，是超范围使用的或者超量使用的，就是违法行为。蒙牛在其销售的产品中添加的 OMP 不属于中国已经批准使用的食品添加剂，也不属于应当申报的新资源食品的范围，是一种还没有纳入中国现行食品卫生标准管理的一种食品原料。

至此，沸沸扬扬的"特仑苏事件"尘埃落定，虽然事过境迁人们很快就会忘记"OMP"曾经是什么，但"蒙牛擅自添加违法物"的口实却永远挥之不去。从某种角度说，人们记住了"特仑苏"三个字，但从某种高度说，蒙牛的企业形象却有可能由此下滑。

尽管此事与前番"万言书"多有不同，但细分起来二者还是能够合并同类项，前者没事生事结果自讨没趣，后者画蛇添足最终节外生枝，总之，均属于事与愿违和自作多情……

回顾乳业危机回顾"万言书"，回顾祸起萧墙回顾"特仑苏"，跳出大小年让您赶上了那类的宿命论，根生该自省自责的实在是太多太多。且不说"言多语失"那样的软道理软中有硬，且不说"节外生枝"那样的硬功夫刚柔相济，仅一个"太不把自己当外人"，到头来该见外的不见外，该内敛的不内敛，最终必然落个里外不是的哭笑不得。

何为外，何为内，何为见外又何为不见外，何为内敛又何为不内敛，总之，字面上越浅白的概念越难解，街面上越简单的事理越难缠。

细说起来，企业家"该见外不见外、该内敛不内敛"多有说道也多有门道，摒其共性，弃其个性，就其惰性与惯性而言，表现大致有三——

其一，市场是狼，市场是佛，看了《狼图腾》不见得就变成了狼主宰，读了"生意经"未必就升腾为千手佛，其中的不见外和不内敛，无论曾经有过怎样的山重水复，最终往往柳暗花明又一"晕"。

还是要老老实实、本本分分回到"初级阶段一百年不动摇"的基点上，民族如此，民众亦如此，政道如此，商道亦如此，总之，市场是狼，与狼共舞切忌亦步亦趋；市场是佛，与佛同乐严防声高盖主……

其二，"己所不欲，勿施于人"，话虽这样说，理虽这样论，但言简意赅的国语有时也会因过分规整而顾此失彼，因高度对仗而有失公允，倘若圣人在天有灵，相信"己所欲，勿施于人"同样诲人不倦。

有什么样的心灵固守，就会有什么样的故步自封；有什么样的自以为是，就会有什么样的目空一切，于此禅说"空即色"，于此佛说"色即空"，轮到钱说，轮到命说，"钱是命，命是王八蛋"也未见可说……

其三，人学无纲，世事无常，无论在一条道上走出怎样的五彩路，无论在一马勺里熬出何等的八宝粥，出言也好，出品也罢，切莫来不来放之四海，切莫动不动大道烹天，是厨子就是厨子，是路子就是路子，绝不可脚不沾地路路通，更不可道貌岸然飘飘然。

基于特仑苏，源于特仑苏，似乎无论如何也扯不到无纲与无常，只是乳品伺候的多是小祖宗，只是食品面对的多是活爷爷，因此"为人民服务"不是一段语录一句话，如此"对人民负责"不是一行标语一行字……

围绕"声高盖主"，历史典故层出不穷，遗憾的是，先人记住了"谁为君"，后人记住了"谁为仆"，只是真正领悟"声"的含义和"高"的涵概，似乎一切仅仅局限在听觉中。

新社会，新国家，人人平等，事事平衡，唯有"上帝"可以不讲理，唯有"上帝"可以不守衡，一天到晚围着这类也聪也慧、也呆也痴的神明转，我们的商家，我们的商品，没有点见风使舵、顺水推舟的真功夫，很难立住脚，很难讨到巧，很难尝到鲜，很难挣到钱。

由于上帝不是普通的神，所以商家也就不能是普通的人，"不普通"如何PK"不普通"，从 2000 年前白圭先生告诫"商战胜于兵战"，到 100 多年前马克思先生感叹"从商品到货币是最惊险跳跃"；从 10 年前试行的"先行赔付"，到新近推行的"无理由退货"，这些与商品经济伴生的消费者至上的行为主张，确实比起实行"纠正违章先敬礼"和"打不还手，骂不还口"要困难得多也邪乎得多。

关于"声高盖主"，由于俗人有俗人的脾气，尿人有尿人的脾气，所以长期闷着、忍着难免也会出现反弹。如何才能克己复礼，早在 20 年前王先生就曾大力提倡"要把消费者当成自己的老丈人"，因为天下人只有"为媳妇拜丈人"最自觉，天下事只有"为媳妇拜丈人"最自愿。

第 23 章　　仁者生根

祸从根来，福从根来，根在何方
福祸相倚，祸福相倚，本位无痕

　　"萧墙"者，照壁也；"照壁"，大门内屏蔽之墙也。立足门与墙之间，涉足彼与此之间，想到了"奶农也是奶企一分子"，想到了"奶站也是奶企生产线"，弄通了这个道理，乳业问题一通百通，问题乳业一好百好。

　　我们的企业，在脱贫致富的过程中虚怀若谷什么都学，包括三十六计古为今用，包括西点军校洋为中用，遗憾的是，在繁杂的进取中，唯独忘了"支部建在连上"的传家宝。

　　如此想开去，再大的乳业危机也可以提前规避，只要守住根本让所有的环节都认真起来，诸如"把食安记在心上"，"把奶农顶在头上"，"把支部建在连上"，"把步幅落在脚上"，一切则另当别论……

人们在叙述乳业危机时多会借"祸起萧墙"一言以蔽之。遗憾的是，何为"萧墙"，问了许多人，碰了无数壁，结论竟是那样的似是而非。

查阅工具书，始知萧墙者，照壁也，何为"照壁"，进而获知"大门内对着大门做屏蔽用的墙壁，比喻内部"。呜呼，哀呼，傻乎乎，如此直白的道理天晓得，如此明晰的界定鬼知道，原来当街的萧墙也在"门前三包"范围内，原来门外的照壁也在自家房产蓝图中。

立足门与墙之间，涉足彼与此之间，由此想开去，想到了"其实奶农也是奶企一分子"，想到了"其实奶站也是奶企生产线"，一旦弄通了这个简单的道理，乳业问题一通百通，问题乳业一好百好。

以往，人们常用"鱼水情"表示亲密无间状，与之相比，其实"水乳交融"才是真正的你中有我我中有你，往好了说，典范多多不赘言，往坏了扯，三聚氰胺一损俱损胡搅一锅粥。

几番求索，一意孤行，忙活了半天其实找到的也只是"萧墙的归属与所在"。结合乳业危机，欲要讨个明白问个究竟，一切还须继续从相关物证说开去，非此，萧墙坚壁；凭此，照壁隔空。

创业 20 余载，尽管受托个案有时限，外脑服务有阶段，但举凡重大客户，通常人走茶不凉，无论老主顾有无需求，此间均会对相关案情保持继续关注，有的三五年，有的十余载。以伊利为例，虽然双方早在 1998 年就结束了合作关系，但对于乳业的重点关注却一直延续至今，只是，由于特定的历史原因，对乳业的关注早已"不看僧面看佛面"。

此间信息获取模式很简单，一类源于信息情报的主渠道，另一类来自非正式的道听途说。其中所谓的"重点关注"，专指那些"隐约感觉有问题"的专项资讯，虽然吃不准，吃不透，但由于"无钱一身轻"，所以什么都敢想，什么都敢猜，什么都敢碰，什么都敢侃。

在此间搜集的相关报道中，有关乳业的消息分门别类，不敢说在数量上有什么优势，可一旦与关注者的思辨力合二而一，伊利也好，蒙牛也罢，相信无论是哪一位，均很难与本人独到之处相比较。就危机说危机，尽管针对后来出现的危机我提前也说不出子丑寅卯，但一些相关的"关键词"和"关注点"却被我事前有意无意地储备了起来。

事过境迁，时过境迁，当我退回到事发前曾经的着眼点时，似乎看到了萧墙，看到了照壁，看到了唇齿相依一张脸，看到了唇亡齿寒两茫茫……

自从 2004 年"黑心奶粉肆虐安徽阜阳"之后，我开始重新关注乳品企业。2005 年，尽管那个时候还没有出现"问题奶粉"这样的专用词，但"超标奶粉"的说法又让我为之一震。要知道，奶粉不比其他乳制品，人之初，食之初，说不出来也道不出来的婴幼儿要想像正常人一样好好活着，可全凭洋铁桶里那点粉状物。

在此间收集的资讯中，2005 年 6 月 9 日《竞报》的《禁止生产销售碘超标奶粉》一文不仅对沸沸扬扬的"雀巢奶粉碘超标事件"做了较全面阐述，同时告知"国家标准委"对此亦有明确表态——碘不符合标准要求的婴儿配方乳粉应禁止生产和销售。

文章结尾，还以《雀巢"碰撞"五部中国法律》为题援引了新华社有关报道，其中说道："超标但安全"的宣传和"只换不退"的道歉，是雀巢对中国消费者追问的回答，律师表示，雀巢与中国五部法律法规有碰撞行为，雀巢到底还要暧昧多久？何时懂得尊重中国的法律法规？"

上述文章同时还配发了题为《雀巢是否"值得信赖"》的记者手记，文字不多，道理不浅，可惜没有几个乳品企业细品个中滋味。尤其雀巢高级公关主任所言"我们都快被媒体打垮了"那句话，同业中人似乎也只是当作玩笑听听而已。

透过上述文章，我悟到了许多也晕到了许多，诸如"国家标准委首次表态"，诸如"雀巢到底还要暧昧多久"，诸如"雀巢何时懂得尊重中国法律"，等等，云里雾里，的确让人丈二和尚摸不着头脑。

说句老实话，在监管产品质量之时"国家标准委"的监管权限和监管力度究竟有多大不清楚，在处置此类事件中"标准委"和"质监局"有怎样的分工也不清楚，责任重大但肇事者缘何"态度暧昧"、"无视中国法律"，如此胆大妄为和我们出面叫停的部门其"级别与资质"有没有关系，同样不得而知。

绕出晦涩地带，我看到了一个乳品行业再是漫不经心也该过目不忘的重要信号，即雀巢高级公关主任在企业"暧昧"多时、"碰撞"多时之后说出的大实话"我们都快被媒体打垮了"。

尽管我不是乳业中人也不是媒体中人，但作为一名读报人，我深知这句看似玩笑的话语里含括了多少"实践出真知"，含括了多少"不打不相识"，遗憾的是，这样的真知，这样的相识，我们的乳业却视而不见……

时隔不久，用媒体的话讲，"雀巢'碘超标奶粉事件'还没落幕，国内乳业巨头光明乳业又爆出新闻，日前，其子公司郑州光明山盟乳业有限公司'将变质光明牛奶返厂再加工销售'的做法被爆光，随即引起了京城消费者的担忧，担心京城市场会否出现同样的产品。"

此后，尽管"光明乳业董事长否认了郑州子公司加工生产过期牛奶"，尽管"上海光明乳业有限公司表示这家光明在郑州的控股公司从来没有上述行

京城未见光明变质牛奶

本讯息（见习记者 刘晨）紧集的"碘超标奶粉"事件还没有落幕，国内乳业巨头光明乳业又爆出新闻——日前，其子公司郑州光明山盟乳业有限公司将"变质光明牛奶返厂加工再销售"的做法被曝光。随即，引起了京城消费者的担忧，担心京城市场会否出现同样的产品。昨日，记者调查发现，北京市场并未发现郑州生产的光明牛奶。

6月5日，据河南当地媒体报道，郑州光明回收的塑料软包装光明纯牛奶返厂之后，"没有被销毁，都露天放着，被太阳晒过了后又被重新拿去生产了"。随后，6月7日光明乳业董事长王佳芬否认了郑州子公司加工生产过期牛奶，她透露，报道中提

及的堆放的产品，其实是郑州光明生产的、尚未销售的库存产品。王佳芬同时表示，消费者可以放心，光明牛奶不存在质量问题。

昨日，记者在家乐福、华联等超市看到，光明塑料软包装的牛奶生产厂家均在北京顺义地区，并没有发现郑州生产的光明牛奶。光明乳业北京分公司公关部负责人告诉记者，北京市场上销售光明奶，都是经过严格的生产检测流程后上市的。且均是由其在北京的厂家生产，她表示"肯定没有质量问题"。

据悉，光明已从上海派出副总裁、质量总监和当地区总经理到郑州进行调查。昨日，上海光明乳业有限公司表示，这家光明在郑州的控股公司"从来没有"上述行为，"请广大消费者放心"。但光明承管理上存在疏漏，相关检查正在进行之中，这尚未作出。光明乳业公关部表示："希望结论早日公布，给一个交代。"

为"，但最终光明乳业还是"坦承管理上存在疏漏"……

时隔不到一年，媒体围绕另一国际品牌的"疏漏"展开攻势，2006年3月15日，消费者维权的标志性时刻，《华夏时报》在《3·15消费维权之重磅》专栏头条告知《亨氏婴儿米粉含转基因成分》并称"为首例非法转基因稻米婴儿食品，北京市场仍有售"，其中说道——

> 昨日，国际环保组织绿色和平在京宣布，在亨氏营养米粉中发现未经政府批准的非法转基因稻米成分，这是首次儿童食品中发现转基因成分。
>
> 这一检测结果是由绿色和平组织今年1月对北京市场上的19种婴儿食品及零食进行抽样后，经国际权威检测机构德国基因时代公司（GeneScan）下属实验室进行独立检测后得出的。含有非法转基因稻米成分的产品为保质期至2007年3月12日的"亨氏婴儿营养米粉"。

文章写得很下工夫，占了整整一个版面，其中的若干小标题既讲到了"人类长期食用有不可预知的风险"，也谈到了"亨氏中国否认产品中含转基因成分"，同时告知

亨氏婴儿米粉含转基因成分
为首例发现非法转基因稻米婴儿食品 北京市场仍在销售

"农业部正在组织调查"。

作为职业读报人，读着读着，看着看着，突然从中发现了新大陆，原来爆出此料的不是外地的张三，也不是本地的李四，而是一个名曰"绿色和平"的国际环保组织。对方不远万里来到中国，不仅发现了问题食品，同时还明确表示该产品"下架刻不容缓"。

由此虽然马上闪过《天下无贼》里那句著名的台词，"就……你说这事儿它有意思吗"，但还是很快对该组织肃然起敬。不管黑猫白猫捉住耗子就是好猫，延伸开来，猫分公母，种分中外，既然维护消费者利益至高无上，无论由谁出面，受益人只要是广大民众即可。

其实，此事让我为之一震的不是"发难者"姓甚名谁，而是下意识地感觉到，问题产品似乎开始瞄上了"婴幼儿食品"。这是个极为可怕的信号。遗憾的是，作为乳业问题的"票友"，不在企业顾问其位，只是出于本能而不是本分将其记录在案……

再一，再二，再三。时隔不久，媒体披露了国产"雅士利"奶粉也有问题，2006 年 9 月 6 日，《华夏时报》告知《雅士利紧急召回"涉黑"奶粉》，同时透露，问题企业一再表示"没有接到任何检测报告"。文章特别安排了事件回放，不看不知道，一看吓一跳，其中谈道——

> 国家工商总局对北京、上海等 8 个城市奶制品进行了质量检测，共在 67 家经销单位抽取了包括巴氏杀菌乳、灭菌乳、酸牛乳、乳粉、奶油、乳制品、干酪和炼乳在内的 200 组商品，检测结果显示合格率为 89%。
>
> 检测中发现 17 组商品标签不合格，主要是未按照新实施的标签标准的规定标示"所强调配料的添加量"、配料内容不具体等。还有 6 组奶粉因为微量元素或者维生素的实际含量为商品标签标准值不符而判定为不合格。
>
> 其中，广东雅士利乳品业有限公司生产的"雅士利"牌 400 克袋装中老年奶粉，因"铁、维生素 B1、标签"等项目不合格被列入黑名单。

尽管是在玩票，但我毕竟同为"职业有心人"，如同在亨氏相关剪报上

雅士利紧急召回"涉黑"奶粉

同时表示:并没有接到任何检测报告

本报记者 孙杰报道 9月4日，国家工商总局的检测报告，将广东雅士利列入了黑名单。昨天，记者从雅士利品牌策划部获悉，9月5日，雅士利紧急发布命令，在全国范围内的流通领域召回"涉黑"产品，在召回到时对他们的"疑惑"。

企业未接到任何报告

昨天，记者就"涉黑"奶粉一事，致电广东雅士利集团，该集团品牌策划部林先生向记者"申诉"：这次企业知名大品又被列入了"黑名单"。"到现在我们都不知道具体的检测报告。"林先生表示。

林先生，每次监督部门检测或抽查，企业都会得到一个检测报告，或者检测产品都确认不合，需要企业签字确认该产品是否为该企业生产。但是这次他们没有接到任何

式的报告和确认单。"作为企业，我们有义务让消费者了解真相，披露事实。检查的结果是对企业好还是坏，我们都应该披露真相，但前提是我们得知道真相，现在的问题是我们也不清楚到底是怎么回事。"林先生如是说。

雅士利希望监管部门给出一个答复。

昨天，记者从国家工商总局获悉，雅士利的负责人昨天到了工商总局，但并没有提出这个问题。

弄清事实之前先召回

记者从雅士利获悉，在9月4日国家工商总局宣布了黑名单后，雅士利当天紧急召集会议商讨对策。虽然心存疑惑，但商讨结果还是决定先召回。

林表示，基于对消费者和市场负责的态度，从昨天开始，召回在全范围内的"涉黑"产品，包括昭君市和其他流通领域。林先生表示，这只是暂时的召回，是对消费者负责的态度，企业还会等待进一步的结

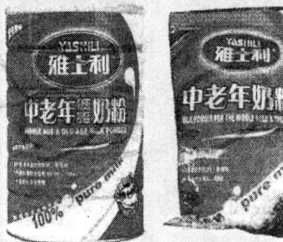

意。因为他们的产品是
"国家级"称号的实验室

对关键词做了标注，在涉黑奶粉一文中，我同样对"国家免检"、"中老年"、"召回"等敏感字样做了圈示。

还是要说遗憾二字，包括企业顾问，的确也有"身在其位"与"不在其位"的本质区别，譬如，关于"免检"我只是想到了"切莫轻信"，关于"召回"我只是想到了"精神可嘉"，关于"中老年"，虽然闪现了不少，但最终也只是和中国老年保健协会会长李深老兄进行了沟通……

除上述"超标"、"疏漏"等乳品质量问题，此间对其后不久爆发的乳品企业饮鸩止渴般的"价格战"也曾给予过不在其位谋其政般的关注。据说那是背水一战，据说那是殊死一搏，关于那段所谓的战史，相信喝奶与不喝奶的、逛店与不逛店的读者都记忆犹新。

2007年夏季，经过好一段时间的"赔本赚吆喝"，随着《乳品企业自律南京宣言》的粉墨登场，卖场中独领风骚的乳品捆绑式销售终于显得有些精疲力竭。在此间收集的相关剪报中，7月20日，《北京晨报》率先披露《五大乳企宣布不再降价促销，行业协会否认变相涨价》。

一石激起千层浪。有消息说"就在《宣言》实施的前两天，各大乳品企业展开了最后的疯狂促销活动，原先一箱赠4包的，现在变成了赠送6—8包"。面对于此，难怪有人又怪声怪气地念叨开"从南京到北京，买的没有卖的精"。

无论怎样解读买与卖，一纸文宣的确奈何不得骨子里的生理需求，就像内分泌撩动的青春痘，再是经过怎样的"脑筋急转弯"，该长在谁的脸上最终还会长在谁的脸上。11月5日，《北京晚报》"北京新闻"头条告知 ——"自律在黄金周中土崩瓦解"。

时隔不久，竞报披露《蒙牛奶下月涨价》，涨幅约为 10% 左右。颇有意思的是，文章同时强调了一个"值得一提的是"，原来"在蒙牛此轮涨价前，三元、光明等知名牛奶品牌均上调了价格"，因此"业内人士分析认为，近期，由于饲料、能源等价格上涨，加之运输成本不断加大，导致原料奶收购价格上涨了 30% 到 100%"。

羊毛出在羊身上，牛奶产自奶牛中，表面看一会儿降、一会涨儿令人琢磨不定，其实在表面现象的背后掩藏了不尽的玄机。早在这一年的 7 月 30 日，改版后的《华夏时报》便以《乳企首次"反倾销"自律背后》为题，直截了当告知"乳品市场'繁荣假象'掩盖产业链'窘困真相'"。

尽管《华夏时报》不是第一个提出"乳制品企业的产业链出现了问题"，但提出的时机很好，犹如人们常说的"早来一天赶上穷，晚来一天穷赶上"，举凡警世恒言，大多需要考虑受众群体的受听状，没有氛围，没有铺垫，再好听再该听的话有时也很难引发期待中的关注。一切犹如"水可载舟亦可覆舟"，让我们荡起双桨的时候，谁敢说"水可覆舟"谁是反动派，让我们想起救生圈的时候，谁敢坐"泰坦尼克号"谁是冤大头。

换言之，在乳业一个劲儿一窝蜂捆绑销售之际，您说他财大气粗也行，您说他黔驴技穷也行，您说他"阔小姐开窑子"不图钱图乐也行，您说他"傻小子睡凉炕"全凭火气壮也行，总之，此情此景确实让没见过挣大钱、没见过耍大钱的旁观者不好妄加评论……

曾几何时，有关"产业链"的说法逐渐浮出水面，遗憾的是，面对同样的物件儿，不同企业脑子里闪现的却是不同的景象，有人把链条视为念珠，整串儿是个宝，颗颗皆看好；有人把链条视为绳索，想方设法拴着有利可图的，千方百计拽着有力可借的。

围绕乳制品生成的产业链既简单也复杂，说简单是因为大部分链接可以一眼看个透，说复杂是因为"原奶"既和牛相关也和人相关，虽然羊毛不管好赖都在羊身上，但合格的"原奶"却并非完全产自牛身上。

对于这个既浅显又深刻的道理，蒙牛悟得并不比别人晚，做得也不比别人差。2008 年 1 月 4 日，《人民日报》曾以《蒙牛：构建和谐草原》为题做了专门的报道，开篇第一个小标题为《"最大的造饭碗企业"，带动 300 万奶农增收，累计发放收奶款 200 亿元》，文章写道——

> "一家一户一头牛，老婆孩子热炕头；一家一户两头牛，生活吃穿不用愁，一家一户三头牛，三年五年盖洋楼；一家一户一群牛，比蒙牛的老牛还要牛。"这首草原上流传的新民谣，生动地勾勒出蒙牛乳业集团带动中西部奶农脱贫致富的场景。

> 8 年累计发放收奶款 200 亿元，为全国 1000 所贫困地区小学免费送奶一年和环保投资 4 亿元，这就是蒙牛在企业社会责任和公益事业方面交出的答卷。作为全国农业产业化重点龙头企业，蒙牛 8 年来共为西北贫困地区创造了超过 100 万个就业机会，连接奶农 300 万人，日均收奶量已超过万吨，仅 2006 年一年就发放收奶款 62 亿元，被誉为西部大开发以来"最大的造饭碗企业"。

> 几年来，蒙牛一直是行业中收奶价较高的企业之一，2007 年，饲料价格上涨压力进一步加剧，蒙牛在行业中连续三次率先提高原奶收购价，平均涨幅超过 0.5 元／公斤，为奶农多增加了近 5 亿元的收入。

> 为帮助奶农增收蒙牛还与各地方政府联合设立了"养奶牛专项贷款"，低息贷款给奶农们购买奶牛；统一招标采购饲料和挤奶设备，帮助奶农降低成本；拿出 1000 万元与呼和浩特市政府共同设立了"奶牛风险基金"。通过贯彻"总部经济"，实行集中报税，蒙牛还让更多税收反哺了草原……

作为报道对象，这篇文章蒙牛一定会有收藏，不仅蒙牛会有，同时其他竞争企业也一定会有存档。不清楚对方看过后会有哪些读后感，反正我在为"造饭碗"和"扶贫"由衷欢呼的同时，又莫名其妙地想到了老书有写、老理儿有说的那个久违的"剩余价值"。

由此想开去，曾经不知深浅、不识好歹想了许多，诸如政府安排就业和企业吸收就业既是一回事又不是一回事，诸如政府扶贫和企业扶贫既是一回事又不是一回事，尽管其中都有说不尽的爱，但前者的爱是无私的爱，而后者的爱则绝对是有偿的爱。

经历了大轰大嗡的浮躁之后，"大象无形、大音希声"的哲理在人群中逐渐传递开来，随之也派生出一系列"大雪无痕"、"大善无痕"等无痕论，如果没有记错，其中"大爱无痕"最具感召力。

细想起来，其实善本无痕，爱本无痕，无论大小，无论多少，真善与真爱的共同属性就在于不挂在脸上，不挂在嘴上，绝对不易察觉。从这个原理扯开去，何为真善，何为示善，何为真爱，何为示爱，不经意看，彼此差不多，细心解读，二者相差甚远。

企业的基本属性很多，抛开君子爱财"取之有道、散之有道"等冠冕堂皇的前缀语，无论中资外资，"惟利是图，见钱眼开"是企业行为的恒定准则，凭此创收税收一门灵，非此亏损倒闭一团糟。

正因如此，企业的主营项目是"聚财"，兼营的项目才是"散财"。从这样的规律讲，来自企业的爱和善既有真爱、真善的成分，也有"示爱、示善"的必然，虽然往出掏的都是真金白银，向外流的都是真情热泪，可一旦现场裹进来了摄像机、照相机、录音机，至此善有影，爱有声，好端端的"无痕"由此便不再天衣无缝。

回到"奶企扶助奶农"的话题里，由于此种"定向帮扶"帮的不是一去不回头的路人、扶的不是一走杳无音信的过客，所以说句话糙理儿不糙的话，花钱请来的绝对是您二大爷，花钱找来的是肯定是您大舅哥 —— 在乳业的产业链上，既然原奶作为您的上家，奶农自然就是您的老家儿，既然消费者是商家的老丈人，不在编的奶农注定就是厂家的丈母娘。

遗憾的是，当初我们没有这样的感悟，倘若有，有些话就要说在前头，有些事就不能撂在后头，诸如在企业文化中一定要大书特书"饮水思源奶如是"，诸如在企业编制里一定要精心设置一家人不说两家话的"奶企奶农共建办"。

我们的企业，尤其是我们的成功企业，在先富起来的过程中虚怀若谷什么都学，包括三十六计古为今用，包括西点军校洋为中用，先是 MBA，后是 EMBA，只要有点心得，嘴上多会不依不饶。遗憾的是，在繁杂的进取中，不少企业家什么都想着，什么都学着，什么都记着，就是唯独忘记了"把支部建在连上"的传家宝。

回到本章关心的话题上，与时俱进，商家的基层影响力不仅局限店内各个商品部，厂家的基层感召力也不只面向各条生产线，我们的企业家、企业主天天念叨"地球是圆的"、"地球村是我的"却忘记了不穿工装的员工最特殊，却忘记了飘在外面的"飞地"最没谱……

由于奶企和奶农相互之间活脱两层皮，所以在产业链的实际运行中，奶农越来越受委屈，奶企越来越冤大头，不仅奶制品卖不出好价钱原奶跟着没钱赚，甚至奶制品涨了钱奶农依旧苦哈哈。早在 2008 年 2 月 22 日，《人民日报》就以《牛奶涨价，奶农为何不赚钱》为题解读了个中原委——

> 近来，伊利、蒙牛等知名品牌的奶制品相继涨价，然而，另一端的奶农却体验不到涨价的喜悦。一位奶农沮丧地说："现在市场上的牛奶是几毛钱的涨，但是鲜奶收购价却是三五分的提，饲料价却也三毛五毛地涨，我们奶农的日子不好过啊。"
>
> 在被誉为"乳都"的内蒙古自治区首府呼和浩特，2007 年 1 月原奶收购价格实际达到每公斤 2.30 元，原奶价格应上涨约 30%。然而记者在采访中了解到，呼和浩特的奶农出售原奶的价格却只有 1.90 元，上涨不到 8%。原因在于不少奶农与企业签订了长期供奶合同，对于原奶不能随意处置，奶企的垄断地位导致奶农处于弱势。
>
> 内蒙古一位知名乳品集团负责人介绍说，奶源基地建设滞后，许多企业收奶仍然是从奶站收，导致奶站低买高卖，获取了不少奶价上涨的好处。奶站生产模式应为收取奶企提供的手续费，即挤奶费，平均每公斤为 0.20 元。但是，各地奶站并未满足于手续费的"糊口方式"，大部分奶站存在层层盘剥、克扣奶农奶资。
>
> 奶价低（相对于成本）、饲料成本高、销售中的弱势地位让奶农不敢再养殖奶牛；恶性竞争、奶源基地建设滞后也让企业头疼。据业内人士分析，这些既暴露出牛奶市场的非理性竞争，也凸显出奶农在市场上无力博弈的困境……

就像《华夏时报》比较早地提出"乳品市场'繁荣假象'掩盖产业链'窘困真相'"一样，《人民日报》同样比较早地注意到"奶站低买高卖层层盘剥"。从奶农到奶企，两点一线，没想到最终却在既是"奶农的奶站"又是

"奶企的奶站"出现磕绊，如此特殊位置，不能不说是"祸起萧墙"。

说是"祸起萧墙"，其实具体而言似乎还是"命门失守"。从当初危言耸听的"吸管事件"到后来谈奶色变的三鹿事件，看来企业命门不同于人的"命根儿"，后者人生只有一个，所以自珍自爱呵护有加。相比之下企业命门则不然，命各有异，门各有别，赶上命大的，命门洞开依然百毒不侵，赶上命弱的，稀松赴死但临了不知命门何在。

企业命门究竟何在，研究了许多年，琢磨了许多事，最终发现"命门皆在视线外"。换言之，企业命门即企业之根本，虽然管理学经营学对其多有说道，但着眼点始终脱不开世俗的视野半径。再换言之，就乳业说乳业，就危机说危机，在以往的教科书和宣传册上，企业安身立命之根本大多以企业院墙为界限，大多以企业主体为载体。

借乳业个案动脑筋，发现乳业真正的"根"植根于奶农与奶牛之中，发现乳业真正的"本"本来为熟视无睹的"食以安为先"，而现实与根、本的误差，则是阴错阳差"没让所有环节都认真起来"。

就命门说命门，就根本说根本，据说蒙牛"老婆孩子不得在企业上班"的死令上管总裁下管更夫，别人咋回事不清楚，根生媳妇未老先退以身作则确为不争的事实。然而，数千人能否真的铁板一块，旁观者不能不心存疑虑。尤其眼皮底下所能看到的只是周身一部分，所以那个本不在视线之内的、说起来谁都该管但忙起来有可能谁都不管的"奶站"，是不是"飞地"，有没有"外快"，天高皇帝远，一切鬼知道。

如此严起来，如此细下去，再大的乳业危机也是可以规避的，只要守住根本让所有的环节都认真起来，诸如"把食安记在心上"，诸如"把奶农顶在头上"，诸如"把支部建在连上"，诸如"把步幅回落在脚上"，等等，就一定不会出现"问题出在收购储存环节"那样天大的遗憾……

"钢铁是怎样炼成的"需要学习，需要实践，需要知行合一，而"废铁是怎样炼成的"尽管听起来大相径庭，但科目与前者同，学问与前者同，甚至二者比较起来，内中还没有听不懂的大道理，没有玩不转的大手笔，究其缘由，似乎只是"该加料时没备料"，"该调温时没看表"，最终才劲儿没少使，罪没少受，到头来落了个"养活孩子让猫叼走了"。

"让所有的环节都认真起来"难度很大，一是"萝卜快了不洗泥"大有市场，二是人微言轻作者没有那么大的影响力。然则，同样的无奈对根生则不然，远的不说，近的不扯，仅就他在《天大的小事》一书的"一读感言"来讲，无论是"在文明的天平上小事即大事"还是"小事不成，大事必败"，无论是"大国崛起，小处着眼"还是"举国慎小，文明乃大"，似乎都有必要质询质询想到了、说到了为啥却没有完全做到。

该问的很多，想问的更多，只是此时无声胜有声。关于"桶在何方"本书谈了些皮毛，关于"根在何处"本章也谈了些皮毛，对于在不长的时间里能创造出那么多辉煌业绩的根生来说，如果真想弄懂弄通其中命理，其判断力在我之上，其理解力也在我之上。

诚然，知行合一有过程，但"实践出真知"绝不意味着我们的真知只能从自身实践中获取。先人的实践所获，他人的实践所得，其实都是我们应该拿来借鉴的宝贵财富，否则，人世间的真知都要靠亲身体验，人没有一万年活头儿恐怕是万万不可能的……

如前所述，在获知"问题奶粉出在收购储存环节"而并非"生产环节"之时，我曾为乳品企业躲过一劫庆幸过，然而事过境迁，时过境迁，我突然又下意识地想到另一个相关情况，即"收购储存环节出现的问题其实比生产环节出现的问题更严重、更棘手"。

道理很直白，作为规模化集约化的工业企业，无论是现代化企业制度，还是现代化企业体制，问题整改相对简单明了，而"收购储存环节"则不然，不仅需要跨行业、跨地区，同时更需要跨责任、跨心力。

应该说这是个极其艰难、极其两难的选项，其中既有奶农的切身利益与实际素质，也有"三农"的政治高度与和谐属性，处置得当，彼此双赢，处置失当，事与愿违。有鉴于此，不是恭维，不是捧抬，源头与农业、农村、农民沾边的食品工业企业，理当觉悟高人一等，情当利润让人一头。

正因如此，本章核心用语最终才在反复权衡之后选择了"仁者生根"，因为能够"跨越得失又兼顾得失"的企业行为似乎只有一个"仁"字才能了得，依此，均衡平衡面面俱到，凭此，你好我好皆大欢喜。

本章修改之时，适逢荧屏热播大型电视连续剧《八路军》，从伟大领袖到普通一兵，从传奇人物到无名英雄，彼此吃的喝的、穿的戴的基本差不多，因此"我们是人民子弟兵"既拿得出手也唱得出口。由此想开去，如何演绎奶企、奶农的鱼水情，如何完善奶企、奶站的根连根，尽管思路很多办法不少，但其中最简捷的途径似乎是，尽量向看上去不甚精明、不甚张扬的"仁者"靠拢……

本书修改之时，适逢全球食品包装供应商瑞典利乐集团在《瞭望东方周刊》有一整版广告，但见"好牛奶来自好原奶"，但见"我们设立'奶业研究中心'探求可持续的原奶生产模式"，但见"我们开办'奶农学校'将科学养殖知识传授给广大奶农"……一个外国人，一些外国人，缘何不远万里来到中国如此这般，通栏标题《有了奶农的微笑，才有牛奶的好味道》最终一语道破天机。

耐人寻味。发人深省。虽说中国乳业危机肯定会影响利乐包的订单，但一个本可不食他国人间烟火的超级巨无霸企业，竟然对"把支部建在连上"、"把奶农顶在头上"有如此之深刻的大彻大悟，实在不能不令人感慨万分，实在不能不令人心悦诚服……

本书付梓之际，《三联生活周刊》发表《奶源暗战》，既谈到了"自三聚氰胺事件以来中国乳业进入痛苦的拐点期"，也谈到了"乳业素有得奶源者得天下之说，但快速增长的市场与奶源建设的脱节，使中国乳业迎来几乎灭顶的灾难"，同时还披露了"蒙牛正式迎来中粮时代"。

何为"中粮时代"，一言难尽，但文章引用了中粮集团董事长宁高宁先生的一句话，似可对此一言以蔽之，在回答"融得的资金怎么用时"，宁高宁先生希望"最先能从乳业上游的奶源建设开始"。

文章还就"散奶能否一刀切"展开讨论，其中伊利提倡的由奶农参股的"奶联社"很有看点，看来"奶源革命的核心不等同于拒收散奶"。由此说开去，文章结束语收在了"如何平衡奶农利益和乳企利益仍然是难题"。

这的确是个难题，而且还是个国际性难题。2009 年 9 月 1 日，《新京报》图文告知，由于原奶收购价太低，《法国奶农集体抗议》……

第 24 章　智者生存

摸着石头过河，谁摆造型谁先死
守着烙饼挨饿，谁会扭脸谁先活

其实，围绕企业自救，蒙牛做了一系列艰苦卓绝的努力，遗憾的是，公众最想看到的是亡羊补牢"补"在哪儿，惩前毖后"后"为何，而不是一睹生产车间生产线，二睹厂容厂貌大观园。

"振兴乳业"没有太多的参照，有的只是又一次摸着石头过河。庆幸的是，事主毕竟不是第一次下水，所以，别人可以在深一脚浅一脚的过程中忘乎所以，而不是初生牛犊的老牛同志却断然不可。

有篇题为《牛奶变水的心理》的文章写得极好，和所有哲理故事一样，由此及彼，由表及里。一杯奶的神奇魔力，不仅测试了一个民族，不仅测试了一个国家，同时也测试了整个大千世界……

其实，和所有乳品企业一样，围绕自救与振兴，蒙牛上上下下、前前后后做了一系列艰苦卓绝的努力，包括向奶站派驻人员，包括召回疑似问题产品，包括组织中外媒体现场参观，包括发表各类软硬文宣，等等。总之，当事人该想该做的，蒙牛似乎都想到做到了，甚至，从某种角度看，蒙牛集团的所作所为似乎很有乳品企业的代表性。

在上述救市举措中，有两篇相关报道最是耐人寻味，其中一篇发表在2008 年 10 月 24 日，题为《安全牛奶是这样炼成的》，讲的是"近百位中外媒体记者参观蒙牛"，其中写道——

问题奶粉曝光后，中国乳业一直处在被质疑的舆论漩涡之中。虽然在各级政府、各大企业的努力下事故原因已经查明，市场信心也在逐步恢复，但是"在海外媒体的报道中，中国乳业的真实现状还是处于一种朦胧的状态中"。组织这次参观的国务院新闻办一位官员表示："我们希望通过这次参观，能够重树消费者信心，向全世界呈现一个真实的安全的中国乳业。"

三聚氰胺事件爆发以来，这是境外媒体第一次实地考察中国乳业。来自法新社、路透社、美联社、彭博社，以及日本的共同社、NHK，港澳台主流报纸和电视台等数十家媒体，组成了一只规模庞大的联合报道组。

"这是个没有工人的工厂。"一位记者在自己的笔记本上写道，"没有马达的轰鸣，没有流着汗的工人 —— 但是，能看得到安全。"

在这个全自动的封闭式生产线上，不止看不到工人，而且连裸露在空气中的牛奶也没有。"从奶罐车到生产线，合格的原奶全部封闭在管道里。"蒙牛工作人员介绍说："这能最大限度避免在生产过程中牛奶发生变质。"

"在这个一尘不染的现代化工厂里，人们走过去连脚印都留不下，但我相信我们还是留下了一些东西，那就是对蒙牛和蒙牛人的信任。"一位记者在参观结束后这样总结自己的感受："同样，我们也带走一样东西，那就是我们对蒙牛、对中国牛奶的信心！"

应该说，文章的现场观感十分到位，表述也十分得体，无论是活动的组织者还是策应者，都表现得十分尽职尽责。只是，不知为什么，那样的场景总觉似曾相识，那样的语言总觉似曾熟悉。

查阅手边所有乳业相关资料，终于发现其实早在三鹿事件事发半年前，2008年3月13日，《北京晚报》就曾以《京报集团读者走进伊利》为题，隆重告知"3·15'牛奶之旅'共睹优质牛奶诞生"，其中说道——

为迎接消费者权益日，京报集团北京晚报读者俱乐部和伊利集团共同推出了3·15"牛奶之旅"活动，邀请了几十名晚报读者代表走进伊利廊坊乳品有限公司，见证了每一包牛奶的诞生。这些读者覆盖了学生、上班族、花甲老人、国际友人等各个社会群体。

在活动现场，伊利集团安排了专业人员为读者进行了生产流程及企业文化方面的详细解说。据介绍，车间全部引进世界最先进技术设备，实现了收奶标准化、无菌罐装、机械手包装及出库的全自动化控制。操作人员直接在中央控制室就可以操作和监控原奶的验收、无菌处理、无菌罐装、入库和出库的全部四大环节，充分保证产品的100%安全、100%健康。

初次见到这种现代化的流水线设备，读者不断发出赞叹的声音。有的表示，喝了这么多年牛奶，从来不知道要经过这么多精密的工序步骤。"没想到生产牛奶也像高科技产品一样精雕细琢。这样生产出的牛奶绝对让人放心！"

京报集团北京晚报读者走进伊利

3·15"牛奶之旅" 共睹优质牛奶诞生

3月10日，为迎接消费者权益日，京报集团北京晚报读者俱乐部和伊利集团共同推出了3·15"牛奶之旅"活动，邀请了几十名晚报读者代表走进伊利邮坊乳业有限公司，见证了每一袋牛奶的诞生。这些读者涵盖了学生、上班族、花甲老人、国际友人等各个社会阶层，其中一部分还是大型奥运公益活动"有我中国制造"上签名支持"中国制造"的网友。

在活动现场，伊利集团安排了专业人员为读者进行了生产流程及企业文化方面的详细解说。据介绍，车间全部引进世界领先进技术设备，实现了收奶、标准化、无菌罐装、机械手包装及出库的全自动化控制，操作人员站在中央控制室就可以操作和监控原奶的验收、无菌处理、无菌罐装入库等出库的全部四大环节，充分保证产品的100%安全、100%健康。

读者随同参观了牛奶的整个生产过程。在干净、封闭的生产区内，操作人员有条不紊地工作着，虽然只有寥寥数人，却因为全自动化控制，使生产更加高效。而全自动立体仓储到国家全自动运输小车更具未来感。在仓储间内，STV无人驾驶自动穿梭小车自如穿棱，准确地将产品码放整齐。据介绍，该仓储具有极强的识别记忆能力，并且采用从原奶收奶、成品出库到进入市场的MES产品完善追踪体系，包装过程中实行信息中央管理。

初次见到这种现代化的流水线设备，在读者者不断发出赞叹的声音。有的读者表示：自己喝了这么多年牛奶，从来不知道要经过这么多精密的工序和步骤。"没想到生产牛奶也像高科技产品一样精细缜密，这样生产出的牛奶绝对让人放心！"

自动采集样品检验，有效实现了产品溯源的安全防范系统，牛牛们的"精华"就这样被溯源到无拘无束地变为人类的健康食品。

现场品尝了刚刚制作完成的纯牛奶，并相继提出了对奶产品的一些相关问题，伊利的相关负责人就从奶产品的营养品种、卫生、包装等方面一一进行了专业解答。在交流中，读者了解到了很多食用奶产品的健康知识。一位姓王的读者说道：原来每天喝的牛奶中有这么多的技术含量，面且不论是有"身份证"的奶牛，还是适合国人体质的"伊利营养舒化奶"、纯天然的"伊利金典有机奶"，都包含了伊利集团对产品安全和品质的追求。我以后可以根据自己的体质来选择适合的奶产品，非常幸福能参加这次活动。

"呼美透明·共睹诚信"是消费者共同的心声，随着消费者维权理念的不断深入，3·15消费者权益日已经演变成一场产品质量的检阅日。伊利邮坊乳品有限公司相关负责人对读者们说：作为为奥运提供乳制品的企业，我们不仅连续荣获了全国食品安全示范单位十强企业，还是"中国食品安全示范企业"，作为一家关注中国制造人盖督奥运牛奶的产生，今后将敞开门户，随时欢迎北京晚报读者参观厂区，畅享"牛奶之旅"。

参观结束后，晚报读者代表与伊利相关人员举行了座谈会。读者

◎ 上述文章发表于 2008 年 3 月 13 日

安全牛奶是这样炼成的

近百位中外媒体记者参观蒙牛，体验"中国牛奶"生产全过程

最大的光荣，不在于一次也不，而在于每次倒下都能站得10月16日，一位香港媒体的生和林格尔蒙牛高科技乳品研，第一眼就注意到了这条标语。一种信号。不仅是蒙牛，整个乳业都在向世界传递这样的诚们会在今后做得更好。"问题奶粉曝光后，中国乳业在被质疑的舆论漩涡之中。各级政府、各大企业的努力下，原因已经查明，市场信心也在灰复，但是，"在海外媒体的报

送入3.7万吨容量的现代化库房。

"这是个没有工人的工厂。"一位记者在自己的笔记本上写到，"没有马达的轰鸣，没有流着汗的工人——但是，能看得到安全。"

在这个全自动的封闭式生产线上，不止看不到工人，而且连裸露在空气中的牛奶也没有。"从奶罐车到生产线，合格的原奶全部封闭在管道里。"蒙牛工作人员介绍说，"这能最大限度避免在生产过程中牛奶发生变质。"

介绍说，"我们有专职的'品奶师

每一包合格牛奶的包装上印有生产日期和保质期外，还串串的条形标码，"它就是牛'身份证'。"蒙牛一位工作人员说，"通过这个数字，消费者可到这包牛奶的生产厂区、车间，原奶供应的相关资料。"一位记问："能查到是哪头奶牛产的奶"虽然目前没有具体到每牛那么细，但是我们能追查到一批次的牛奶，是哪一个奶站、个牛舍的奶牛。"蒙牛工作人员个关子说，"稍后大家参观蒙牛

◎ 上述文章发表于 2008 年 10 月 24 日

本不想赘言，只是两个"亲眼目睹"时隔半年立意依旧，形式依旧，用这样的手法自救不免让人心中生疑。还是那句老生常谈的车轱辘话，"命门不同于脑门"，前者连自己都吃不准，后者谁人都看得见。

从这个角度讲，"食品安全"、"食品卫生"既是一回事又不是一回事，组织公众抑或专家走马观花式的明察暗访，场面再大，规格再高，动静再响，影响再广，充其量也只能算是"卫生大检查"，充其量也只能是把大肠杆菌杜绝于包装盒以外。与之相论，刁钻精细的"三聚氰胺们"，潜伏在肉眼之外，附着在软肋之中，谁也看不见，谁也摸不着。

无意借古讽今，更无意相互比对，谁让两者都是为了同一个目的，谁让彼此都是为了维护消费者权益。只是，"和平年代"不同"非常时期"，由此催发的救市效果究竟有多大，我们的问题乳业，我们的振兴事业，似乎有必要重新考量，客观认定。

坦率而言，早在 2008 年 9 月走访蒙牛之际，看着极尽现代化之能事的生产线，首先闪现的灵感就是迅速组织各方人士进行现场考察，以正视听，以解曲直。然而事后一想不对了，如此这般不仅让刻骨铭心的整改过程太过迅雷不及掩耳，同时顾左右而言他也把消费者想得太过幼稚太过单纯。

无论是公众设问，还是企业自问，问题奶粉的复杂性与隐蔽性均为难缠之最，因此，没有人说问题奶粉只出自黑作坊而不会是大厂房，也没有人说问题奶粉只出在明面里而不会是隐蔽中，所谓的"大厂房"，所谓的"隐蔽中"，恰恰正是此次危机的教训所在。

面对于此，让市场与公众"重拾信心"任重而道远。要知道，消费者是半拉上帝的时候还好对付，还好伺候，可一旦感觉到自己被人当成了猴耍，上帝固有的"猴精"绝非常人能比，所谓的"一朝遭蛇咬，十年怕井绳"，其实被雪藏的不仅是蛇，而是所有与蛇相近相仿的疑似物。

俗话说"哪儿丢的哪儿找"。所谓的"重拾信心"其实讲的就是这样浅显的道理。回到"命门失守"的话题上，说命门，守命门，真的大可不必在命门以外的脑门、嗓门上再做太多的功课。换言之，问题乳业的问题既然出在"食品安全"，那么在特定的历史时期，对于此前"食品卫生"早已把过关，设过卡的生产流程，真的大可不必兴师动众再潇洒秀一回。

再换言之，倘若救市行动讲究大而全，需要由此及彼横着扯，需要思前想后竖着论，我想，即便如此，我们广大公众最想看到的也是亡羊补牢"补"在哪儿，最想知道的也是惩前毖后"后"为何，而不是一睹生产车间生产线，二睹厂容厂貌大观园……

另一篇耐人寻味的文章发表于 2008 年 11 月 7 日，题为《消费者：我们支持这样负责任的"笨牛"》。文章引题很长，"'额外召回'承受几十亿损失的蒙牛，却成为液体奶市场恢复最快的品牌。在责任与安全的天平上，蒙牛添上了'诚信'这个最重要砝码"。与之相比，文章中那个"为什么蒙牛的损失十倍于同行"的小标题，似乎更有些云里雾里。

文章主述内容是，在国家质监总局等六部门联合下发了《关于立即全面清理检查市场乳制品的紧急通知》之后，"蒙牛不仅将通知明确要求的奶粉和液体奶全部下架，而且还将 9 月 14 日以前生产的价值几十亿的乳饮料、冰淇淋产品下架召回，这种将可能的健康威胁'清零'的诚信举措，立即赢得了许多消费者的信任。"

为此，该文继续透露，"在蒙牛快速的市场恢复背后，是一组令人吃惊的数字。据媒体报道，'额外召回'将给蒙牛带来几十亿的损失。与此同时，从公开发表的财务数据看，中国乳业其他几家巨头由三聚氰胺直接导致的财务损失却在两三亿元左右。"

大概是越看越糊涂的缘故，我真的搞不懂文章的授意人和撰写人，为什么在经历了生与死的煎熬之后，在蒙受了"几十亿"的损失之后，仍有那么大的闲情逸致标榜自我，仍有那么多的当仁不让舍我其谁。

凭心而论，在没有社会压力的情况下主动召回"问题产品"需要胆识和勇气；在有社会压力的情况下不仅积极召回问题产品，同时主动召回"疑似问题产品"也同样需要胆识和勇气。在这个问题上，倘若一切如撰稿人轻松所言，问题奶粉将问题有解，问题企业会问题有别。只是，面对天大的信任危机和天大的信誉缺失，仅靠此种投入或投放，很难实现"快速的市场恢复"，很难赢得"许多消费者信任"，如果真像文章所述，我们的国家，我们的民族，大可不必将"食品安全"视为国策，兴师动众，倾城倾国。

前事不忘，后事之师，在以往的各种教训中，波及范围最广的人生糗事当属"好话不得好说"。盖因于此，"好心不得好报"、"好人不得好死"等一系列事与愿违的牢骚才此起彼伏。回到刚才的话题上，在特定历史时期，即便做了他人一时甚至一世都想不起来做的事情，于事后表述时，有没有必要用"排他法"示众？有没有必要用"对比度"聚光？值得商榷。

这让我由不得想起若干年前与根生关于"何为成功"、"何为成熟"的对话。应该说"额外召回"是举轻若重的成功之举，倘若跟进的表述能呈现"举重若轻"的成熟状，两好变一好，效果自然了得。

从这样的观点看，"额外召回将给蒙牛带来几十亿的损失。与此同时，从公开发表的财务数据看，中国乳业其他几家巨头由三聚氰胺直接导致的财务损失却在两三亿元左右"那段话也似嫌多余，尤其行业面临重新洗牌，励精图治也好，以德报怨也罢，其实可说可谝、可歌可泣的还有很多。

同样从这类的层面看，文章引言似乎也值得商榷，如果将"额外召回承受几十亿损失的蒙牛，却成为液体奶市场恢复最快的品牌。在责任与安全的天平上，蒙牛添上了'诚信'这个最重要砝码"那句话适当缩写，无言的《诚信宣言》或许会成为耐人寻味的无字碑抑或里程碑……

凡此种种，不一而论，有意与根生较真，无意与蒙牛较劲，还是那句话，谁让彼此曾相识，谁让彼此曾相知，既然"久交不可隐匿，隐匿则心必险"，师生之间，兄弟之间，有话不说愧对天地良心。

诚然，面对"振兴乳业"的巨大挑战，既没有太多的参照物，也没有太好的教科书，有的只是"又一次地摸着石头过河"，而在实践出真知的过程中，旁观者似乎不该有太多的说三道四。

只是，我们的当事人毕竟不是第一次摸着石头过河了，尽管水系不同，河道有异，但下水前的准备、入水后的状态毕竟还是大同小异，诸如"摸着石头过河人是几条腿儿的动物"，诸如"摸着石头过河谁摆造型谁先死"，等等，相关感悟其实早已不需要从零起步，从负数起步。因此，无论是从这样实实在在的角度讲，还是从蒙牛坎坎坷坷的经历说，别人或可在摸着石头过河的过程中忘乎所以，别人或可在深一脚浅一脚的险境中一心二用，但是，早已不是初生牛犊的老牛同志却断然不可。

再说句躺着说话不腰疼的话，人生一世，实业一回，能赶上"行业几乎全线崩溃"也着实不易，虽然"早死早托生"有点迷信，有点宿命，但浴火重生的凤凰涅槃却以烧得"爪干毛净"为开始曲并撩人心弦，再以"脱胎换骨"为大结局并动人心魄。

10 年前撰写《无形胜有形》，说到根生因故出走伊利，扯到痛感，也扯出"无痛感"，并试着用人生经历比对企业发展的艰辛物事。事过境迁，历史不再，但"小病不断，大病不染"的事理常说常新。

说到"火"与"痛"，很容易联想起《钢铁是怎样炼成的》。此书读了无数遍，此话问了无数回，虽然有保尔·柯察金同志一个劲儿的现身说法，但最终还是没弄明白，与好钢相比，"废铁"是怎样炼成的。

众说纷纭俗话多，芸芸众生哲人少，面对不可一世的乳品行业，面对不可一时的浴火重生，从凤凰涅槃说开去，从无病呻吟绕回来，所谓的脱胎换骨，所谓的浴火重生，其实皮肉之苦并非苦，皮毛之悟并非悟……

2008 年 11 月 23 日，《北京晚报》刊登了一篇题为《乳品行业"涅槃"靠广告》的短文，文字不多，道理不浅，连读三遍，由不得为其中那段"许多乳品企业都是靠营销起家，把巨大力气花在广告上，牛奶变得和烟草一样非得通过广告才能销售"的旷世高论叫绝 ——

> 央视广告招标中，乳品行业全面出手，表现十分抢眼。老主顾蒙牛延续了一贯"重视营销"的风格，强势出手，以 4489 万元摘得天气预报与焦点访谈之间的"A 特段"。这些大手笔投入表明，乳品行业欲用央视平台重新树立行业形象，扭转在百姓心中不被信任的角色，此次央视广告招标大会，也成为乳品行业打好翻身仗的战场。
>
> 一直以来，广告几乎是乳品企业发展的"基石"，许多乳品企业都是靠营销起家，把巨大力气花在广告上，牛奶变得和烟草一样非得

通过广告才能销售。这种行为多少带有危机公关的意味，亮相于媒体也好，积极参与央视广告招标也罢，这都是乳品行业挣扎自救的一种努力。然而，单纯依靠企业这种自救是远远不够的。

一朝被蛇咬、十年怕井绳的古训影响着消费者的心理，迅速采取补救措施、完善制度、加强监管……这一切，当然都是中国乳业涅槃所必需的。

应该说，天下商品玩家都该对"牛奶变得和烟草一样非得通过广告才能销售"反思反省。烟为何物，奶为何物，缘何生活原本"离得开"的物品非要用广告推，缘何生活原本"离不开"的物品也要靠广告卖，个中悬疑，我们的商品学，我们的商学院，确实有必要打破砂锅问到底。

或许正是出于过分倚仗广告的原因，我们的乳业，我们的乳业中人，最终才变得有些"外强中干"。从表面看，动辄数十亿上百亿统统不在话下，可一旦遇上麻烦，抗击打能力和应对能力又很难与自身级别等值等量，让人感叹不已，更让人唏嘘不已……

除了上述熟视无睹的怪现象，近年来还有一些新款洋泾浜大行其道，其中人晕亦晕当属"游戏规则"。无须探究，此话绝对源于市场经济发达国家，把复杂世相简单化，把高深理念平民化，如同富人不避曾为穷鬼穷哈哈，如同名人不避曾为鼠辈无名头，只是，面对于此，身处发展阶段的人一定切忌"娶媳妇打幡儿跟着哄"，否则，没记住"规则"却记住了"游戏"。

作为还算有些坐功有些站功的旁观者，在目击乳业危机的过程中，发现了相关企业太多太多的"随意性"，不是游戏，近乎游戏，无力分辨其中的是与非，只有哀叹"都是游戏惹的祸"。

2008年11月20日，《人民日报》告知《奶业振兴三年目标确立》，《新华每日电讯》披露国务院发布《奶业整顿和振兴规划纲要》，应该说，全民抗击三聚氰胺的殊死搏斗初步画上了句号。

时隔数日，11月24日，就在我前往蒙牛探班整整两个月的时候，《新华每日电讯》发表了记者署名文章，强调《这次危机是一堂必修的挫折教育课》，虽然具体说的是"金融危机使珠三角企业家变得更加成熟理性有眼光"，但"学而知之"的道理其实也极为适用乳业危机的当事人。

从"游戏规则"扯开去，从"挫折教育"绕回来，无独有偶，发现竟有那么相似的事情可供拿来借鉴。

2009 年 1 月 13 日，《新闻晨报》刊登的《加拿大问题食品公司总裁何以成商界风云人物》耸人听闻。很凑巧，大洋彼岸的肇事者不仅是加拿大最著名食品企业和百年老店，同时也由于质量问题惹出是非，惹出官非，只是不同事物有不同的规则，顺应得法，昨天还是人见人恨的千夫指，转眼之间就变成被媒体热议、被公众热捧的香饽饽——

> 新年伊始，加拿大通讯社公布了一年一度的"商界风云人物"评选结果，令人意外的是，枫叶食品厂行政总裁麦凯恩以高票名列第一。这个评选是由全加拿大主流媒体的 125 名资深编辑、主播投票产生，权威性向来受到认可。
>
> 麦凯恩身为拥有 100 年历史、加拿大最大和最有名食品厂的负责人，在去年 8 月因责任原因，导致加拿大有史以来最大的一次食品危机爆发：由于枫叶厂所生产肉类制品被李氏杆菌污染，在加拿大全国范围内引发大规模病患和恐慌，致使数十人染病至少 15 人死亡，并一度令加拿大人"谈肉色变'。
>
> 评选这样一位"污点人物"为 2008 年加拿大第一商界风云人物，的确让人有些匪夷所思——44 名把票投给他的编辑、主播一致认为麦凯恩表现出"诚实与正直的可贵商业品质"，荣登商界风云人物榜首可谓当之无愧。
>
> 麦凯恩正是凭借在食品污染事件中所表现出的"诚实与正直"，赢得了社会公众的谅解和尊重。出事之初枫叶食品厂也曾惊慌失措，但很快就反应过来。
>
> 8 月 20 日，该厂主动向媒体披露情况，并关闭相关厂房，召回可能有问题的 20 多种产品，比卫生部的正式通告早了 3 天；23 日，麦凯恩亲自在电视上向全国受害者道歉，并亲口宣布召回该公司全部 220 类产品。
>
> 作为加拿大肉类制品业的龙头老大，麦凯恩此举给枫叶厂造成巨大

损失，仅直接损失就达 2000 多万加元；不仅如此，此举一时间引发消费者起诉、退货和责难的狂潮。

然而，冷静下来的消费者很快对麦凯恩和枫叶厂的坦率与负责表示赞赏，当 9 月中旬卫生部和枫叶厂先后宣布找到事故根源，并已采取有效措施予以彻底解决，枫叶厂各类产品先后恢复市场供应后，轩然大波迅速平息，市场和消费者对枫叶产品的信任也随即恢复。

其实，真正耐人寻味的不是事态变幻无常，也不是事主神通广大，而是表面看上去似乎不具任何魔力的应对措施，竟然呼风唤雨，竟然乾坤挪移，竟然转嗔怪为宽恕，竟然化腐朽为神奇。

粗看鬼灵精，功夫类似"三脚猫"，耐着性子看了许多遍，最终才看出点门道，才悟出点玄妙，试着与蒙牛所作所为做了些比对，发现游戏就是游戏，规则就是规则。于此，鱼有鱼路，虾有虾路，连续几个一环扣一环，链接若干一物降一物，从而"戴罪之人"摇身一变变成了"谢罪之神"。

不该说相形见绌，只能说"没有比较就没有鉴别"，诸如"主动向媒体披露情况并关闭相关厂房"，诸如"比卫生部通告早 3 天召回商品"，诸如"亲自在电视上向全国受害者道歉"，诸如"宣布召回该公司全部 220 类产品"……总之，看似一般般，但就是凭了其中"关闭相关厂房"、"早了 3 天"、"亲自道歉"、"召回全部 220 类产品"等闪光点，才验证了"大错 ≠ 大恶"的不等式，才放大了"诚实面前人人平等"的关键词。

换言之，虽然"用数字说话比用事实说话还可怕"，但恰如其分的数字却十分可人。其实，报章所述"直接损失 2000 多万加元"，横推竖算也过不去人民币两个亿，只是由于有了"诚实与正直"的附加值，所以让人看了感觉损失是那样的大，诚意是那样的大，决心是那样的大，良知是那样的大……

如此说来，悔过有悔过的艺术，补救有补救的科学，所谓"人受一句话，佛受一炷香"，讲的就是这样的道理。只是，同样的表达，同样的送达，不仅说什么送什么大有讲究，同时表现的时机也极为重要，所谓"不打勤的不打懒的",讲的就是人走背字时需要规避的"倒霉法则"。

牛年春节我是在书房里度过的,此前"happy 牛 year"的广告已此起彼伏。围绕此事我想了许多,但最终未与根生沟通,原因之一是深陷案头无暇兼顾,原因之二是生米做成熟饭说了也是白说。

客观而言,"happy 牛 year"的创意确实有点新意,虽然年年岁岁的西式贺词都有与"牛"相近的发音,但真正入耳,12 年才有一次轮回,更何况遣词造句中西合璧,美在其中乐在其中,说句可能招人不待见的话,虽然天下牛奶全与"牛"相关,但如此这般却是蒙牛乳业的专用语。

然则,人是环境的产物,话是心境的读物,没有三聚氰胺,没有问题奶粉,如何"牛",怎样"new",只要自己乐意,想怎么说就怎么说,任何人奈何不得。只是,在特定的时段,特定的位置,"瓜田李下"的穷讲究不能不注意,诸如过分喜兴会不会让人感觉有点"好了伤疤",诸如过分张扬会不会让人感觉有点"事过境迁"。尤其关于"企业注册地"的议论不绝于耳,在此种情况下,整出上述段子时机是否合适,角度是否合适,似乎值得商榷。

如果没有猜错,"happy 牛 year"的创意一定早于问题奶粉,延续既定方针,沿循既定路线,最终在不同的状态中导入了不变的属性,结果会是怎样,也许销量会做回答,也许市场难以回应。

时逢牛年,与牛共生共荣的蒙牛究竟该说些啥,"happy 牛 year"是一说,"横眉冷对千夫指,俯首甘为孺子牛"也是一说,虽然萝卜白菜各有所爱,但我还是相信,在关键的时刻,在关键的场合,请出"孺子牛",似乎更与牛相近,似乎更与人亲和。

毋庸赘言,从"孺子牛"人们不仅很容易想起历史上的"千夫指",同时也很容易联想到现实中的万人恨,用这样的方式和这样的决心,把自己和一切有损食品安全的"三聚氰胺们"做个了断,这样的格局和这样的气度,应该是广大公众最容易接受的。

所谓凤凰涅槃,所谓浴火重生,动态的演化不是静态的进化,新的物种,新的物理,倘若有缘从"大牌牛"升华为"孺子牛",既是蒙牛的福气,也是百姓的福气,换言之,即便是一头不远万里来到中国的纯种外国牛,只要吃的是草挤的是物有所值的"放心奶",我想,我们的国家和我们的国人,没有道理不让这样的牛天天 happy,年年 happy……

人们常说"躺着说话不腰疼",盖因于此,我才有可能絮絮叨叨说了许多。腰疼不疼先放一边,反正"不在其位谋其政"的脑子的确动了不少。在其中,在其间,正是凭了"无官一身轻"和"无利也早起",想到的事情和想说的话才临界于虚实之间。

然而,再是严肃严谨的著述也和此间职业行为有距离,按照恩波智业研究所《课题决策建议》的模式说,时逢非常时期的蒙牛抑或别的乳品企业该如何是好,耗时七八个月的分析研究或许会提出比著述更令人眼前一亮的咨询意见。

遗憾的是,历史无法还原,事件无法再造,所以本书即将收尾时的所思所想,依然是"躺着说话不腰疼"一类的有感而发,依然是"不在其位谋其政"一类的友情客串。

时逢非常时期,如果我是蒙牛财东我是牛根生,醒过梦来,缓过神来,或许会扎扎实实先做它几件事,既有"替天行道"的社会责任,也有"为钱贴金"的企业良知,大致包括——

其一,在蒙牛企业总部门前建个百年不遇、百年不倒的中国乳业"耻乳柱",既不必高耸入云,也不必规模宏大,瞅上去像个无字碑,看上去像是无诉求,无非就是为了进进出出的员工每天都得绕着走,无非就是为了来来往往的宾客每次都要愣会儿神儿。

"为什么绕",爱怎么想就怎么想,包括"天天如此费事不费事",包括"人人如此劳神不劳神";同样,"为什么愣",也爱怎么说就怎么说,包括"蒙牛代行业忏悔有没有资格",包括"蒙牛代产业明志有没有必要"……

其二,在企业后山建个千人一面、千秋永垂的"纪念馆",把所有遇难者的名字和照片全部供奉起来,把国家和国人全力抗争的史实全部记述其中,不张扬,不卖弄,只求前事永生不忘,只图后事好自为之。

不敢说谁来凭吊就给谁报销盘缠掏路费，但至少每年要请出两三个家庭的代表为小小亡灵集体超度。如果对方可以化悲痛为力量，务必高接远迎请其为员工讲讲话。讲什么不要紧，只要把发生在公元 2008 年自家那点撕心裂肺的事情讲几句，话不在多，但绝对振聋发聩……

其三，联合列强，包容列智，创建世界一流的"乳品安全研究室"，制度要比常规常态活一点，尺度要比行业标准严一点，力度要比司空见惯狠一点，跨度要比视野半径大一点，同时既要有好人的德性，也要有坏人的灵性。

与其防不胜防，不如主动出击，据说某些国家为了有效打击偷逃税，不惜高薪延揽偷税逃税专业户，好吃好喝好待见，任你发挥，任你想象，任你作祟，任你作乱，最终魔高一尺道高一丈，以其人之道还治其人之身……

其四，循序渐进，在有条件的地方建几个"食品安全呵护站"，面积无须很大，能耐无须很多，穿不穿白大褂两可，用不用显微镜两说，其职能就是不断将有关食品安全的政府信息收集起来传递出去，不断将有关食品安全的民间验方收集起来传递出去。

在这个特殊的平台上，尽管还可以承载许多，诸如"想方设法让您爱"，诸如"千方百计让你买"，然而这是一方极端的净土，高端的净土，无需公关烘托，更无须广告哄抬，总之，与以往企业做过的一切善事既殊途也殊归……

其五，有句老话叫做"鞭打快牛"，以此比对乳品企业欲速不达的狂躁症，好有一比，好有一说，不仅得意忘形的乳品企业需要反躬自省，同时任何无视客观规律的人和事也需要以史为鉴。

说到"鞭打快牛"，由不得想到了"鞭打春牛"，该习俗始创于周朝，源远流长 3000 年，香火似断非断，仪式似有似无，倘若蒙牛够胆主动接过柳条鞭，于立春时节年年上演真情互动的情景剧，既有劈啪作响的请人"打"任人"抽"，也有于无声处听惊雷的知过不讳、闻过则喜，打来打去，微词积怨或许渐行渐远，思来想去，百年老店或许悄然而生。

坦率而言，上述的想起一出是一出，虽然比不了"超级女声"动静大，虽然比不了"老牛基金"底气足，但无论是前瞻还是后顾，无论是务实还是务虚，无论是益人还是益己，无论是唯我还是唯命，似乎都有极强的创造性、针对性、适宜性和可控性……

洋洋洒洒数十万字，前前后后十数年情，讲过去的事情有两种模式，一种是高谈阔论，另一种是娓娓道来，前者拉屎攥拳头要的就是这股儿劲，后者涉及醋为什么酸、盐为什么咸，所以不得不掰开揉碎。

在问题奶粉曝光之初，2008 年第 18 期《读者》有篇短文写得极好，从表面上看是《牛奶变水的心理》，但实际上却是个性与共性相吸相斥的概括而言。和所有哲理故事一样，"牛奶变水"的典故同样由此及彼，同样由表及里，同样以情动人，同样以理服人 ——

> 很久以前有一位国王，他让人挖了一个池子。池子挖好后，国王发出告示，命令每个国民都必须准备一杯牛奶，晚上拿来倒进池子，这样第二天早上，池子里就会充满牛奶，国王准备用这些牛奶来救济无家可归的乞丐。
>
> 一个男人在准备牛奶的时候想："反正每个人都要倒一杯牛奶到池子里，我可以倒一杯水在里面，而且又是晚上，没有人会发现。"于是他趁着天黑，端着一杯水倒进了池子后赶紧回了家。
>
> 第二天早上，国王来到池子边上的时候惊呆了：池子里全是水！每个人都像那个男人一样想："我不必倒那一杯牛奶，反正其他人会倒的。

呜呼，哀哉。刚刚从电视节目里学到"一滴奶"滴在指甲上顺流而下为鲜奶反之散开有问题，如今又见识了一杯奶的神奇魔力，它不仅测试了一个民族、一个国家，同时测试了整个大千世界。

清醒源于昏热，成熟始自难堪。从物质守衡的定律来讲，大难堪，大成熟，不难堪，不成熟；同样，从俗人俗套的约定俗成说，早受瘪，早受益，少受瘪，少受益。

爱哭的孩子有奶吃，如此人情事理折射到本书关注的世相中，活人之所以能修成高僧，一是"心有灵犀"，二是"与佛互动"，故而古往今来僧之杰，出人头地少不了佛在经常说，少不了佛在经常劝。

尘世如烟，乱事如麻，我等俗人妄谈"佛在心中"，谈何容易。好在三人行必有我师，好在实话实说同样也是另类禅说。从这样的方位和层面看，有公众数落是福，无公众褒贬是祸，在其中，在其间，不知谁家能与乳业争胜，不知谁人能与根生争衡。

凡此种种，不一而论，问题乳业弃旧图新，心态与负罪不同，状态与戴罪不同，只要将自己归为"会随时松懈的人"，只要将责任视为"会随时转化的祸"，该有哪些作为与跟进，一切无师自通。

顺其自然，听其自然，只是这样的"自然"并非自然而然。"强扭的瓜不甜"是自然法则，"叫唤的鸟不肥"也是自然法则，在其中，在其间，天、地、人说来说去，最终还是"道法自然"。

管理学从有意为之入门直至"无为而治"出师，内中经历了太多太多的否定之否定。遗憾的是，大道空空，未及出神入化的高深境界，大道理听多了会不求甚解，大道理说多了会大道稀松。

其实，字面上越浅白的概念越难解，街面上越简单的事理越难缠。由此说开去，本书所叙既与牛相关也与奶相关，但最终既非一味救牛也非一味救奶，既非完全就人也非完全就事，只想由此提示我们的进取者，面对"一步两个脚印"的人生轨迹，该用怎样的步幅去丈量人生……

以荼报怨

本书概述中，有段话说得比较有心得，此话便是"俗人之所以能够修成高僧，少不了佛在经常说，佛在经常劝，无缘参禅之我辈，有群众监督是福，无群众监督是祸。"

"监督"的词义是"察看并督促"，然而自从盘古开天地，人就有管人的瘾，人就有不服管的心，加之管理学"人性化管理"偏属迟到的爱，管理者"错位式思考"纯属南柯的梦，所以，来自公众的"免费察看"和"无偿督促"有时竟被视为洪水猛兽。

改革开放以来，有不计其数的国人主动放弃了铁饭碗，下海缘由五花八门，但有一个共同点就是"好赖不想再让别人管"。据说此种心态出租车司机最有代表性，起早贪黑，无冬立夏，再苦再累再"不是人干的"，可一旦说起"没人管"，脸上立刻放出光，嘴里立刻聊出泡。

非公经济成也萧何，败也萧何。改革开放初期，能人经济和能人效应一白遮三丑，慢慢的酒有了够，歌唱出了调，"做事首先要学会做人"随即风从云起。至此，我才突然意识到，尽管有那么多能走到一块儿、扯到一块儿的朋友，但却几乎遇不到一位能经常"免费察看并无偿督促"王力的人。换言之，"不在其位，不谋其政"也好，"人至察，则无徒"也罢，总之，有好长一段时间，在大是大非的问题上我几乎听不到不同的声音。

这是一个危险的信号。照此下去，高度的信马由缰却没有任何的约束机制。谁来帮我明目，谁来帮我清热，不想则已，一想还真的有些坐立不安。要知道，作为职业智者，为他人把脉，任何的固步自封和自以为是，都将是不可饶恕的职业犯罪。

想洋人来了二毛子，想吃冰下了大雹子。14 年前，一桩无头案让无缘享受"阳光监督"的我却饱尝"无影黑手"的老拳，虽说出发点善恶各不同，但最终效果却是惊人的一致。甚至从某种程度讲，后者对此间的"另类监督"还真的强于前者，毕竟好人好惹，毕竟孬人难缠。

同一个事件，同一个是非，先是被某刊物骂了个里外不是人，后又被某专著尊为佛头金翅鸟，面对这样的大落大起和大悲大喜，心胸不甚开阔的我何以最终落得个"宠辱不惊"，想来其中的奥秘值得一窥……

1995 年，《恩波智业 —— 敢对自己说我》被北大出版社以"首印 20 万册、15% 版税、联动北大聘客座教授"等破天荒条件获得出版权，从而创下了国内同类图书出版的历史最高纪录。著名经济学家刘伟教授欣然作序，称该书"既是经济学又不是经济学，既是社会学又不是社会学，既是哲学又不是哲学，细细读来，发现满书尽说一个'人'字"。

该书引起社会强烈反响，有人说影响了一代创业者，有人说引导了一代弄潮儿。然而就在一路好走之时，1995 年 4 月，一本在郑州本土名不见经传的杂志，煞有介事地刊登了一篇《反弹〈恩波智业〉》的文章。不知是规则还是潜规则，编者费尽心机整出了"我们无意哗众取宠"的编者按。

所谓反弹，其实只是对书中的一个章节一桩个案有反感，即全书 14 个章节中的第 6 章，即全书众多案例中的"亚细亚"个案。该个案是此间 20 年前承接的课题，据说是一场牵动人心的"商业革命"，据说是一次"推动中国商业进程"的时代壮举。有报章曾言"没有一家大的媒体不在谈论亚细亚"，其中《经济日报》告知"郑州，商朝古都，中国'商人'称谓盖源于此。如今，新一代商业企业家以其日渐增强的市场观念和竞争意识角逐郑州，竞争之激烈为全国商界所罕见。"其中，中央电视台播放了 6 集专题片《商战》，节目播出后江总书记还与商业部胡平部长通了电话，从党和国家领导人以及一位普通消费者的角度畅谈了自己的观后感。

不知出于何种缘由，置事实于不顾的《反弹》作者，看似讲真话但又绝不用真名，凭着"身居事发地"，扮着"半拉局内人"，所以给公众的感觉很像专业户出手，很像知情人揭秘，权威得很，客观得很。其中说道——

> 王力已颇有名气，与往日扫街倒土自然不可同日而语。洋洋洒洒几十万言，宣称是他策划催发了中原商战、亚细亚现象。王力为什么敢斗胆如此说？这得从王力同亚细亚商场之间的一笔生意谈起。这是一笔普普通通的生意……
>
> 在中原商战轰动全国、亚细亚备受世人瞩目之时，王力却依据他跟亚细亚商场这笔业务来往，把中原商战和亚细亚现象归于他的一手策划和催发。仅仅基于一笔他同亚细亚商场之间微不足道的生意，得出如此石破天惊的结论，是不是他认为世人太好欺瞒了呢……
>
> 1989年5月6日亚细亚商场最先开业，亚细亚先声夺人，它的开业，使紫荆山百货大楼骄人的壮语不攻自破……中原商战演出了精彩的第一幕。而此时的王力又在干吗呢？一个仅仅是同中原商战的参与者之一的亚细亚有过一段业务往来的个人，信口雌黄，自诩他策划、催发了中原商战亚细亚现象，岂不有点滑天下之大稽……
>
> 无论是怎样地搬弄文字游戏和含糊其辞来掩人耳目和为自己贪天之功以为己有作辅垫，一切的一切都只能是掩耳盗铃，欲盖弥彰。我想对欺世盗名之徒的阐释作如下阐释 —— 恩波没有建立和营造了亚细亚，也没有策划催发了亚细亚现象；恩波没有策划和催发中原商战，甚至连目前人们普遍宣称的商战也没有策划和催发……

诽文昏话昏说的确让我一时无言以答，要知道个案纪实不似史记，事过境迁如何回放，最妥贴莫过当事双方异口同声。遗憾的是，与亚细亚分手双方已生隔膜，面对诽文，没有老东家的如是说，即便浑身是嘴也照样说不清道不明。

有理可讲却又无话可说，从一开始比较郁闷到后来没工夫郁闷确实经历了一段时间。期间，听人劝吃饱饭，听来听去，吃来吃去，最终竟演化出另类宽容之道，诸如"从装傻学着包容"，诸如"从疏远学着豁达"……

时隔两年，1997年初，一部自称"告诉你策划亚细亚商战的另一种说法"的长篇巨作《亚细亚策划实录》出版发行。不仅书脊印有亚细亚徽记，扉页留有亚细亚创始人语录，同时作者还强调了"写作初衷与创作过程得到了亚细亚的高度认可与大力支持"。

来自老东家的说法又会如何不得而知，尽管心里没鬼问心无愧，但身边有鬼照样心里发毛。因此翻阅该书似嫌沉重，似嫌飘忽，以至看到《一剑曾当百万师》的小标题，以至看到"一场公关之战让亚细亚领尽风骚"的如是说，身为历史当事人，我依然有些不知所云。

与诽文对应的篇章为《王力：亚细亚的智囊人物》，引言开宗明义，告知"一剑曾当百万师，亚细亚人面对各家掌门、诸山剑派的制胜之术就是'亚细亚 AA 级绝秘——升华1990'"。其中写道——

亚细亚人借助王力的智慧营造了企业的声威和形象，这就是"升华1990"亚细亚发展战略。它是王力在接受了亚细亚聘任以后，充分考虑了中原腹地经商传统、好斗特点和当时社会氛围等诸方面情况的产物。

作为亚细亚1989至1991年高级公关顾问，王力和他的恩波智业以商业文化为纲，对亚细亚的形象进行了全面的塑造，并制定了相关活动与方法。从而赢得亚细亚人的特别垂青与看重。

亚细亚为获得这一计划付了2万元酬劳。这在当时是个不小的数目。但在今天看来王力为亚细亚付出的心血又何止2万元！这的确是花了一番心血的计划书，全部设计思想是"开发创立中国特色的社会主义商业文化"。

这是一个富有创意的公关策划，它很快为各新闻媒体所关注，"升华1990"成为中国商业革命的宣言书，它以亚细亚这一特有的商业文化形象展现在国人面前，使人们开始从旧的窠臼中走了出来，用一种新视角来看待商业。

为保障设计思想的实现，王力在"升华1990"中还进行了多种企业制度和企业文化设计。其中一条是全体职工"向二七纪念塔致敬"。后改为女子仪仗队在商场开门前举行升旗仪式。在特定政治气氛下，这可谓是一个绝招。

　　王力还具体策划了中央电视台亚细亚小姐微笑广告："中原之行哪里去——郑州亚细亚"。这句动人心魄的广告语言伴随着亚细亚升旗仪式与仪仗队的宣传升温而愈加具有一股吸引人的磁力，全国商家纷纷看好亚细亚，把他们最优质的货物运到亚细亚。

　　王力知道他的策划会给亚细亚身价抬高到怎样的程度。事实的确如此，合约结束一年后，亚细亚商誉评估 1200 万元。时隔不久，香港商界传出消息说亚细亚的商誉值还要更多一些，大约 5000 万元到 7000 万元。

凡此种种，不一而论。面对上述迟到的证言，我本能的想法是迅速将其公诸于众，还人以清白，还事以本真。于是奋笔疾书，于是实话实说，于是很想得理不让人，于是很想一杆插到底，总之，天下俗人之俗态一应俱全。

或许是从诽文出炉到该书问世痛感日渐麻木，或许是"恩波智业"走出历史日渐成熟，总之当我准备奋起维权给对方以颜色之际，抬起的手，举起的剑，却在一种莫名的状态中放了下来，而且一放竟是长长的 12 年……

期间，网络很快成了新媒体，只要打开"恩波智业"相关链接，诽文便会首当其冲弹于屏上。坦白而言，此前"大度"似乎只能对接传播有限的传统纸媒，而面对网络骚扰与轰击，没点定力的确很难长此以往。为此家人曾问"定力何来"，友人曾疑"定力何来"，实话实说，长话短说，之所以能够"从装傻学着包容，从疏远学着豁达"，一切盖因突然悟到，有这样的好事者不请自来，对于一时找不到"免费监督"的此间来说，真可谓是歪打正着撞上的福分，真可谓是愿者上钩送来的金龟。

闲来无事为拣来的便宜数来宝，虽然缄口不言看上去败给了诽文败给了无名氏，但实际上却有这样那样的"非福"在其间。总之，尽管此等监督不正经，不地道，但身边多了双这样的眼，天边多了张那样的嘴，当事人自会更加好自为之。

就这样亦真亦幻过去了 12 年，有想得开的时候，有想不开的时候，但无论怎样，最终"清醒源于昏热"，最终"成熟始自难堪"，最终悟出了"有群众监督是福"，最终悟出了"无群众监督是祸"……

忘了哪一天，我将诽文从档案柜里取了出来，镶入镜框并挂在书房里，不敢说天天看，不想说天天读，但至少隔三岔五会扫上一眼。年深岁久，纸已泛黄，有点沧桑感，活脱老物件，加之旁边戳了根儿据说可以辟邪的山桃木，堪称一个"好望角"，堪比一个"警视厅"……

谁说"福不双降"？在特定环境里，我不仅领悟了"装傻与真傻只差一步"，不仅理解了"豁达与豁免只差一字"，同时凭借于此，仰仗于斯，才在新一轮的扯淡出现之际，凭借一个"茶"字维系了与牛根生的情与谊。

说来话长。2005年《蒙牛内幕》面众，万万没有料到该书作者孙先红竟置史实于不顾，对其"曾经的导师"进行了肆无忌惮的贬损。如此惊人事端之所以能隐忍至今，既盖因"师长当有师长量、兄长当有兄长样"和"不看僧面看佛面"，同时更获益于"以茶报怨"的特殊教化。

相关糗文白纸黑字印在《蒙牛内幕》第25页，排序该书"第一编"，标题《整合智力资本做品牌：两次思维性散谈付费18万元》，如果没有猜错，文章所述应为1996年2月12日"牛副总奉命造访恩波"。

相关史实详阅本书第二章《乡情难却》，讲的是伊利牛副总受公司委派，在双方已有接触、已有约定的前提下，向此间继而提出"聘请王力先生出任伊利高级决策顾问"一事。然而就是这样一幕真情互动，却被孙先红肆意篡改得面目全非，先是用"有一年"故意模糊了究竟是"伊利时期的有一年"还是"蒙牛时代的有一年"，后是用"他能斥资"进而含混了究竟斥的是"蒙牛的资"还是斥的"伊利的资"，接下来又无中生有地编造出自己如何"三番五次打前锋"冲破敌人封锁线，最终则凭空捏造出牛副总如何大智大勇把"策划人"当猴耍，如何沉着冷静在鬼子面前耍花枪。甚至，不惜乾坤大挪移，生生扯出许多年之后才有的"麦当劳是我表姐"那句非常著名的央视春晚曾用语。

此文滑稽，此人滑头，但一切如果只是为了拔高当年自己与根生之超人状，再不厚道，再不地道，我也有可能乐得卖个人情当个托儿。只是，该书作者在编造完"牛根生是个资源整合高手，斥资18万元购买两次思维性散谈，是眼光也是胆魄"之后，话锋一转，继而用无情无义之语系告知读者"企业家太忙，没时间看书，所以文化贩子常被他们奉为座上嘉宾"，如此缺德少良，真的让历史落泪，真的让人心不古，真的让哑巴说话，真的让企业蒙羞。相关内容如下 ——

　　有一年，为了做品牌，牛根生决定去求教当时非常著名的一位策划人。先红打前锋，三番五次去预约，但人家一次又一次的推托。好不容易冲破"封锁"，才发现这位策划人是嫌"产品小、做不大"：卖冰棍的还要做什么品牌？你问的是妇女儿童的问题，可我研究的是放之四海而皆准的东西……

　　牛根生答："我是卖冰棍的，你可能看不中我，但我表姐发展得不错，我表哥也非常了不起。"

　　策划人一脸狐疑："你表姐是谁？你表哥是谁？"牛根生慨然答道："我表姐叫麦当劳。我表哥叫可口可乐。"言外之意：汉堡包是"小产品"，汽水也是"小产品"—— 卖冰棍的和买汽水的是孪生兄弟，既然可口可乐可以做品牌，卖冰棍的为什么就不能做品牌？

　　机锋暗藏，策划人下不了台，场面顿时十分尴尬。策划人以攻为守自我解围：老牛，你充其量不就是企业的三把手吗……连我家保姆拿的都是总经理的名片！

　　牛根生答：这说明那些企业的规格不够高嘛……虽然我问的是"妇女儿童的问题"，你研究的是"放之四海而皆准的东西"，但这两个是"个别与一般"的关系，如果笼统地不作细分，可能就显现不出价值。

　　不打不成交。牛根生与这位策划人进行了两轮思维性散谈，付费18万元。

　　这件事给我们三个启发：第一，牛根生是个资源整合的高手，他能斥资18万元购买"两次思维性散谈"，这是眼光，也是胆魄，非同一般；第二，企业家太忙，没时间看书，所以，文化贩子常常被他们奉为座上嘉宾……

如您所知，《蒙牛内幕》在用心炒作之下大行其道，随着据说上百万册的销量，"文化贩子"货卖得再好，话说得再早，也无法遮掩其势利小人般的嘴脸，也无法改变其有眼无珠般的尊容。

实事求是地讲，此种贬损是可忍敦不可忍，若不是从前番的诽文中提前学了点"以茶报怨"，无论从哪个角度说，此番"贬文"或许会让我与根生的交情就此打住 —— 要知道此时此刻离"谏言固守企业命门"只有两年，要知道此时此刻离"协调东华主持公道"只有一年，要知道此时此刻离"相赠《学哲学用哲学》"只有半年……换言之，要知道作者孙先红既是"蒙牛创始人"也是"蒙牛集团副总裁"，同时更是十数年前此间借伊利课题好颜相待、好言相授的最大编外获益人……

人是环境的产物，所以自古庙宇基本都建在山上。说起来"包容、豁达"虽是高开高走高境界，听起来"以德报怨"虽是大慈大悲大手笔，但留意身边所有的人，洞察身边所有的事，发现，包括我爹，包括我师，包括我妻，包括我友，似乎无一人能够做到以德报怨。如何是好，顺其自然，听其自然，最终还是凭借"以茶报怨"退而求其次。

聪明反被聪明误，茶中自有茶中福。"茶"（音 nié）是常用语但并非常用字。与人精相比，茶者近痴，与傻瓜相论，茶者近聪，因此，即便是解读"早来一步赶上穷，晚来一步穷赶上"的千古悖论，也唯有"茶"字最有形儿，唯有"茶"态最有范儿。

茶态万千，五味杂陈，学着大愚若智，扮着阿Q转世，先是假设"根生可能一概不知"，后是假想"作者可能一时糊涂"，最终假定"矛头所向另有其人"，凭此一波三折，最终才让受害者幸免动怒，才让当事人幸免问责，毕竟有事实存在的时候谁也无法否认从事实中得出的结论，毕竟有良知存活的时候谁也无法封闭良心会迟早发现。

以往只知"一白遮三丑"，谁料一茶亦可遮三"糗"。糗之一：无人问真，著作者人面桃花春风依旧，否则有可能衰到极点，跌到极点，汗颜到极点；糗之二：无人问责，出版者名利双收形象依旧，否则有可能缠到极点，裹到极点，两败到极点；糗之三：无人问心，主人公正襟危坐端庄依旧，否则有可能愁到极点，窘到极点，两难到极点……

从诽文到糗文，"名人报应"尽在其中，这叫活该；从自我到忘我，"茶态效应"尽在其中，这叫理该。用这样的心态观天下，天下事无难与易；用这样的状态比高下，高下亦无是和非。问题在于，存在决定意识也好，屁股决定脑袋也罢，有些事歪打正着，而有些人则牵着不走打着倒退。

在穷人当中我算富人，在厼人当中我算横人，依此类推，在能人当中我算什么，在学人当中我算什么，虽然我的人格我做主，我的品牌我做庄，但"小写的人"不算完整的人，"大写的人"又不算一般的人。

经历了大起大落，人心易散，人情易碎，好听的再是说破大天，能客观应对"落差"的似不多见。基于此，鉴于此，虽然借上述诽文现身说法略显悲怆，虽然借上述糗文现身说法略显悲凉，但市面上没有"不好"哪儿来的"孬"，字面上没有"不用"又怎写"甭"。

车轱辘话，转来转去又转回到前章所言，"尘世如烟，乱事如麻，我等俗人妄谈'佛在心中'谈何容易。好在三人行必有我师，好在实话实说同样也是另类禅说。从这样的方位和层面看，有公众数落是福，无公众褒贬是祸。在其中，在其间，不知谁家能与乳业争胜，不知谁人能与根生争衡。"

换言之，福是福，祸是祸，是福也有愁，是祸也有乐，对于已步入"知天命"时段的根生来说，只要达观综观，只要客观乐观，其实乳业危机出现的全部麻烦最终完全可以演化为非其莫属的个人财富。

据说此前不久"中粮集团"入主蒙牛，据说此后恰是"蒙牛十年"，再往下不管还会出现怎样的意料之中与意料之外，蒙牛的历史，蒙牛的传奇，蒙牛的品牌，蒙牛的进取，势必还会像草原的风，势必还会像草原的鹰，依然风从云起，依旧鹰击长空。

天苍苍，野茫茫，并非终日"风吹草低见牛羊"的内蒙大地，需要脱贫致富，需要乳业兴农，需要更多的领头羊脱颖而出，需要更多的牛根生好自为之。从历史的层面看，真正的光明不是没有黑暗；从客观的角度说，其实真正的英雄也会有卑劣的情操……

2009 年 8 月 16 日 / 北京国际俱乐部

策划编辑:侯俊智　黎　松
责任编辑:洪　琼
推广策划:潘少平　孙兴民　窦小琳
封面题字:窦小琳
技术编辑:武晓丽　朱　虹
装帧设计:一男视线工作室

图书在版编目(CIP)数据

生根者牛:闲话我与牛根生/王力 著. -北京:人民出版社,2009.9
ISBN 978 - 7 - 01 - 008151 - 9

Ⅰ. 生…　Ⅱ. 王…　Ⅲ.①人生哲学-通俗读物②软科学-研究③王力-自传
Ⅳ. B821　G301　K825.4

中国版本图书馆 CIP 数据核字(2009)第 142721 号

生根者牛:闲话我与牛根生

SHENGGENZHENIU XIANHUA WO YU NIU GENSHENG

王　力　著

人民出版社 出版发行
(100706　北京朝阳门内大街166号)

涿州市星河印刷有限公司印刷　新华书店经销

2009 年 9 月第 1 版　2009 年 9 月北京第 1 次印刷
开本:710 毫米×1000 毫米 1/16　印张:20
字数:300 千字　印数:000,001－100,000 册

ISBN 978 - 7 - 01 - 008151 - 9　　定价:36.00 元

邮购地址 100706　北京朝阳门内大街 166 号
人民东方图书销售中心　电话 (010)65250042　65289539